中国旅游院校五星联盟教材编写出版项目
中国骨干旅游高职院校教材编写出版项目

China Tourism

旅行社运营实务（新编）

（第二版）

主　编◎詹兆宗

中国旅游出版社

再版序言

自从我国经济进入新常态以来，旅游业成了国家调结构、融产业、转方式、稳增长、惠民生、促发展的战略性支柱产业，在国民经济中的地位和作用不断增强。为了加快旅游业的发展，国家先后出台了包括《旅游法》在内的许多政策法规，使我国旅游业进入了依法治旅、依法兴旅的新时期。同时，为了释放全社会创新创业的巨大能量，国务院近年来实施了一系列简政放权的改革举措，大大改善和优化了企业发展的大环境。旅行社行业是对经济社会和政策法规高度依赖和高度敏感的行业，在“互联网+”“旅游+”及全域旅游方兴未艾的经济社会大变革中，以及相关政策法规出现重大调整的形势下，旅行社企业的经营管理也必然发生着巨大的变化。有鉴于此，对本书进行修订亦是与时俱进、适应新形势的必然之举。

这次修订，变化最显著的是模块一“旅行社的设立与组织构建”，其中“旅行社的设立”根据最新的政策法规进行了重新编写，使读者可以了解旅行社设立的最新条件、办理流程和相关材料。模块四“旅行社的网上运营”也根据“互联网+”在行业内运用的新情况进行了修改。上述两个模块的“思考与练习”和部分推荐资料也做了相应的修改。对于其他模块，则根据行业的发展对其中的内容进行了相应的变更，同时对书中存在的个别错误进行了订正。

由于编者水平有限，书中难免存在错误，恳请广大读者提出宝贵意见。在本书的修订过程中，中国旅游出版社段向民、张芸艳两位编辑做了大量的工作，在此一并表示感谢！

作者于2017年9月

前 言

本书为“十一五”浙江省重点建设教材，是国家骨干高职院校导游及旅游管理专业重点建设项目——旅行社运营实务课程的配套教材。

当前，国家倡导高等职业教育根据高技能人才培养的实际需要，改革课程教学内容、教学方法、教学手段和评价方式；将统筹规划和生产实际紧密结合，建设具有高职特色的教材体系，确保高质量教材进入课堂。本书的编写正是为了满足高职高专导游教学改革的需要，强化旅行社运营实务课程教学与旅行社行业、企业之间的紧密互动，使教师更好地让教学与行业发展有效接轨，从而提升实践教学能力，使学生得到最大的实惠与掌握实用的技能。

该教材的特点是：紧随行业发展的前沿，根据旅行社企业的新业态、新管理、新产品、新技术，将旅行社企业的创办，旅行社企业内部管理以及计调部、门市部、导游部、财务部的实际运作情境、流程和内容移入教材，在旅行社管理、产品设计、计调（OP）操作、市场营销、网上运营、门市招徕、接待服务等环节进行演示性模拟，将教学目标确定为培养学生的“一个基础”和“四大能力”，即培养学生的旅行社基础管理知识和产品策划营销能力、旅游团队计调能力、门市接待服务能力、导游带团服务能力。

本套教材的编写贯彻了“任务驱动”的教学思路。在教材的每一单元，首先提出具体的学习任务，然后讲解完成任务所需要的相关知识，接着介绍完成任务的步骤和注意事项；结构严谨、环环相扣，内容丰富、科学实用。在教材的表现形式上，尽量采用以图代文、以表带文的表达方式，增强了直观性和可读性。

在本套教材的编写过程中，教材组申请了浙江省教育厅“十一五重点教材建设项目”，教材组得到了浙江省教育厅的经费支持，有助于进行行业、企业的调研和实地考察，使得教材能够更好地与行业、企业结合，更具实用性和可操作性。教材编写过程中得到了浙江省旅行社协会、浙江省中国旅行社、杭州国际旅行社、美洲集团等相关组织和企业的积极配合；该教材出版得到了中国旅游出版社付蓉主任的鼎力支持，在很短的时间内完成了校稿、编辑和出版工作。在此，我们一并表示衷心的感谢！

《旅行社运营实务（新编）》由张建融任主编，詹兆宗任副主编，黄宝辉参编。由于编著者的能力、水平有限，本书中不足和错误在所难免，恳切希望广大读者提出宝贵的意见和建议，以便修订时加以完善。

张建融

2013 年 8 月 1 日

目录 CONTENTS

模块一
旅行社的设立与组织构建

1. 掌握旅行社设立的条件和审批程序。
2. 了解旅行社的常见设立方式和类型。
3. 懂得旅行社的常见组织架构。
4. 熟悉旅行社的基本业务。

任务一　旅行社的设立

一、任务引入

李彤的家乡山清水绿、瓜果丰富，随着山区道路的改善，近几年来游山玩水的人越来越多，她看准这样的创业机会，计划办一家旅行社，该如何申请办理呢?

二、任务分析

根据《旅游法》和《旅行社条例》，申办旅行社不同于开办一般的公司、商店，除了进行工商注册外，还需要向旅游主管部门申请旅行社业务经营许可，取得旅游主管部门颁发的旅行社业务经营许可证。为了能顺利申办旅行社，我们应学习以下相关知识。

三、相关知识

（一）认识旅行社

根据《旅行社条例》，旅行社是指有营利目的，从事旅游业务的企业。这里的旅游业务是指为旅游者代办出境、入境和签证手续，招徕、接待旅游者，为旅游者安排食宿、观光、游览、购物、娱乐等有偿服务的经营活动。一般来说，按照旅行社的操作流程，其基本业务主要有以下五种。

1. 产品设计与开发业务

这是旅行社首要的、最基本的业务。具体包括市场调研与产品设计、产品试产与试销、产品投放市场和产品效果检查评估 4 项内容。

2. 旅游服务采购业务

旅行社为了生产旅游产品必须从有关旅游服务供应部门或企业购买各种旅游服务项目。旅行社的采购业务主要涉及交通、住宿、餐饮、景点游览、娱乐和保险等部门。另外，组团旅行社还需要向旅游线路沿途的各地接待旅行社采购接待服务。《旅游法》规定，旅行社所采购的旅游服务供应商，与旅行社存在合同关系，需要协助旅行社履行对旅游者的包价旅游合同义务，并提供相关服务，所以又被称为履行辅助人。

3. 旅行社产品销售业务

产品销售是旅行社最重要的业务之一，包括制定产品销售战略、选择产品销售渠道、制定产品销售价格和开展产品促销等内容。

4. 旅行社接待服务业务

接待服务是旅行社产品的实际生产过程。换言之，游客向旅行社购买的各种产品是通过旅行社的接待服务而完成消费过程的。它又可以分为团体旅游接待业务和散客旅游接待业务。

5. 财务管理业务

该业务是指旅行社企业对上述各项业务进行成本核算，对营业费用、财务费用、企业经营利润进行统计、管理，使企业进入良性的发展轨道。

（二）了解旅行社设立的条件

根据《旅游法》，设立旅行社应当具备下列条件：

- 有固定的经营场所；
- 有必要的营业设施；
- 有符合规定的注册资本；
- 有必要的经营管理人员和导游；
- 法律、行政法规规定的其他条件。

根据《旅行社条例》《旅行社条例实施细则》的相关规定，设立旅行社应当向所在地省、自治区、直辖市旅游行政管理部门或者其委托的设区的市级旅游行政管理部门提出申请，且必须具备一定的经营条件。

1. 有固定的经营场所

（1）申请者拥有产权的营业用房，或者申请者租用的、租期不少于 1 年的营业用房。

（2）营业用房应当满足申请者业务经营的需要。

2. 有必要的营业设施

（1）2 部以上的直线固定电话。

（2）传真机、复印机。

（3）具备与旅游行政管理部门及其他旅游经营者联网条件的计算机。

3. 注册资本

有不少于 30 万元的注册资本。

（三）旅行社设立的程序

根据《国务院关于取消和调整一批行政审批项目等事项的决定》（国发〔2014〕27 号），旅行社设立由前置审批调整为后置审批，即设立旅行社由先向旅游主管部门申请旅行社业务经营许可证再向工商行政管理部门（部分省市称市场监督管理部门）申请营业执照（前置审批），改为先向工商行政管理部门申请营业执照再向旅游主管部门申请旅行社业务经营许可证（后置审批）。

根据《国务院办公厅关于加快推进“三证合一”登记制度改革的意见》（国办发〔2015〕50 号）《工商总局等六部门关于贯彻落实〈国务院办公厅关于加快推进“三证合一”登记制度改革的意见〉的通知》（工商企注字〔2015〕121 号），新设立公司不再分别申请工商营业执照、组织机构代码证和税务登记证，而是改为由工商行政管理部门核发一个加载法人和其他组织统一社会信用代码的营业执照，实行“三证合一、一照一码”登记改革。随后，又进一步推进营业执照的“五证合一”，“五证合一”是指将营业执照、组织机构代码证、税务登记证、社会保险登记证和统计登记证原有五证合为营业执照一“照”，而将以前这些证书的编号或代码统一为“码”，统称“一照一码”（图 1–1）。

综合上述改革文件及《旅行社条例》等其他政策法规，旅行社的设立程序为：工商行政管理部门登记，获得“一照一码”营业执照；旅游行政管理部门行

业审批，获得经营业务许可；税务机关补充采集基础信息，申领发票及其他涉税事项；开张营业。根据改革后的设立程序，旅行社设立为后置审批，取消了组织机构代码证和税务登记证等的申领，简化了设立手续。并且，先取得营业执照后，可及时办理企业公章和银行开户，缩短了设立时间，提高了申请设立阶段的工作效率，可以使投资人更早开展经营活动。

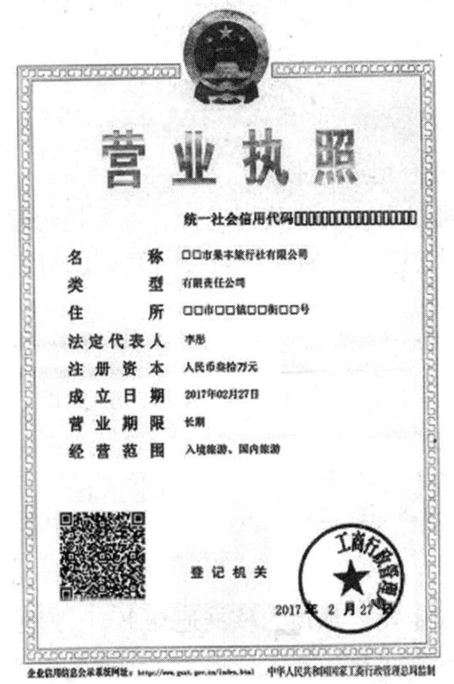

营业执照

统一社会信用代码

名　　称　□□市果丰旅行社有限公司
类　　型　有限责任公司
住　　所　□□市□□镇□□街□□号
法定代表人　李彤
注册资本　人民币叁拾万元
成立日期　2017年02月27日
营业期限　长期
经营范围　入境旅游、国内旅游

登记机关
工商行政管理局
2017年2月27日

企业信用信息公示系统网址：http://www.gsxt.gov.cn/index.html　中华人民共和国国家工商行政管理总局监制

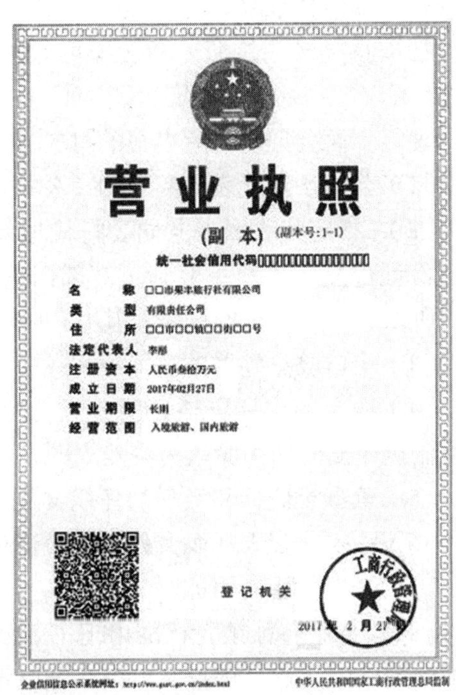

营业执照
(副　本)（副本号：1-1）

统一社会信用代码

名　　称　□□市果丰旅行社有限公司
类　　型　有限责任公司
住　　所　□□市□□镇□□街□□号
法定代表人　李彤
注册资本　人民币叁拾万元
成立日期　2017年02月27日
营业期限　长期
经营范围　入境旅游、国内旅游

登记机关
工商行政管理局
2017年2月27日

企业信用信息公示系统网址：http://www.gsxt.gov.cn/index.html　中华人民共和国国家工商行政管理总局监制

图 1–1　新版“一照一码”营业执照正本副本（均为样本）

1. 工商登记注册

设立旅行社，在工商登记之前，首先要进行企业名称预先核准。旅行社设立申请人到工商部门填写《企业名称预先核准申请书》，通过审核，由受理部门出具《企业名称预先核准通知书》。设立申请人如果是到所在市工商部门办理企业名称预先审核的，即来即办；如果是到分局、区县工商部门办理的，需 5 个工作日。目前，许多地方也可以通过工商部门网站的企业名称自主申报系统进行预先审核，且一旦网上审核通过后，在办理工商登记时就无须提交《企业名称预先核准申请书》《企业名称预先核准通知书》。

完成企业名称预先核准后就可进行工商登记注册。工商行政管理部门从受理之日起，在20个工作日内（现在许多地方工商行政管理部门为了提高公司登记注册效率，一般可在2到5个工作日完成）做出核准登记或不予核准登记的决定。经核准登记，工商行政管理部门发给旅行社《营业执照》。旅行社营业执照的签发日期，即为该旅行社正式成立的日期。由于旅行社在工商部门登记的条件已经是按照《旅游法》和《旅行社条例》等相关法规设定的，只要经工商行政管理部门核准登记的，就不用担心不被旅游主管部门许可经营旅行社业务。旅行社取得《营业执照》后，即可凭营业执照开展单位公章刻制、银行开户等工作。

进行工商登记时，应申报的材料有：

（1）公司法定代表人签署的《公司设立登记申请书》。

（2）《指定代表或者共同委托代理人授权委托书》及指定代表或委托代理人的身份证件复印件。一般到工商部门进行登记注册的往往是公司聘请的行政人员，所以，需要股东授权委托其办理。

（3）全体股东签署的公司章程。

（4）股东的主体资格证明或者自然人身份证件复印件。股东为企业的，提交营业执照复印件；股东为自然人的，提交身份证件复印件。

（5）董事、监事和经理的任职文件及身份证件复印件。

（6）法定代表人任职文件及身份证件复印件。

（7）公司住所使用证明。

（8）《企业名称预先核准申请书》及《企业名称预先核准通知书》。通过工商部门网站的企业名称自主申报系统申报企业名称的，无须提交《企业名称预先核准申请书》《企业名称预先核准通知书》。

2. 经营许可审批

根据《旅行社条例》和《国务院关于取消和调整一批行政审批项目等事项的决定》（国发〔2014〕27号），申请设立旅行社，经营国内旅游业务和入境旅游业务的，应当持营业执照向所在地省、自治区、直辖市旅游行政管理部门或者其委托的设区的市级旅游行政管理部门提出申请，并提交条例规定的相关证明文件。受理申请的旅游行政管理部门应当自受理申请之日起20个工作日内做出许可或者不予许可的决定。予以许可的，向申请人颁发旅行社业务经营许可证（图1-2）；不予许可的，书面通知申请人并说明理由。

许可文号：

编号：

旅行社业务

经营许可证

旅行社名称：

经营场所：

英文名称：

许可经营业务：

出资人：

法定代表人：

国家旅游局

年 月 日

中华人民共和国国家旅游局监制

旅行社业务

经营许可证

（副本）

许可文号：

编号：

旅行社名称：

英文名称：

出资人：

法定代表人：

经营场所：

许可经营业务：

国家旅游局

年 月 日

中华人民共和国国家旅游局监制

图 1–2　旅行社业务经营许可证正本、副本（均为样本）

目前，国内旅行社审批及管理大多实行属地管理，即由地、市旅游行政管理部门接受上级管理部门委托管理所辖范围的国内旅行社。因此，申办人应直接向所在地的市级旅游行政管理部门提出申请，并由该部门代理上级主管部门做出审核批准。具体流程如图 1–3 所示。

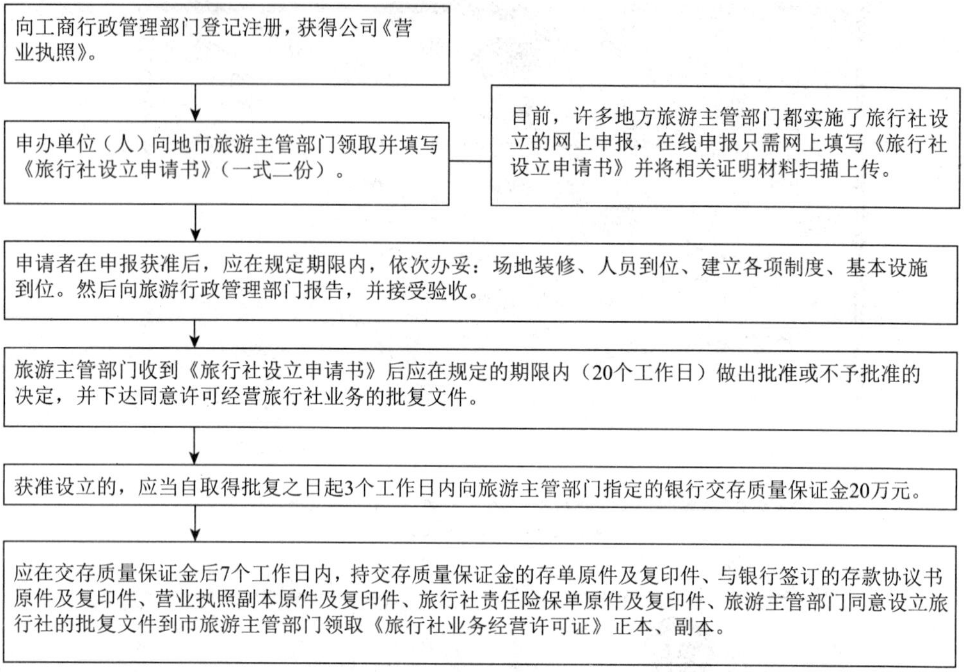

向工商行政管理部门登记注册，获得公司《营业执照》。

↓

申办单位（人）向地市旅游主管部门领取并填写《旅行社设立申请书》（一式二份）。

目前，许多地方旅游主管部门都实施了旅行社设立的网上申报，在线申报只需网上填写《旅行社设立申请书》并将相关证明材料扫描上传。

↓

申请者在申报获准后，应在规定期限内，依次办妥：场地装修、人员到位、建立各项制度、基本设施到位。然后向旅游行政管理部门报告，并接受验收。

↓

旅游主管部门收到《旅行社设立申请书》后应在规定的期限内（20个工作日）做出批准或不予批准的决定，并下达同意许可经营旅行社业务的批复文件。

↓

获准设立的，应当自取得批复之日起3个工作日内向旅游主管部门指定的银行交存质量保证金20万元。

↓

应在交存质量保证金后7个工作日内，持交存质量保证金的存单原件及复印件、与银行签订的存款协议书原件及复印件、营业执照副本原件及复印件、旅行社责任险保单原件及复印件、旅游主管部门同意设立旅行社的批复文件到市旅游主管部门领取《旅行社业务经营许可证》正本、副本。

图 1–3　旅行社设立审批流程

3. 办理涉税事项

旅行社应在领取营业执照后的30个工作日内，持下列证件和材料 :《营业执照》《旅行社业务经营许可证》旅行社章程、旅行社银行账号证明，以及税务机关要求提供的其他有关证件和材料，向当地税务部门办理开业税务登记。

税务机关应自收到申报材料之日起 30 个工作日内审核完毕，并对符合规定条件的旅行社予以登记，核发税务登记证或注册税务登记证。

旅行社在完成税务登记后，即可申领发票，正式开张营业，经营旅游业务。

4. 申办主要材料说明

新办旅行社业务经营许可需要提交的主要申请材料如表 1–1 所示。

表 1–1　新办旅行社业务经营许可需要提交的主要申请材料

序号	提交材料名称	原件 / 复印件	份数	纸质 / 电子报件	要求
1	旅行社设立申请书	原件	2 份	纸质	申请人可在市旅游政务网下载，填写完整并加盖旅行社公章。

续表

序号	提交材料名称	原件 / 复印件	份数	纸质 / 电子报件	要求
2	旅行社企业章程	复印件	1 份	纸质	与送工商行政管理部门登记的一致，并加盖旅行社公章。
3	工商行政管理部门核发的企业营业执照副本	原件和复印件	复印件 2 份	纸质	1. 复印件上加盖旅行社公章； 2. 原件核对无误后退还申请人。
4	营业场所证明（产权证或房屋租赁合同）	原件和复印件	复印件 1 份	纸质	1. 自有营业用房的，提供产权证；租赁营业用房的，提供租期不少于一年的房屋租赁合同复印件，复印件上加盖旅行社公章； 2. 原件核对无误后退还申请人。
5	营业设施、设备的证明或者说明	原件	1 份	纸质	填写《营业设施、设备一览表》并加盖旅行社公章。
6	法定代表人履历表及身份证明	履历表的原件；身份证的复印件	各 1 份	纸质	1. 填写《管理人员业务资格审核表》相关栏目； 2. 法定代表人身份证明复印件上加盖旅行社公章。
7	经理人员和计调人员履历表	原件	1 份	纸质	填写《管理人员业务资格审核表》相关栏目并加盖旅行社公章，无须另行提交经理人员和计调人员履历表材料。
8	至少 3 名导游与旅行社签订的劳动合同、导游证及近一个月导游缴纳的社会保险凭证	劳动合同、缴纳社会保险凭证的原件及复印件；导游证的复印件	各 1 份	纸质	1. 填写《专职导游人员资格审核表》； 2. 导游证复印件、劳动合同、缴纳社会保险凭证复印件加盖旅行社公章。

5. 申请经营出境旅游业务

旅行社取得经营许可满两年，且未因侵害旅游者合法权益受到行政机关罚款以上处罚的，可以申请经营出境旅游业务。

申请经营出境旅游业务的，应当向国务院旅游行政主管部门或者其委托的省、自治区、直辖市旅游行政管理部门提出申请，受理申请的旅游行政管理部门应当自受理申请之日起 20 个工作日内做出许可或者不予许可的决定。予以许可的，向申请人换发旅行社业务经营许可证，旅行社应当持换发的旅行社业务经营许可证到工商行政管理部门办理变更登记；不予许可的，书面通知申请人并说明理由。

旅行社获得出境业务经营许可的，应在规定时间内增存质量保证金 120 万元。

四、任务实施

（一）调研分析当地旅游条件和客源情况

要开展旅游，就必须让游客进得来，出得去，这是行的因素；李彤的家乡这些年为了发展农业经济，使瓜果蔬菜运出去，加强了道路建设，这也为开发旅游创造了条件。旅游还要有游客“住”的保障；现在，农村富裕的人多了，小洋楼星罗棋布，只要加以引导、规范和完善，“住”应该没有问题。李彤家乡瓜果蔬菜等农产品十分丰富，且自然、绿色、有机，符合人们“吃”的健康要求。那里山清水秀、空气清新、环境优美，既适合经营农家乐及瓜果采摘，也适合野外运动，还可以开展休闲养生，有“游”的资源。那里以瓜果为主的土特产和当地手工艺制品有一定的特色，有“购”的内容。游客来此小住，可以轻轻松松打牌自娱，可以高高兴兴参与瓜果采摘自乐，也有“娱”的机会。因此，食、住、行、游、购、娱六个要素都基本具备，而且有一定的特色。同时，乡里立足“绿水青山就是金山银山”，支持开发旅游，愿意组织旅游推广和宣传，并在各方面积极扶持旅游企业发展；而且，当地村子民风淳朴又不保守，对以往的零星游客也很友好。

此外，李彤家乡位于浙江北部，离上海和杭州都不远。在以这两个城市为代表的现代都市圈中，亲近自然、返璞归真的短距离旅游正方兴未艾。这里既可以吸引城市家庭，也可以吸引年轻的背包族和户外旅游爱好者，对旅行社而言，也就有了一定的客源市场。

结合以上这些因素，李彤认为在家乡开发旅游和办旅行社的条件是具备的。

（二）办理旅行社审批手续

李彤要申办的是国内游旅行社，应按照入境游和国内游旅行社审批程序办理申办手续。为提高审批效率，李彤先将拟定好的旅行社名称“××市果丰旅行社有限公司”通过市工商局网站注册完成企业名称预先核准，然后到工商局进行登记注册，获得了《营业执照》；接下来，到市旅游局进行许可经营旅行社业务的申报。

1. 向旅游主管部门提交许可申请书及相关材料

李彤从市旅游局网站下载了《旅行社业务经营许可办事指南》（以下简称《指南》）和《旅行社设立申请书》，填写申请书并按照《指南》准备相关申报核查材料。

（1）旅行社设立申请书

相关实例

旅行社设立申请书

××市旅游局：

兹有＿＿□□市果丰旅行社有限公司＿＿申请许可经营旅行社业务。具体情况如下：

一、基本情况

企业统一社会信用代码：□□□□□□□□□□□□□□□□□□□□□□（见营业执照）

申报旅行社英文名称：＿＿guofeng travel service Co., Ltd.＿＿

英文缩写：＿＿Gfts＿＿

详细注册地及邮编：□□市□□镇□□街□□号　邮编□□□□□□

联系人：＿李彤＿　电话：＿136□□□□□□□□＿

企业形式：☑内资旅行社　□中外合资经营旅行社　□中外合作经营旅行社□外资旅行社

出资人、出资额及比例：李彤、18万人民币、60%；陈建文、12万人民币、40%

出资方式：现金

注册资本：30 万元

二、经营场所

营业用房面积 210 平方米，为 □自有 ☑租赁

（租期 5 年），地址 □□市□□镇□□街□□号

营业用房证明单位 该场所属我公司营业用房，租赁情况属实。天城大厦物业（签章）

三、营业设施

拥有直线固定电话 3 台，号码：05 □□ 8677223 □，8677224 □，8677225 □

拥有 ☑互联网端口 ☑计算机 ☑传真机（号码：8677223 □）☑复印机及空调、打印机、扫描仪 等设施设备。

四、从业人员

从业人员共 10 人，在编职工 10 人，

其中：经理人员 2 人 计调人员 2 人 导游 3 人

财会人员 2 人 其他人员 1 人

法人代表姓名 李彤

总经理姓名 李彤 副总经理姓名 陈建文

五、其他需要补充的意见或说明的问题

无其他补充说明。

申报旅行社签章：×× 市果丰旅行社有限公司（公章）

2017 年 3 月 18 日

（2）《旅行社设立申请书》附件材料

除填写《旅行社设立申请书》外，还需要根据申请书附件准备以下材料。

相关实例

营业设施、设备一览表

设施设备名称	数量（台）	备注
电话	3	

续表

设施设备名称	数量（台）	备注
传真机	1	
电脑	10	
复印机	1	
打印机	3	
扫描仪	1	
空调	2	

相关实例

管理人员业务资格审核表

拟任职务：☑ 法人代表 ☑ 总经理 □副总经理 □计调人员 □____部经理

<table>
<tr><td>姓　名</td><td>李彤</td><td>性　别</td><td>女</td><td>出生年月</td><td>1982.06.21</td><td>民　　族</td><td>汉</td><td rowspan="3">照片</td></tr>
<tr><td>学　历</td><td>大专</td><td>专　业</td><td>旅游</td><td>联系电话</td><td>1361571660□</td><td>政治面貌</td><td>群众</td></tr>
<tr><td>联系地址</td><td colspan="3">□□镇□□街□□号</td><td>身份证号</td><td colspan="3">□□□□□□□□□□□
□□□□□□□□□</td></tr>
<tr><td rowspan="3">工作简历</td><td colspan="2">起止年月</td><td colspan="3">工作单位</td><td colspan="2">职　务</td><td>职　称</td></tr>
<tr><td colspan="2">2004.06.12—2017.05.28</td><td colspan="3">□□□□旅行社有限公司</td><td colspan="2">计调部经理</td><td>中级导游</td></tr>
<tr><td colspan="2"></td><td colspan="3"></td><td colspan="2"></td><td></td></tr>
<tr><td>旅游工作简历</td><td colspan="2">由该工作单位证明
任何职：
起止日期：
证明单位（盖章）</td><td colspan="6">李彤，2004 年 6 月至 2017 年 5 月在本公司工作，其中，2012 年 8 月至 2017 年 5 月任计调部经理。

□□□□旅行社有限公司（签章）
2017 年 3 月 6 日</td></tr>
</table>

注：此表可复制，用于旅行社不同职务人员信息的填写。如果曾在多家单位工作过，只需要找其中一家单位盖章证明即可。相比之下，请最近的工作单位证明最好。

相关实例

专职导游人员资格审核表

导游证号：

姓　名	徐□□			性别	女	1寸正面近照（粘贴处）
出生年月	1988.10	民族	汉	学历	大专	
身份证号码		□□□□□□□□□□□□□□□□□□				
联系地址	□□镇□□街□□号				联系电话	13755450□□□
电子邮箱	□□□@sina.com					
导游资格证号		□□□2010ZJ□□□□□			语种	普通话
与旅行社签订劳动合同类型		□√√固定期限　□无固定期限劳动合同				

注：此表可复制，用于旅行社导游人员信息的填写。

（3）提交经工商报备的旅行社章程

相关实例

××市果丰旅行社有限责任公司章程

第一章　总则

第一条　为规范公司的行为，保障公司股东的合法权益，根据《中华人民共和国公司法》和有关法律、法律规定，结合公司的实际情况，特制订本章程。

第二条　公司名称：□□市果丰旅行社有限责任公司

第三条　公司住所：□□市□□镇□□街198号

第四条　公司依法在□□市工商行政管理局登记注册，取得法人资格，公司经营期限为20年。

第五条　公司为有限责任公司，实行独立核算，自主经营，自负盈亏。股东以其出资额为限对公司承担责任，公司以其全部资产对公司的债务承担责任。

第六条　本公司章程对公司、股东、执行董事、监事、经理均具有约束力。

第七条　本章程经全体股东讨论通过，在公司注册后生效。

第二章　公司的经营范围

第八条　本公司经营范围：以公司登记机关核定的经营范围为准。

第三章　公司注册资本

第九条　本公司注册资本为人民币叁拾万元。

第四章　股东的姓名、股东的出资方式和出资额

第十条　公司股东组成：

股东一：　李彤

以货币方式出资 18 万元，占注册资本的 60%。

股东二：　陈建文

以货币方式出资 12 万元，占注册资本的 40%。

第五章　公司的机构及其产生办法、职权、议事规则

第十一条　公司股东会由全体股东组成，股东会是公司的权力机构，依法行使下列职权：

1. 决定公司的经营方针和投资计划。
2. 选举和更换执行董事，决定有关执行董事的报酬事项。
3. 选举和更换由股东代表出任的监事，决定有关监事的报酬事项。
4. 审议批准执行董事的报告。
5. 审议批准监事的报告。
6. 审议批准公司的年度财务预算方案、决算方案。
7. 审议批准公司的利润分配方案和弥补亏损方案。
8. 对公司的增加或者减少注册资本做出决议。
9. 股东向股东以外的人转让出资做出决议。
10. 对公司兼并、分立、变更公司形式，解散和清算等事宜做出决议。
11. 修改公司章程。

第十二条　股东会议分为定期会议和临时会议，由执行董事召集和主持，执行董事因特殊原因不能履行职务时，由执行董事指定的股东召集和主持。

定期会议应当每年召开 1 次，当公司出现重大问题时，代表四分之一以上表决权的股东可提议召开临时会议。

第十三条 公司不设董事会，设执行董事1人，由股东会选举产生。执行董事每届任期3年，任期届满，经连选后可以连任。

第十四条 执行董事对股东会负责，行使以下职权：

1. 负责召集和主持股东会会议，向股东会报告工作。

2. 执行股东会的决议。

3. 负责制订公司的经营计划和投资方案。

4. 负责制订公司的年度财务预算方案、决算方案。

5. 负责制订公司的利润分配方案和弥补亏损方案。

6. 聘任或解聘公司经理。

第十五条 公司设经理，经股东会同意可由执行董事兼任。经理行使下列职权：

1. 主持公司的生产经营管理工作。

2. 组织实施公司年度经营计划和投资方案。

3. 拟订公司内部管理机构设置方案。

4. 拟订公司的基本管理制度。

5. 制订公司的具体规章。

6. 聘任或解聘公司副经理、财务负责人及其他有关负责管理人员。

第十六条 公司不设监事会，设立监事1名，由股东会选举产生。监事任期每届3年，监事任期届满，经连选后可以连任。

第六章 公司的法定代表人

第十七条 本公司的法定代表人由执行董事担任。

第七章 股东转让出资的条件

第十八条 股东之间可以自由转让其出资，不需要股东会同意。

第十九条 股东向股东以外的人转让出资：

1. 须要有过半数以上并具有表决权的股东同意。

2. 不同意转让的股东应当购买该转让的出资，若不购买转让的出资，视为同意转让。

3. 在同等条件下，其他股东有优先购买权。

股东签名（盖章）：李　彤

陈建文

2017年2月10日

（4）注册资本申报

按照《国务院关于印发注册资本登记制度改革方案的通知》（国发〔2014〕7号）的规定，公司注册资本由实缴制改为认缴登记制，实收资本不再作为工商登记事项。公司登记时，无须提交验资报告。为此，国家旅游局下发了《关于落实简政放权和行政审批工商登记制度改革有关规定的通知》（旅发〔2015〕96号），据此，申请设立旅行社的，也无须再向旅游主管部门提交依法设立的验资机构出具的验资证明。那么，《旅行社条例》中旅行社注册资本不少于30万元的条款又如何去执行呢？

申请设立旅行社，既可以让注册资本一次达到30万元或以上，也可以先实缴部分再认缴部分。实行认缴登记的，比如可先实缴10万元，剩下20万元分10年缴清。那么具体又应怎样做好认缴登记呢？首先，需要在公司《章程》的“股东的姓名、股东的出资方式和出资额”中对注册资本认缴情况进行明确，每个股东总出资额是多少，其中，实缴多少，认缴多少，并约定认缴期为多长。接下来的问题是，注册资本认缴有没有法定期限呢？国家相关政策法规中没有对设立公司注册资本的认缴期限做出限定。也就是说，注册资本的认缴期限只要在公司《章程》中由股东进行约定就行。当然，如果公司有经营期限的，认缴期限不能超过经营期限。同时，公司有关注册资本认缴的信息还需要通过全国企业信用信息公示系统（http://gsxt.saic.gov.cn/）进行填报。旅行社在申请设立旅行社时，虽然不再向旅游主管部门提交验资报告，但是，旅游主管部门会登录全国企业信用信息公示系统审查其认缴的出资额是否符合《旅行社条例》第六条规定的最低注册资本限额要求。如果没有达到最低限额，旅游主管部门对其经营旅行社业务的申请将不予许可。此外，合作企业、社会公众也可以通过全国企业信用信息公示系统查询企业注册资本的实缴与认缴情况。

2. 旅游行政管理部门审批

对于李彤等提交的《旅行社设立申请书》，经市旅游局代省旅游局进行审核后，批准了李彤等的许可申请，向李彤颁发了同意许可××市果丰旅行社有限公司经营旅行社业务的批复文件（简称同意许可批复）。

3. 存入旅行社质量保证金，申领《旅行社业务经营许可证》

在获得旅游主管部门的同意许可批复后，李彤等及时在指定银行中选择了一家存入旅行社质量保证金 20 万元，又在旅游主管部门推荐的保险公司中选择了一家，购买了旅行社责任险，凭同意许可批复、存入旅行社质量保证金凭据和旅行社责任险保单，李彤到市旅游局领取了《旅行社业务经营许可证》正副本。《营业执照》和《旅行社业务经营许可证》正本须张贴或悬挂于经营场所醒目位置，副本主要用于业务经营中的对外需要。

4. 办理涉税事项，开始创业之路

在办理了《营业执照》和《旅行社业务经营许可证》后，李彤又委托财务人员到税务机关办理税务事项备案。购买了业务经营所需发票。经过 2 个多月的努力，李彤和她的创业伙伴们终于完成了各项审批手续，《营业执照》和《旅行社业务经营许可证》的正本挂在了接待前台的显眼处，经办业务所需的各种印章和票据也一应俱全，“果丰旅行社”终于开张营业了。

近年来，国务院一再简政放权、简化创业手续，许多省市的工商、旅游、税务等行政管理部门也不断简化公司设立的审批事项，共享审批信息，使审批过程大大缩短。特别是有不少地方的旅游主管部门设立了网上办事大厅，许可经营旅行社业务的申请可以在网上填写，相关材料可以通过网络上传审核，一旦网上审核通过，往往只需要到旅游主管部门一次，即可领取《旅行社业务经营许可证》了。

旅行社的行业特点

1. 劳动密集型

旅行社行业属于第三产业，是以提供劳务产品为主的服务性企业。旅行社的生产活动主要通过其员工的人工劳动完成，旅行社的主要收入也来自员工向旅游者提供的旅游服务活动，如导游服务、单项旅游服务项目的代办等获得。因此，旅行社是典型的劳动密集型企业。

2. 服务型

在旅行社行业中，服务劳动起着主体和根本的作用。旅行社通过其导游员、门市接待员、旅游服务采购人员等的服务劳动向旅游者提供旅游过程中所需的各种旅

游服务。服务质量是旅行社的核心竞争力。

3. 智力密集型

旅行社的主要业务之一是为旅游者提供旅行安排和旅游景点导游讲解服务。这是一项脑力与体力结合的复杂劳动，要求从业人员有广博的知识、较高的文化素质和良好的体魄。旅行社的经营成功与否，在很大程度上取决于它所拥有的员工的知识水平和服务技能。因此，无论是旅行社的管理人员、导游人员，还是产品设计人员和旅游服务采购人员，都必须接受过比较系统的专业教育，具有较强的学习能力和知识的运用能力，必须具有较高的旅游专业知识、管理专业知识和文化知识。从事入境旅游和出境旅游业务的旅行社员工，还必须能够熟练地运用一门以上外语。因此，旅行社行业具有明显的智力密集性特点。

4. 季节性

季节性是指旅行社行业在经营中具有比较明显的淡季和旺季的区别。旅行社行业的季节性特点是由旅游市场上旅游需求的季节性所导致的。造成旅游需求季节性变化的原因主要是旅游目的地的自然气候条件和旅游客源地的休假制度。

5. 关联性

旅行社行业是旅游产业链中的下游行业，它与位于同一产业链中的交通行业、住宿行业、餐饮行业等上游行业及其他行业之间存在着一种相互依存、互利互惠的合作关系。旅行社必须在确保自身利益的前提下，与其他相关行业保持密切的合作关系，以保障旅游者在旅游活动过程中各个环节的顺利衔接与服务质量。

6. 波动性

旅行社行业容易受到自然与人为的各种因素的影响和制约，具有比较明显的波动性。例如，国际政治气候与国家间关系的变化，经济的繁荣与萧条，物价与汇率的升降，战争、灾害、疾病、恐怖活动等不安全因素的发生，都可能导致旅游客源市场波动，从而给旅行社的经营带来意想不到的影响。这种波动性也可以说是旅行社行业的脆弱性。

常见的旅行社设立方式

1. 有限责任公司

由两个以上，50个以下的股东共同出资，每个股东以其所认缴的出资额对公司承担有限责任，公司以其全部资产对其债务承担责任的经济组织。

2. 股份有限公司

全部注册资本都由等额股份构成并通过发行股票来进行筹集，股东以其认购的股份对公司承担有限责任，公司以其全部资产对其债务承担责任的经济组织。

3. 私营独资公司

私营独资公司是指由一名自然人投资经营，以雇佣劳动为基础，投资者对公司债务承担无限责任的企业。

拓展阅读

世界第一家旅行社

托马斯·库克于1808年11月22日出生在英格兰地区，自幼家境贫寒，10岁便辍学从业，先后做过帮工、诵经人和木匠等。由于宗教信仰的原因，托马斯·库克极力主张禁酒。1841年7月5日，托马斯·库克创造性地利用包租火车的方式，载运540人从他所居住的莱斯特市到拉夫伯勒市参加一次禁酒大会，全程18千米，每人收费1先令（20先令=1英镑）。这次活动被后人公认为是首次具有商业性质的包价旅游，也是历史上的第一次团体火车旅行。随后，在1845年，托马斯·库克又组织了第一批前往英国利物浦的观光旅游团，这是托马斯·库克第一次有意识的旅游商业活动。托马斯·库克亲自安排和组织了旅游线路，并担任旅游团的全程陪同。他还雇用了地方导游。这是一次包含旅游线路考察、旅游产品组织、旅游广告宣传、旅游团队组织和陪同及导游多项内容的旅行社业务活动，大致体现了当今旅行社的基本业务，从而确立了现代旅行社业务的基本模式。此外，他还整理出版了世界上第一本旅游指南《利物浦之行指南》。这些都使托马斯·库克名声大振，也增强了他在这个领域继续开拓的信心。1845年，托马斯·库克在莱斯特市正式成立了托马斯·库克旅行社，专门从事旅行代理业务，这是世界上第一家旅行社。1845—1855年间，他又成功组织了前往欧洲大陆的团体旅行，并发明了包价旅游形式。1865年，托马斯·库克父子公司（Thomas Cook & Son Ltd.）正式成立。1872年，托马斯·库克亲任导游，带着10人，历时70天，做了人类历史上第一次环球旅行。托马斯·库克及他的旅行社从此声名远扬，享誉欧美大陆。1939年，托马斯·库克父子公司在世界各地设立了50余家分社。

托马斯·库克对于旅游业发展的贡献，不仅在于他开了旅行社经营模式的先河，诸如规模化组团出行、随团陪同照顾、提供导游服务、设立各地分社等，而且表现在他面向大众，薄利多销，推动了旅游的社会化，促进了旅游业的迅速发展。因此，他被称为近代旅游业的鼻祖和旅行社的创始人。

中国第一家旅行社

我国第一家大型民族旅行社是 1923 年 8 月 15 日由陈光甫先生在上海创立的。

当时，中国正处于两次世界大战之间的特定历史环境中，国外政局相对稳定，没有大规模的战争和动乱。“中华民国”成立后，将发展资本主义工商业定为当时的基本国策，再加上当时国际旅游和国内旅游两个市场规模的迅速扩大，客观上要求有专门的机构为人们外出旅行提供服务。在这以前，英国的通济隆旅游公司（前身即托马斯·库克父子旅游公司）、美国的运通旅游公司等外国旅行社已经开始在上海等地设立旅游代办机构，总揽中国旅游业务，并雇用中国人充当导游。但这些外国旅行社在办理旅行业务时，经常对中国人采取歧视性态度，双方的摩擦时有发生。

正是在这样的历史背景下，著名爱国企业家和金融家陈光甫先生因外出遭遇外资旅行社员工的冷落而萌发出要创办中华民族自己的旅行社的想法。

在上海银行界、交通界同人和当时的交通部高级官员的大力支持下，1923 年 5 月 20 日交通部以 200 号文件正式批准上海商业储蓄银行内部设立专门机构代售火车客票和办理旅行事宜。同年 8 月 15 日，上海商业储蓄银行正式成立旅行部。

中国旅行社创立初期，其营业范围仅以代售铁路、轮船客票为主。后来，在开展业务的过程中，他们发现旅客在旅行中最需要解决的是上下、中转车船及行李搬运等问题，于是因地制宜地开展了上述业务。而这一时期中国旅行社的目标市场就是国内旅游市场，目标顾客就是那些进行旅行游览活动的民众、富有阶层和出国留学的学生。

1923—1927 年间，上海商业储蓄银行旅行部在国内共设立了 12 个分支机构，同时还针对客源市场的要求先后开展了票务代理；发行旅行支票；客人与行李的接驳和转运；代办出国手续并安排出国旅行；筹划旅游线路，为散客、团队提供观光游览服务；创办《旅行杂志》，发行旅行出版物六大类服务。1927 年 6 月，该旅行部从上海商业储蓄银行独立出来，更名为中国旅行社，该旅行社是今香港中国旅行社股份有限公司的前身。

此后，中国又相继出现了一些旅行社及相似的旅游组织，如铁路游历经理处、公路旅游服务社、浙江名胜导游团、中国汽车旅行社、国际旅游协会、友声旅行团、精武体育会旅行部、萍踪旅行团、现代旅行社等。它们是中国旅行社行业处于萌芽期的旅行社，承担了近代中国人旅游活动的组织工作。

任务二　旅行社的组织构建

一、任务引入

申请设立果丰旅行社，填报《旅行社设立申请书》时，在撰写可行性分析和旅行社章程中都要涉及旅行社的组织结构。应当如何设立旅行社的组织结构并划分各部门应有的职责呢？

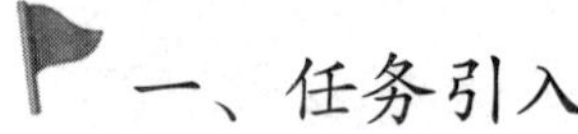

二、任务分析

要确立果丰旅行社的组织机构，首先要明确自身的经营方向：是专门经营接待外地游客的地接社，还是专门经营组织本地人出去旅游的组团社；若是两个业务方向都做，为一般的旅行社。旅行社经营的业务不同，设置的部门和配置的岗位就有所不同，由于旅行社有经营灵活和中介服务的特点，其组织机构的设置没有固定的模式和通用的架构，应当根据旅行社的经营目标、市场环境、资金实力等因素综合考虑，因地制宜，量力而定。

三、相关知识

旅行社的生产不像一般的加工企业，不是实体产品的生产；旅行社的经营也不像普通的贸易公司，销售加工企业的产品；旅行社的服务也不像一般的第三产业，有自己固定的营业场所。正是旅行社的这些特点，使得旅行社不像一般的企业或公司，有一个行业较为统一的组织设立形式。不同类型旅行社的业务经营范围有所不同，组织结构的设立就不尽相同；即使类型相同的旅行社，由于发展目标不同、经营方式不同、选择的旅游市场不同，其组织结构的设立也可能不同。因此，不同旅行社的部门组织结构、部门名称和所起的作用都可能存在差异，甚至大不相同。

当然，旅行社作为以营利为目的，从事旅游业务的企业，其主要业务部门和管理部门的设立还是具有一定的共性，存在一定的规律。总体来说，旅行社的组织设立有两种大的类型，一种按照工作或业务的职能来划分部门，一种按照业务涉及的地区或语种来划分部门。

（一）按照职能划分部门的旅行社的组织结构

按照职能划分部门的旅行社组织结构模式，是目前大部分中小旅行社采用的组织结构模式。图 1-4 是国内旅行社常见的职能直线制组织结构。

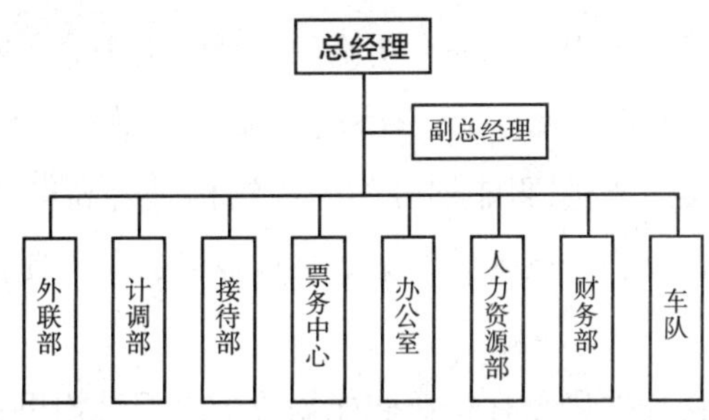

图 1-4　国内旅行社常见的职能直线制组织结构

这种组织结构模式的基本特征是权力高度集中，部门职能明确，分工各不相同。由于在这种组织结构中，上下级之间实行单线从属管理，总经理拥有全部权限，尤其是经营决策与指挥权，所以称为直线制组织结构模式。在这种组织机构中，旅行社的业务部门和管理部门按照内部生产过程划分和设立，其中业务部门包括外联、计调、接待等部门。由于这些部门都直接涉及旅行社旅游业务的经营活动，被称作“一线部门”。管理部门则包括办公室、财务部、人力资源等部门。在不同的旅行社中各部门的分工也有所不同，但在大多数旅行社，主要业务部门的功能如下。

外联部：主要从事旅行社产品的销售。因为旅行社的产品在设计出来的时候是无形且无法储存的，所以外联部所从事的销售就十分重要。由于旅行社产品难以申请专利，产品的同质化现象较为严重，在这种情况下营销策划、营销渠道的优劣直接关系到旅行社的生存和发展，因此，外联部在旅行社经营中有着特殊的地位和作用。

计调部：主要从事旅行社产品的设计、产品中各旅游要素的采购及旅游行程的安排。计调部的工作质量直接影响产品的市场销售和产品的成本，也是旅行社极为重要的业务部门。

接待部：主要承担导游的管理和业务安排。由于旅行社产品只能先购买，再生产，并在生产的同时消费，所以旅行社产品最终是否为旅游者认可与导游服务的质量密切相关，对旅行社的品牌树立和可持续发展影响重大。

1. 职能直线制组织结构模式的优点

（1）部门之间分工明确：在这种组织机构里，每一个部门都有明确的业务和工作，每一位员工都对他所承担的任务有明确的了解。由于分工明确，部门内部和部门之间相互推诿、扯皮的现象减少了，有利于提高工作效率。

（2）组织结构稳定：按照职能划分的组织结构具有高度的稳定性，不同部门之间的人员流动较少，有利于员工长期钻研某项业务，从而使他们成为该项业务的专家。

（3）符合专业化协作原则：在按照职能划分的组织结构里，每一个部门和岗位都配备具有该部门或岗位所需专业知识和专业特长的员工，能够充分发挥这些专业人员的知识和才能，有效地使用旅行社所拥有的各种人力资源。

（4）提高管理者的权威：在按照职能划分的组织结构里，实行上下级单线领导的管理方式，旅行社的经营决策权和管理决策权高度集中于旅行社的最高管理层。他们对旅行社经营的最终结果全权负责，责任非常明确，有利于提高管理者的权威，保证旅行社制定的各种经营和管理决策被充分地贯彻执行。

（5）提高工作效率：按照职能划分部门，把复杂的旅行社业务分解成简单的重复性工作，从而使每一位员工都能够在较短的时间里成为所在岗位上的专家。由于对本岗位的业务熟悉，员工们在实际工作中能够最大限度地减少犯错误的机会，从而提高了工作效率。

2. 直线制组织结构的缺点

（1）削弱旅行社实现整体目标的能力：不同职能部门的员工长期在某个部门工作，发展了自己的行为模型，易于产生偏见。他们往往乐于从本位出发考虑问题，难以明了旅行社整体的任务，不知其本身工作与整体任务的关系，因而形成本位主义，影响旅行社整体目标的实现。

（2）增加各个职能部门之间协作的困难：在按照职能划分部门的组织结构里，容易造成各部门的经理从本部门的利益出发，认为只有其本位职能，才是最重要的职能，把自己所在部门的利益看得至高无上，以其他部门的利益，甚至以整个企业的利益为牺牲，使旅行社内部冲突增加，难以协调。

（3）组织机构缺乏弹性：按照职能划分部门的组织结构不够灵活，难以及时调整其部门结构以适应瞬息万变的市场，因而，只能使其成员将其已做的工作做得比之前略佳，而不能激发其成员接受新观念与新的工作方式。

（二）按照地区或语种划分部门的旅行社的组织结构

按照地区或语种划分部门的组织结构又称事业部制组织结构，是指将旅行社划分成与各个细分市场相关的部门。它是旅行社内对于具有独立的产品和市场、独立的责任和利益的部门实行分权管理的一种组织形态。在这种组织结构中，旅行社把政策制定与行政管理分开，实行政策管制集权化和业务营运分权化。图 1–5 所示为旅行社典型的区域制组织结构。

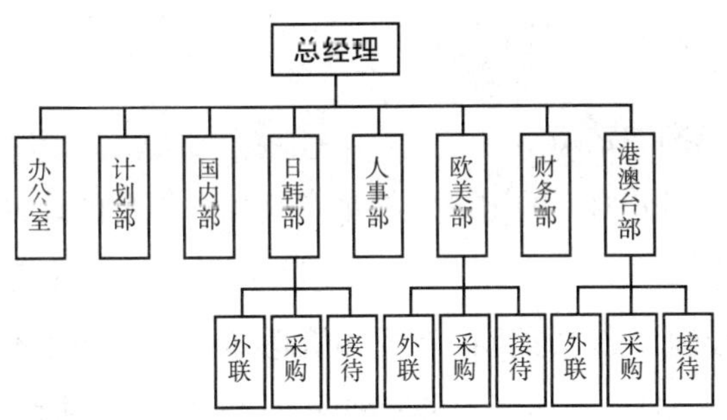

图 1–5　旅行社典型的区域制组织结构

在区域制组织结构中，旅行社的最高管理层是最高决策管理机构，其中计划部以实行长期计划为最大的任务，集中力量来研究和制定企业的总目标、总方针、总计划及各项政策；国内部主要负责国内旅游，出境目的地则再按照区域划分，旅行社的区域部门则具有对该区域的外联、计调和接待功能，在不违背总目标、总方针、总计划的前提下，自行处理各项业务经营活动，成为日常经营活动的中心。

为了使旅行社保持完整性，避免使高层领导“大权旁落”，并保证各事业部不至于形成“各行其是”“群雄割据”的局面，旅行社的最高管理层必须保持三方面的决策权。

- 事业发展的决策权：旅行社的最高管理层应保持对整个旅行社的经营方针、价格政策、竞争策略等基本原则具有绝对决策权；
- 资金分配权：由旅行社最高管理层控制旅行社的资金供应和资金分配；
- 人事安排权：各事业部重要的人事安排必须由旅行社最高管理层来决定。

1. 区域制组织结构的优点

按照地区或语种划分部门的组织结构具有许多显著的优点。首先，它能使最高管理部门摆脱日常业务的束缚，成为坚强有力的决策机构；其次，它有利于各个部门的业务衔接和利益分配，发挥经营管理的主动性；再次，它扩大了有效控制的跨度，使上级领导直接控制下层单位的数目增加；最后，它是培养管理人才的最好组织形式之一。除了不必操心财务资源的筹措之外，部门经理可以思考各种经营和发展问题，如市场、人力、技术等，从而使部门经理得到充分的培养和锻炼，为他们在今后承担更重要的管理任务打下良好基础。

2. 区域制组织结构的缺点

按照地区或语种划分部门的组织结构也有其相对不足的地方。例如，对部门经理的管理水平和知识水平要求较高。在这种组织结构中，每个部门都相当于一个独立的旅行社，部门经理要熟悉全部的业务和管理知识才能胜任工作。另外，集权与分权关系比较敏感，一旦处理不当，可能削弱整个旅行社的协调一致性。

从目前我国旅行社的经营实践来看，大、中型旅行社由于客源地和旅游目的地都涉及地域多、语言复杂等情况，许多旅行社多采用按照地区或语种划分部门的组织结构。

四、任务实施

从果丰旅行社的具体情况来看，该社还是以接待外地游客或商务客为主，所以，该旅行社的部门设置应该偏向地接旅行社。但是，它们又与一般的地接社不同，一般的地接社主要经营观光产品，需要较多的导游，而果丰旅行社主要经营农家乐，并不需要太多的导游。因此，根据目前的竹乡旅游形势和该旅行社的经营特点，该旅行社一开始不需要设置太多的部门，可以只设办公室、财务部、接待部和外联部这“一室三部”，如图 1–6 所示。

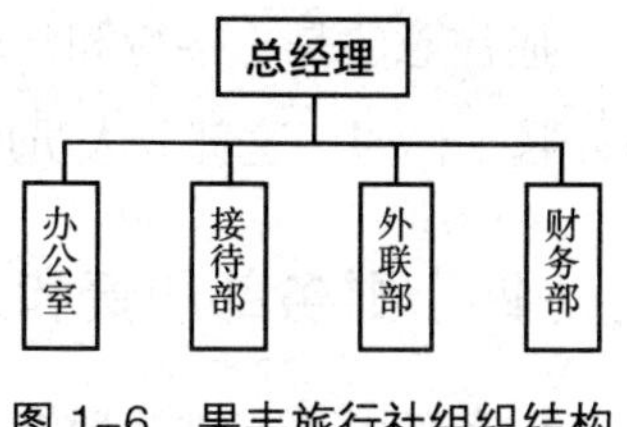

图 1–6 果丰旅行社组织结构

（一）办公室职责和人员设立

办公室设主任 1 名，职员 2 名。主任协助总经理处理日常事务，负责办公用品采购和管理；一名职员协助在村里建立和维护农家乐网点及土特产购买点；另一名职员负责游客农家乐的入住安排等，协助领导协调和解决游客与农家之间的业务及可能出现的各种纠纷。以上人员最好是本乡人，需要较强的处事能力和好的人缘关系。在创办之初，该旅行社的办公室可以兼有一般旅行社计调部门的功能。

（二）外联部职责和人员设立

从现实的情况来看，该旅行社能否生存和发展，最关键的还是能否有源源不断的游客，所以该旅行社必须一开始就设置负责市场销售的部门，在小旅行社一般叫外联部。

外联部设经理 1 名，副经理 2 名，业务员 2 名。其中，经理协助总经理负责市场营销，主要负责和市、县旅行社建立客源网络；两名副经理中一名主要负责上海方面的客源，另一名负责杭州方面的客源；两名业务员协助进行游客招徕、客户资料管理工作。

（三）接待部职责和人员设立

接待部主要负责导游人员管理和旅游者的接待工作，负责落实和服务游客在当地的旅游活动。接待部设经理 1 名，导游员 2 名。其中，经理协助总经理负责游客接待安排和导游管理，两名导游员为游客在当地的旅游活动服务。

应注意的是，接待和外联人员要在旅行社有一定的工作经验，最好是做过接待或外联工作的，这部分人员应通过招聘完成。

（四）财务部职责和人员设立

财务部人员安排计划为 1 名会计、1 名出纳，由李彤负责招聘。

推荐阅读

随着旅行社行业的不断发展，人们对旅行社的组织机构的设立也在进行不断的思考和研究，下面列出几篇文章，供大家业余时间查找阅读。

[1] 胡世伟，赵英杰．不确定环境下旅行社企业网络组织结构的探讨 [J]．技术和市场，2006，(5)：50-51.

[2] 周唯颖．旅行社组织变革方式的比较与选择 [J]．北京第二外国语学院学报，2003，(5)：48-53.

[3] 蔡红波．旅行社网络型组织结构之我见 [J]．商场现代化，2006，(6)：91-92.

[4] 龙江智，武燕玲．旅行社角色的再定位：从中介组织到体验管理者 [J]．东北财经大学学报，2007，(3)：59-63.

[5] 陈昆玉，陈昆琼．我国旅行社组织变革分析的新范式——企业流程再造的应用 [J]．实践研究，2003，(1)：46-48.

[6] 贺小海．关于我国旅行社组织结构高度战略化的思考 [J]．旅游科学，2000，(4)：25-26.

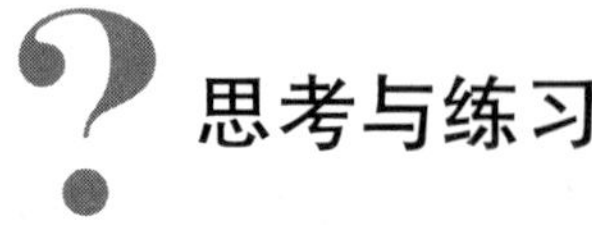

思考与练习

1. 旅行社设立申请书的主要内容是什么？

2.设立旅行社时对注册资本以缴金额是否有要求？有何要求？并说明依据。

3.设立旅行社的申办人应向哪一级旅游行政管理部门提出设立申请?

4.旅行社组织结构设立有何特点？简述常见的旅行社组织结构设立方式。

5.到本地区一家旅行社进行实地参观，了解该旅行社的部门划分、所负职责和人员构成，并画出该旅行社的组织结构图。

附件　导游录用及其工资待遇的规定

根据我公司目前导游队伍的实际情况，参考同行业的操作模式，特制订本规定，以加强我公司的导游队伍建设，更好地促进公司的可持续发展。

一、导游录用条件

1. 具有国家承认的旅游专业大专毕业生，或本科相近专业毕业生，有多年导游从业经验的可适当放宽学历条件。

2. 持有国家旅游局颁发的导游资格证、IC 卡的可录用。

3. 新导游必须接受 3 个月的实习期。实习期是公司对意向录用新导游的基本条件、基本素质和基本胜任能力进行确认的考查手段。实习期内，公司将对导游进行严格考查、考核，不合格的，公司可随时与之解除实习协议；合格的，将按规定办理正式录用手续。

二、导游待遇

1. 录用导游必须满足导游岗位任职条件及导游职位任职实施细则，遵守公司制订的各项规章制度。

2. 专职导游一旦录用，需与公司签订劳动合同。公司按规定给予缴纳“五金”（必须做满一年）；每月月薪按带团津贴计算。

3. 公司为部分外地专职导游免费提供集体宿舍，应聘后必须及时办妥暂住证。

4. 导游（包括专职导游、实习导游、兼职导游）带团津贴。

（1）全陪团：北京、云南、海南、成都地区 50 元 / 天；其他地区：70 元 / 天。

（2）汽车团：120 元 / 天。

说明：如派团导游提出要安排地接导游，则津贴参照全陪 70 元 / 天的津贴执行。

（3）导游带团时间计算按出发日期计算。

（4）餐扣：原则上所有短线游订餐由计调部下单；计调部不下单的线路，由导游以保证安全卫生以及用餐质量为原则，选择安排。但导游必须及时把餐厅地址、联系电话、用餐环境等信息反馈给计调部。有时间的情况下收集当地其他餐厅信息给计调部。

（5）地接团：（有购物安排或允许增加景点）按市场区别，出团前需由导游垫补车桥路费。购物按 5 ∶ 5 比例分成。

（6）境外团：除港澳、东南亚团以外；其他地区带团需持有领队证：

- 港澳：互补费用 30 元 / 人，其余全部归导游；
- 纯泰：互补费用 30 元 / 人，其余全部归导游；

- 新马泰：互补费用 60 元 / 人，其余全部归导游；
- 普吉：互补费用 40 元 / 人，其余全部归导游；
- 泰港澳：互补费用 60 元 / 人，其余全部归导游；
- 巴厘岛：互补费用 40 元 / 人，其余全部归导游；
- 新马港：互补费用 50 元 / 人，其余全部归导游；
- 韩国：互补费用 20 元 / 人，其余全部归导游；
- 日本：互补费用 30 元 / 人，其余全部归导游；
- 澳新：互补费用 90 元 / 人，其余全部归导游；
- 澳大利亚：互补费用 70 元 / 人，其余全部归导游。

说明：我公司的互补费用基本比市场降低 30%，购物免交提成。

三、导游出团报销及津贴领取流程

1. 导游带团任务完成后，应及时将旅游操作质量反馈跟踪单交公司计调人员。计调操作人员收单后应核实该单是否有效（说明：在宾客姓名一栏中须由经办人或领队〈领导〉签字，否则无效），并由计调操作人员电话核实导游带团质量后签署意见。

2. 导游凭计调部核实后的质量反馈单，按照津贴规定填写凭证报销单，依次经计调操作人员、计调部经理、财务经理、分管副总签字后交财务部。津贴由财务部按出团规定审核后记录，月结。

3. 团费报销：填写详细团费清单，准确注明增减费用，如有公司同意代付客人增加费用的，需提供客人（或领队）签名的确认单。增加费用在 3000 元以内的，由计调操作人员电话核实并签署意见；增加费用在 3000 元以上的，由计调部经理电话核实，并签署意见。

导游按规定填写凭证报销单（附计调签署意见的团费清单和客人增加费用确认单），依次经计调、计调部经理、财务经理、分管副总签字后交财务部报销。

四、导游津贴处罚标准

《旅游操作质量反馈跟踪单》中“您对导游的评价”栏中如果有“一般”的评价，减少一半津贴；如果有“差”的评价则取消出团津贴。

凡在《旅游操作质量反馈跟踪单》上弄虚作假经查实的，取消该团次带团导游的导游津贴，并处以导游津贴一倍罚金；如另有导游或员工参与的，给予参与导游或员工相应处罚。

五、关于取消专职导游资格的规定

1. 专职导游可以不坐班，但必须保持电话畅通。连续发生 3 次无正当理由不接电话的，取消专职导游资格。

2. 带团质量累计 5 次反馈“一般”者，取消专职导游资格。

3. 专职导游原则上应服从派团计划。无特殊情况，累计 5 次以上不服从派团的，取消专职导游资格。

六、交通费

导游（含其他员工）出团时间，凡系早上 7:00 前要赶到集中地或晚上 20:00（含）后回来的，均可全额报销市内单程出租车费，最高额度为 30 元。报销时需凭真实的出租车发票（无发票不予报销），不需领导审批。

七、导游考核

全体导游（包括专职导游、实习导游、兼职导游、其他临时导游），在带团过程中如发生严重服务、质量、安全等事件的，视损失程度（荣誉、物质）每次处以 200 元以上罚款。

八、有关导游的规章制度

（一）导游任职实施细则

1. 任职条件

（1）工作经验：大学专科以上学历，持导游证，一年以上导游工作经验。

（2）专业知识：具有心理学、社会学、旅游管理及与导游工作相关的专业知识，具有相关法律法规、语言（包括汉语知识和外语知识），史、地文化知识以及旅游国际化相关的知识和旅行常识等。

（3）业务能力：具有处理旅游过程中的突发事件的能力；具有与各方人士的沟通能力；有妥善协调旅游食、住、行、游、购、娱过程中的矛盾能力；熟悉国内外有关旅游的法律法规及其他相关法律知识，精通导游业务；熟悉世界各地经济、政治、地理、风土人情等。

2. 任职目的

根据旅行社的接待计划和旅游活动行程安排，安排旅游团各项接待工作，保证旅游团的各项旅游活动计划得以实现。

3. 职责及考评标准

序号	职责范围	负责程度	考核内容标准
1	执行旅游合同 接受旅行社分配的导游工作，按接待计划安排和组织游客，督促、协助地接社按旅游合同落实各项工作	全责	旅游合同落实程度达到 100%
2	按接待计划负责接待工作 配合和督促有关部门安排游客的交通、食宿等相关事宜，保护游客的人身财产安全等事项	全责	接待计划完成率达 100%
3	安排游览活动负责讲解 根据接待计划，安排和组织游客参观、游览，具体负责讲解工作	全责	景区景点讲解清晰程度达到 100%
4	负责相关联络工作 协调旅游团内部游客与地接社之间、领队与地接社之间的关系，协调旅游团在各地、各景点的旅游活动，并将游客的意见和要求反馈给有关人员	全责	联络工作及时，无意外事件发生，游客投诉率为 0

续表

序 号	职 责 范 围	负责程度	考核内容标准
5	处理相关问题 解答游客的询问、在力所能及的范围内协助处理旅途过程中的问题与投诉	部 分	游客的投诉实时解决率达95%以上
6	完成公司下达部分经营考核指标	全 责	完成率达100%

（二）导游岗位职责

1. 遵守国家法律法规，尊重当地民族风俗；出境出国时，遵守所在国的法律，同时维护祖国尊严。

2. 熟悉导游业务，掌握各大旅游景点特色，对历史溯源、人文景观、自然风光、宗教知识都有所涉猎。

3. 接到出团任务后，提前一天到计调部领取计调单及质量卡，确认游程安排、接团地点、时间、人数、地接社、住宿、用车、用餐等基本情况；提前半天到财务科领取备用金，到总办室领取旅游包或旅游帽。

4. 自带团出团前需了解该线路详细资料，做到胸有成竹，避免因道路不熟耽误行程。因故改变计划的，应向游客致歉，并取得谅解。

5. 全陪团应搞好和地陪的关系，掌握主动权，自觉维护游客利益。出现问题或预见将出现问题时，积极主动地和地陪沟通，把问题解决在萌芽状态。

6. 出团当日，提前半小时到位，协助驾驶员检查车况、清洁车厢、备足油料，做好安全出车的各项准备工作，迎接游客的到来。

7. 出发前，再次核对名单及人数，确属临时调整的应予更改并注明。出发时，向全体游客致欢迎辞，介绍自己姓名、联系电话、车牌号码及本次游程计划、标准。每到一个景点，应宣布游览时间、上车地点时间、注意事项。前往下一个景点时，导游应最后上车，清点人数无误后发车。

8. 游程中将安全放在首位，随时提醒游客注意乘车安全、游览安全、购物安全、住宿安全，谨防失窃等。需特别关注老幼等特殊游客的健康状况；对具有一定危险性的活动项目，预先告知，必要时善意劝阻，严防意外发生。

9. 遇事沉着冷静，处事果断正确，善于把握好法律责任与服务需求关系；随时随地牢记导游该做什么，不该做什么；对待具体问题，坚持合法合规为前提，合情合理为根本。因导游超越职责范围的擅自行为（如保管贵重物品、钱包、信用卡、同意或帮助游客参加危险活动等），造成游客损失、伤害的，由导游个人承担一切责任。

10. 熟悉《导游带团操作流程》，牢记《旅游安全警示录》，随身携带《旅游突发事件应急预案》。遇到重大、紧急情况时，应按《请示报告制度》规定，利用电话等通信手段及时与公司取得联系，按公司领导指示执行，同时开展现场自救。

11. 游程中应充分调动游客情绪，要求导游做 2 ~ 3 个游戏，讲 2 ~ 3 个笑话（须内容健康），唱 1 ~ 2 首歌曲，讲解主要景观。整个游程，导游陪同游客时间应占一半以上。

12. 整个游程结束时，应向全体游客表示感谢，征询意见，推荐新线路，回收质量反馈单。

13. 返回公司后，在规定时间内，到财务部结清账目。

杭州 ×× 旅行社

2017 年 1 月 15 日

模块二
旅行社线路产品策划、制作、面市与销售

1. 认识旅行社线路产品，掌握旅行社线路产品的构成要素、类型和特点。
2. 掌握旅行社线路产品策划与制作等作业流程的基本知识，能够按流程进行旅行社线路产品的策划与制作。
3. 掌握旅行社线路产品面市形态，能够对旅行社线路产品进行包装策划。
4. 掌握旅行社线路产品的销售策略，能够完成旅行社线路产品的销售工作。

任务一　认识旅行社线路产品

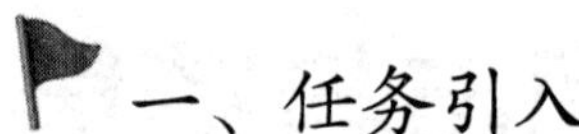

一、任务引入

请根据下面这份旅行社线路产品行程单（表 2–1），分析出旅行社线路产品的构成及该线路产品所属的类型。

表 2–1　三亚进出四晚五天蜈支洲岛、天涯海角精华游

<table>
<tr><th>日　程</th><th>行程安排</th><th>酒　店</th><th>用　餐</th></tr>
<tr><td rowspan="2">第一天</td><td>10:30 杭州飞机赴三亚（飞行时间 2.5 小时）</td><td>海天大酒店
三星</td><td>–/–/–</td></tr>
<tr><td colspan="3">9:00 萧山机场国内出发厅 1 号门集合，乘航班飞往三亚，抵达后汽车送市内入住酒店。下午自由活动（全程第一次自由活动，4 小时）。</td></tr>
<tr><td rowspan="2">第二天</td><td>三亚乘坐旅游巴士赴兴隆（车程约 2 小时）</td><td>明珠大酒店
空调、热水、独立卫生间等</td><td>早中晚</td></tr>
<tr><td colspan="3">酒店早餐
上午：游览【大东海旅游中心】（不少于 50 分钟）、游览有“东方夏威夷”之称的迷人的海滩【亚龙湾沙滩】（不少于 1.5 小时）。下午：游览有“中国的马尔代夫”之美誉的【蜈支洲岛】（门票 168 元，含往返乘轮渡时间，不少于 2 小时），汽车赴兴隆。</td></tr>
<tr><td rowspan="2">第三天</td><td>兴隆巴士赴陵水（车程约 2 小时）</td><td>海天大酒店
三星</td><td>早中晚</td></tr>
<tr><td colspan="3">酒店早餐
上午：游览【南药植物园】（门票 10 元 / 人，不少于 40 分钟）徜徉在拥有丰富负氧离子的空气之中感悟绿色天堂，乘车赴博鳌。下午：参观【博鳌亚洲论坛成立会址景区】，（外观景区，不少于 40 分钟），接着乘船前往以分隔海、河最狭窄的沙滩半岛而记入吉尼斯世界纪录的【玉带滩】（门票 68 元 / 人 累计不少于 1.5 小时）。</td></tr>
<tr><td rowspan="2">第四天</td><td>三亚一地</td><td>海天大酒店
三星</td><td>早中晚</td></tr>
<tr><td colspan="3">酒店早餐
上午：参观【南山文化苑】（198 元 / 人，不少于 2 小时）。下午：游览【天涯海角游览区】（95 元 / 人，不少于 1.5 小时），该景区是海南岛最具代表性的景区，游览区依山傍海，椰林摇曳，风景如画，以椰风海韵的热带风光和悠久独特的历史文化驰名中外。</td></tr>
</table>

续表

<table>
<tr><th colspan="2">日　程</th><th>行程安排</th><th>酒　店</th><th>用　餐</th></tr>
<tr><td colspan="2" rowspan="4">第五天</td><td>三亚飞机返杭州（飞行时间约 2.5 小时）</td><td></td><td>早 ※※</td></tr>
<tr><td colspan="3">早餐后酒店大堂集合，乘坐旅游巴士赴三亚机场，乘飞机返回温暖的家！</td></tr>
<tr><td colspan="3"></td></tr>
<tr><td colspan="3"></td></tr>
<tr><th colspan="5">服务标准</th></tr>
<tr><td rowspan="5">包含内容</td><td>交　通</td><td colspan="3">往返机票及机场税和燃油税、三亚机场接送、旅游地全程空调旅游巴士，保证每人正座。</td></tr>
<tr><td>住　宿</td><td colspan="3">4 晚住宿酒店见行程。</td></tr>
<tr><td>餐　饮</td><td colspan="3">全程 4 早餐 6 正餐，早餐费用含在房费中，不占床儿童早餐自理，住宿酒店用中式早餐，正餐 25 元 / 人餐，10 人一桌，10 菜 1 汤。</td></tr>
<tr><td>游　览</td><td colspan="3">行程所列景区首道门票。</td></tr>
<tr><td>其　他</td><td colspan="3"></td></tr>
<tr><td rowspan="4">不含内容</td><td>有关服务</td><td colspan="3">本线路的旅游不含旅游者自行赴萧山机场的交通费用。</td></tr>
<tr><td>私人消费</td><td colspan="3">旅游者在酒店及其他场所内其他私人消费。</td></tr>
<tr><td>有关儿童</td><td colspan="3">儿童不占床时的餐费（含早餐）儿童因身高超标而产生的交通、门票等费用。</td></tr>
<tr><td>关于保险</td><td colspan="3">旅游意外伤害保险由旅游者自愿购买，本公司强烈推荐您购买旅游意外险。</td></tr>
<tr><th colspan="5">注意事项</th></tr>
<tr><td colspan="2">身份证件</td><td colspan="3">出团时成人必须携带有效期内身份证件，儿童必须带户口本原件，18 岁以上无身份证的，需要另外提供户口所在地区的公安派出所出具的证明。</td></tr>
<tr><td colspan="2">拼房 / 房差</td><td colspan="3">团队住宿按床位分房，故有可能出现拼房现象，如拼房不成功，则需补足单房差。</td></tr>
<tr><td colspan="2">机票变更</td><td colspan="3">根据民航管理部门规定，凡四折以下特价机票和包机机票一经开出，不得签转、更改、退票，非特价机票按航空公司的规定办理。</td></tr>
<tr><td colspan="2">关于退费</td><td colspan="3">在没有购买门票之前，客人自愿取消的付费景点门票按照行程中的报价退费，提前 3 小时告知地陪导游退餐的按照报价退费，赠送项目自愿放弃的不退费用。</td></tr>
<tr><td colspan="2">门票优惠</td><td colspan="3">由于门票已按旅行社优惠价核算，故除规定老年人按年龄全免的、儿童按身高全免的、军官证、残疾证规定全免的之外，门票不再重复打折。</td></tr>
<tr><td colspan="2">不可抗力</td><td colspan="3">因不可抗因素造成航班延误变更的，以上行程会做适当调整，减少费用退还旅游者，增加的费用请自行承担。</td></tr>
<tr><td colspan="2">寻求帮助</td><td colspan="3">游客对接待有异议，请立即致电我社全力解决，请游客如实填写意见单，处理投诉时，我社将此作为重要凭证。</td></tr>
<tr><td colspan="2">人身安全</td><td colspan="3">本旅行社提醒旅游者，请仔细阅读本公司的安全须知，注意旅游活动期间的安全，特别注意自行活动期间的人身及财产安全。</td></tr>
</table>

二、任务分析

要正确分析“三亚进出四晚五天蜈支洲岛、天涯海角精华游”线路产品的构成，判断其产品的类型，应首先学习旅游产品和旅行社线路产品的基本知识。

三、相关知识

旅行社线路产品是根据旅游消费者的需求，将一定区域范围内的旅游吸引物、旅游交通、旅游食宿等多项旅游产品，按照一定的目的、主题与方式联系起来而形成的一种综合产品，包含食、住、行、游、购、娱等方面和旅游者整个旅游过程中的全部或部分需求。在旅行社的各类产品中，旅行社线路产品是旅行社产品的基础产品，因而常常被用来指代旅行社产品。

（一）旅行社线路产品的构成

旅行社线路产品不同于一般物质产品，它是一种以无形服务为主体内容的特殊产品，它是由食、住、行、游、购、娱各种要素构成的“组合产品”。

1. 旅游交通

旅游交通是构成旅行社线路产品的重要因素。旅游交通可分为长途交通和短途交通，前者指城市间交通（区间交通），后者指市内接送（区内交通）。常用的旅游交通工具有：民航客机、旅客列车、客运巴士、轮船（或游轮、游船）。旅行社编排线路产品时，应本着便利、安全、快速、舒适、价平的原则安排旅游交通方式。在旅游中，如果旅游交通不能保证供应价格合理、舒适安全、快速准时的优质服务，就会影响旅行社线路产品的质量，制约旅行社的发展。

2. 旅游住宿

住宿一般占旅游者旅游时间的三分之一。同时，在住宿地还可以进行娱乐、文体等方面的活动。因此，旅游者对住宿的满意程度也是关系旅行社线路产品信誉的重要环节。旅游住宿是涉及旅行社线路产品质量的重要因素，销售旅行社线路产品时，必须注明下榻饭店的名称、地点、档次以及提供的服务项目等，一经确定，不能随便更改，更不能降低档次、改变服务项目。

旅游住宿包括宾馆饭店、酒店、度假村（山庄）、招待所、家庭旅馆、青年旅舍、大众旅社、疗养院、出租公寓等。其中，旅游宾馆饭店又可以分为星级和非星级。一般来说，只要旅游者旅游行程天数中有过夜的，旅行社就必须为其安排住宿。旅行社安排旅游住宿的原则通常是根据旅游者的消费水平来确定的，对普通旅游者而言就是：卫生整洁、经济实惠、服务周到、美观舒适、位置便利。

3. 旅游餐饮

旅游餐饮是旅行社线路产品中的要素之一，也是旅游者重要的需求内容。对于旅行社线路产品的信誉和形象来说，旅游者对餐饮安排的满意程度也是非常重要的。但对不包餐饮的旅行团而言，旅游餐饮的满意与否则取决于旅游者自己的选择。旅行社安排餐饮的原则是：卫生、新鲜、味美、量足、价廉、营养、荤素搭配适宜。旅行社安排餐饮时还应考虑餐饮点的地理位置与游览点的距离，以及交通的便利性。

4. 游览观光

游览观光是旅游者最主要的旅游动机，是旅行社线路产品产生吸引力的根本来源，也反映了旅游目的地的品牌与形象。由于游览观光是旅行社线路产品的核心内容，所以必须充分重视游览观光的质量。旅行社对安排游览观光景点的原则是：资源品位高、环境氛围好、游览设施齐全、可进入性好、安全保障强等。旅行社应尽量安排品质有保证的 A 级景区，并确保游客能游览到核心景点，不可以次充好，为求低价堆积廉价劣质景点。

5. 娱乐项目

娱乐项目是旅行社线路产品构成的基本要素，也是现代旅游的主体。只有娱乐项目多样化、知识化、趣味化、新颖化，才能广泛吸引各类旅游者。娱乐项目包括歌舞、戏曲、杂技、民间艺术及其他具有趣味性、消遣性的民俗活动。许多娱乐项目都是参与性很强的活动，能加深旅游者对旅游目的地的认识，提高游兴。旅行社应安排健康向上、富有文化内涵的娱乐等项目，旅行社应对娱乐场所的各项设施进行考察，确认其安全性。

6. 购物项目

旅游者在旅游过程中适当购买一些商品、风土特产、工艺美术品自用或留作纪念或馈赠亲友，是旅游活动中的一项重要内容。

旅行社对安排购物的原则是：购物次数要适当（不能太多），购物时间要合理（不能太长）；要选择服务态度好、物美价廉的购物场所，切忌选择那些服务态度差（如强迫交易）、充斥伪劣商品的购物场所。

7. 导游服务

导游服务包括地陪、全陪、景点陪同和领队服务，主要是提供翻译、向导、讲解和相关服务。导游服务必须符合国家和行业的有关标准及有关法规，并严格按组团合同的约定提供服务。

8. 旅游保险

旅行社提供旅游线路产品时，必须向保险公司投保旅行责任险，保险的赔偿范围是由于旅行社的责任致使旅游者在旅游过程中发生人身和财产意外事故而引起的赔偿。

以上各种要素的有机结合，构成了旅行社线路产品的重要内容。旅行社线路产品是一个完整、科学的组合概念，完美的旅行社线路产品是通过最完美的组合而形成的。

（二）旅行社线路产品的分类

1. 按照产品包含的内容分类

旅行社线路产品绝大多数都采用包价形式。旅游者如果要消费包价的旅行社线路产品，在旅游活动开始前就要将全部或部分旅游费用预付给旅行社，由旅行社根据同旅游者签订的合同协议为旅游者安排旅游项目。

（1）全包价旅行社线路产品：旅游者将涉及旅游行程中的一切相关服务项目费用统包起来预付给旅行社，由旅行社全面落实旅行中的一切相关服务项目。全包价旅游产品中的一切相关服务项目包括食、住、行、游、购、娱各环节及导游服务、办理保险与签证等。

（2）半包价旅行社线路产品：是指在全报价旅游的基础上扣除中、晚餐费用（不含中、晚餐项目）的一种包价形式。半包价旅游的优点是降低了产品的直观价格，提高了产品的竞争力，也更好地满足了旅游者在用餐方面的不同要求。

（3）小包价旅行社线路产品：也称可选择性旅游或自助游，由非选择部分和可选择部分构成。前者包含城市间交通（长途交通）和市内交通（短途交通）及住房（含早餐）；后者包括景点项目、娱乐项目、餐饮、购物及导游服务。小包价旅游具有经济实惠、手续简便和机动灵活等特点，深受旅游者的欢迎，是旅行社今后值得推广的产品。

从以上旅行社的全包价线路产品、半包价线路产品、小包价线路产品的介绍中可以发现，从全包价旅行社线路产品到小包价旅行社线路产品，旅行社线路产品的构成要素逐步减少，服务要素的构成方式也各不相同。事实上，只要有利于满足消费者的要求和提高产品竞争力，任何形态的旅行社线路产品都会大有开发前景。

2. 按照旅游者的组织形式分类

（1）团体旅行社线路产品：团体旅行社线路产品一般是指由 10 人以上的旅游者组成的旅行社线路产品，团体旅行社线路产品一般采用全包价的形式。

（2）散客旅行社线路产品：散客旅行社线路产品是 10 人以下的旅游产品，一般采用半包价、小包价的形式，有时也采用全包价的形式。

需要指出的是，旅行社组团人数的标准有时与产品的档次挂钩，例如，国内旅游豪华团 10 人成团、标准团 16 人成团、经济团 30 人成团；入境游则 9 人成团。另外，我国公民出境旅游必须以团队形式进行，3 人即可成团。

3. 按照产品的档次分类

（1）豪华等旅行社线路产品：豪华等旅行社线路产品旅游费用较高，旅游者一般住宿和用餐在四五星级饭店或豪华游轮里（或高水准的客房、舱位）；享用中高级导游服务；享用高档豪华型进口车；享用高水准的娱乐节目欣赏等。此外，在使用长途交通工具上，豪华等旅行社线路产品中，往返使用飞机航线（干线和支线）。

（2）标准等旅行社线路产品：标准等旅行社线路产品旅游费用适中，旅游者一般住宿和用餐在二、三星级饭店或中等水准的宾馆、游轮里；享用国产、合资空调车。标准等旅行社线路产品中，大部分使用飞机航线（只限干线）双飞等旅游产品。

（3）经济等旅行社线路产品：经济等旅行社线路产品旅游费用低廉，旅游者住宿和用餐在低水准的招待所和旅社里；使用普通汽车。经济等旅行社线路产品一般使用汽车、火车和普通轮船。

4. 按照产品的消费使用范围分类

（1）国内旅游线路产品：国内旅游线路产品适用于旅游者在中国境内消费使用；各类旅行社均可以经营国内旅游线路产品。国内旅游线路产品根据旅游目的地的远近、出游的天数又可分为中长线旅游产品和短线旅游产品。例如，青藏火车观光八日游、北京双飞五日游、成都九寨沟牟尼沟双飞六日游、海南四星纯玩团五日游、桂林漓江双飞四日游、张家界凤凰古城双飞五日游均属于国内中长线旅游产品。横店义乌二日游、杭州大明山二日游、普陀山朱家尖三日游、黄山三日游均属于国内短线旅游产品。

（2）国际旅游线路产品：国际旅游产品包括入境旅游、出境旅游、边境旅游。入境旅游是我国旅行社接待海外人士来中国大陆旅游；出境旅游又称为海外旅游，目前，我国公民可组团赴海外旅游的热点旅游线路有东南亚新马泰游、日韩游、澳洲游、欧洲游、美国游等；边境旅游是随着边境贸易发展起来的旅游产品，热点旅游线路有中朝边境游、中俄边境游、中缅边境游、中越边境游、中老边境游等。国际旅游产品大多数为中长线（旅游目的地与客源地的距离在600千米以上）团队旅游。需要指出的是，旅行社均可经营入境旅游产品，但必须是具有特许经营权的旅行社才有资格经营出境游产品，严禁旅行社超范围经营旅游产品。

（3）一日游旅行社线路产品、二日游旅行社线路产品等：以旅游活动的天数为标准，从时间上来说，旅行社线路产品有一日游、二日游、三日游、多日游等。采用这种方式划分旅行社线路产品在我国的国内游中是比较普遍的。其优点是旅游者一眼便可看出所需旅游时间的长短；对于旅行社来说，也可根据时间长短来安排旅游内容，比较容易确定价格。从我国旅行社现行的操作情况来看，它的缺点是对旅游主题的表述往往不明确，体现不出旅行社线路产品的特色。例如，北京天津包机六日游、昆明大理丽江八日游线路，旅游消费者很难从中看出产品的核心利益。

（三）旅行社线路产品的特点

1. 旅行社线路产品具有综合性

综合性是旅行社线路产品的最基本特征。这种综合性体现在其产品本身是由旅游交通、住宿、餐饮、景点、线路、娱乐、购物、服务等多项服务组成的混合性产品。这些产品又涉及众多部门和行业，既有直接为旅游者提供产品和服务的部门和行业，也有间接为旅游者提供产品和服务的部门和行业。

2. 旅行社线路产品具有文化性

旅行社线路产品一般具有文化色彩鲜明的主题，因为旅游活动就是旅游者为满足其精神文化需求而进行的活动。通过旅游活动，旅游者可以获得各种知识和精神文化的感受。在设计旅行社线路产品的时候，旅行社要努力设计出富有民族性和趣味性的活动项目，以满足游客的需求。

3. 旅行社线路产品具有脆弱性

脆弱性也称为敏感性，由于旅行社线路产品的综合性，它涉及众多部门和企业，而这些部门和企业中任意一个部门和企业发生变化，都会直接或间接地影响到旅行社线路产品生产和消费的顺利实现。另外，旅游活动还涉及诸如战争、政治动乱、国际关系、经济状况、汇率变化和自然灾害等社会及自然因素，它们的任何变化都会引起旅游需求的变化，并由此深刻影响着旅行社线路产品的生产和消费。

4. 旅行社线路产品的生产和消费具有同步性

旅行社线路产品一般都是在旅游者亲自参与下生产出来的，旅行社提供线路产品的同时，消费者也在消费。服务活动的完成需要生产者（旅行社）和消费者（旅游者）双方的共同参与。从这个意义上讲，旅行社线路产品的生产和消费是同时发生的，并且是在同一地点同时发生的。在同一时间内，旅游者使用旅行社线路产品的过程，也就是旅行社生产和交付线路产品的过程。

5. 旅行社线路产品部分构成元素具有公共性

旅行社线路产品的部分构成要素不具有专利性、排他性。原因是：其一，旅行社产品的核心因素——旅游吸引物，多属国家所有，其他旅行社也可采购；其二，旅行社产品的有些构成要素，几乎对所有旅行社来说都不具有垄断性，如交通工具，交通运输部门既可以租给此旅行社，也可以租给彼旅行社。

6. 旅行社线路产品具有无形性

无形性也称为不可感知性，旅行社线路产品的无形性可从两个方面理解：一是旅行社线路产品主体部分是服务产品，在旅游消费者购买前表现为无形无质，让人无法真切地意识到它的存在；二是在销售过程中，旅行社线路产品不会导致某些实物所有权的转移，并且不会导致产品实物形态的改变。因此，从某种意义上讲，旅游者购买旅行社线路产品，实际是购买了一种“梦想”，而旅行社出售线路产品，则是在出售“承诺”。

7. 旅行社线路产品具有非标性

服务产品往往没有界定的标准，可变化的因素比较大。这种变化因人而异、因环境而异、因服务提供者当时的心情而异。同一条旅行社线路产品，对于不同的旅游消费者，可能由于提供服务人员的素质不同，在产品的兑现程度上体现出一定的差异性。例如，同样一个导游员进行了相同的导游服务，但同一团队中不同旅游者的评价就可能不一样。

四、任务实施

简要分析“三亚进出四晚五天蜈支洲岛、天涯海角精华游”旅行社线路产品的构成及该产品所属的类型。

（一）“三亚进出四晚五天蜈支洲岛、天涯海角精华游”产品的构成分析（图 2–1）

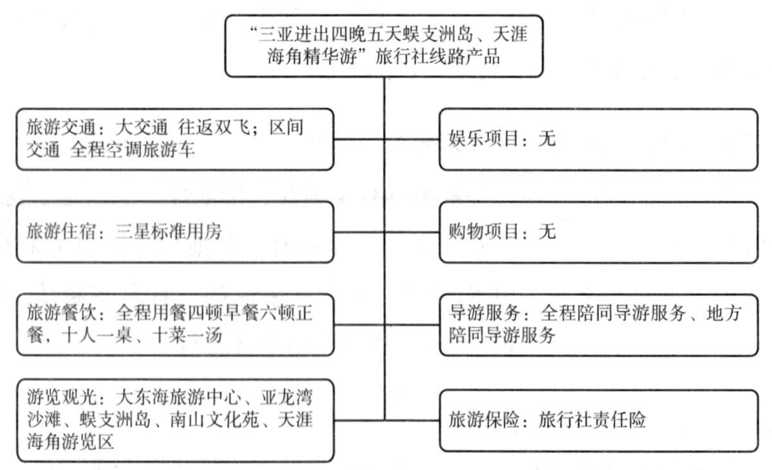

图 2–1 “三亚进出四晚五天蜈支洲岛、天涯海角精华游”旅行社线路产品的构成

（二）分析该产品类型

该产品包括的服务项目有饭店客房、早餐及正餐、交通服务、导游服务、游览场所门票等，游客在出游前就已经预付了这些服务项目的费用，由于该产品参与消费的游客众多，旅行社通过大规模采购可以降低经营成本进而让利给消费者。因此，购买该产品的旅游者将享受到安全方便和经济实惠的益处。该产品在旅行社线路产品中，属于团队全包价旅行社产品。

推荐网站

国内发布旅行社线路产品的一些网站

[1] 雅途旅游交易网：www.ct2t.com

[2] 同程网：www.17u.com <http://www.17u.com>

[3] 途牛网：www.tuniu.com <http://www.tuniu.com>

[4] 爱自由旅游网：www.izy.cn <http://www.izy.cn>

[5] 比比西旅游网：www.bbcmart.com <http://www.bbcmart.com>

思考与练习

1. 登录一家知名旅行社的网站（广之旅网站、中青旅在线网站、中旅总社、国旅总社、芒果网等），按不同的划分方法对其产品进行分类。

2. 利用所学知识，对某旅行社的一条线路产品的构成进行分析。

任务二　旅行社线路产品设计

一、任务引入

请为在杭州工作和生活的年轻白领（年龄为 25 ～ 40 岁）设计一个适合夏季出游的旅行社线路产品，两日游或三日游均可。

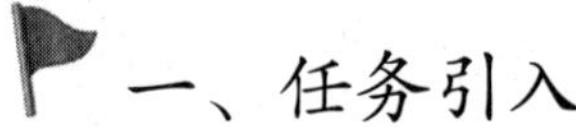

二、任务分析

首先，在了解旅行社线路产品设计概念的基础上，学习旅行社线路产品设计的流程、方法，然后经过分析和思考，把握旅行社线路产品设计的原则。其次，在学习了必要的旅行社线路产品设计的知识，以及对具体的案例进行分析的基础上，根据具体的市场需求，进行一个具体的旅行社线路产品的设计。要完整体现整个线路产品设计的流程，注重对细节的具体操作。

三、相关知识

（一）认识旅行社线路产品设计

旅行社线路产品设计是指按照一定的规则，配制旅游资源和餐饮、住宿服务，把旅游服务加入其中；并以一定的主题、内容、形式和价格表示出来的过程。一般而言，旅行社线路产品设计包括两个层面。

第一是出产更多的产品，这是指要有更多的产品种类，而非单一品种数量上的增加。旅行社在推出新的线路产品时，一定要善于捕捉市场需求信息。例如，一个新的景区开发建设完成之后，通过邀请旅行社踩点考察，希望旅行社将自己纳入线路产品中去。在这种情况下，旅行社对于新景点的推广就起到了明显的作用。如果

线路产品设计不能体现旅游需求的超前性，那么线路产品设计在这个旅游产业链的功能和作用就不能充分体现出来。

第二是出产更多的优秀产品，优秀的旅行社线路产品是消费者喜欢购买的产品，对于大众旅游者来说，质优价平的旅行社线路产品会永远受到市场的欢迎，也只有好的产品才能经得起市场的考验。

（二）旅行社线路产品设计的流程（图 2–2）

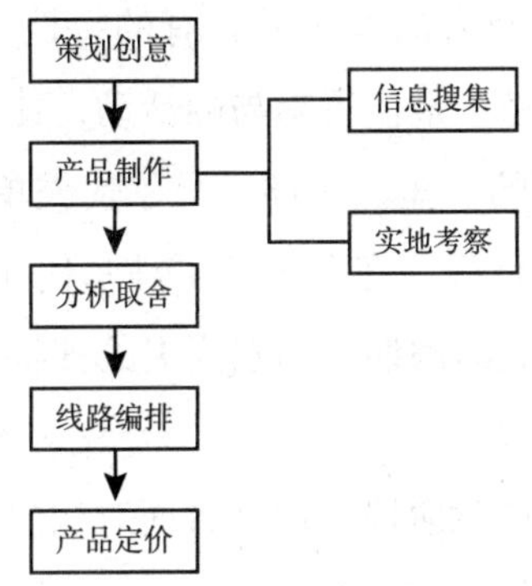

图 2–2 旅行社线路产品设计的流程

1. 策划创意

进入 21 世纪以后，随着我国经济的持续快速发展，随着和谐社会建设的进一步展开，随着大众百姓对休闲、旅游认识的逐步深入，我国的旅游消费环境和 20 世纪相比，已经发生了巨大的变化。这种变化表现在：旅游消费的日常化和全民性；旅游消费的个体化和多次性；旅游消费的多元化和阶梯性；旅游消费阅历的丰富化和成熟性。总之，旅行社线路产品的消费已经完全进入了卖方市场。旅行社线路产品的策划与创意尤为重要。

旅行社线路产品在策划创意的过程中，要注重研究客人的需求变化，对市场的需求必须保持自身的洞察力。例如，随着修学旅游市场的走热，全国各旅行社纷纷推出了具有特色的旅行社修学旅游线路产品。例如，以“动漫修学”“科技修学”为主题的日本修学游和以“名校考察”为卖点的澳洲修学游；又如“童军夏令营”系列，即童军夏令营活动，在常规夏令营活动“游”和“学”的两大基础要素上引进国际童军组织的一系列特色军事活动和组织规范，将“军”“学”“游”三要素完美融合。

在确定每一项旅行社线路产品的整体创意的时候，产品的特色应是不可忽略的。特色产品之所以受到人们的认可和追捧，与其相含的具体特质有密切关系。例如，目前各旅行社销售的海岛游线路产品被严重扭曲，主要表现在压缩时间、降低酒店或度假村的星级，不提供足够的旅游咨询，不突出每个海岛的特色，简单地把海岛游界定为自由行或机票+酒店的产品，将海岛游产品的内涵空心化。由于没有特色可言，海岛游线路产品又出现了价格竞争的现象，进一步降低了产品的质量。要突出旅行社海岛游线路产品的特色，设计者必须准确定义每个海岛，应提供详细的咨询，如位置、飞行时间及海岛本身所具有的特性；要安排更多健康的户外活动，向游客推荐或安排每个岛上最值得参与的活动，让游客的假期更加完美；设计者应根据飞行时间安排假期的长短。例如，马尔代夫单程飞行时间约10小时，市面上销售的却是三晚五天的行程，完全破坏了马尔代夫的产品；如果改为两个岛、两个度假村，才算是真正完美的假期；马尔代夫的独特资源，更适合喜爱静的消费者，比如度蜜月……

旅行社线路产品在策划创意阶段，设计者面对构想中的线路产品在进入真实的操作阶段之前，一定要进行冷静的市场分析。

市场分析要求设计者能以理性的态度来对拟订的线路产品进行剖析。事实上，这样的线路产品分析就应该是一份详尽的线路产品的可行性报告。它不仅包括市场状况、市场需求、游客承受心理等外部因素，也要对线路产品本身的特点、构成，落脚点等因素进行分析。

目前，已经有旅行社做出尝试，针对细分市场成立“专项旅游中心”，将旅游产品的研发工作独立出来。该中心针对第2次或第3次出国的“高端消费人群”，研发出时尚购物和音乐之旅等专项旅行社产品。例如，在欧洲品牌打折的7月份组织“法国时尚之旅”购物团，行程以高档、休闲为主，由著名模特当领队。而“音乐之旅”则是深入“知音人群”的专项游。这类产品由于针对细分市场，创意独特，推出后受到市场欢迎。

但总体来说，旅行社在产品的策划创意方面存在着较为严重的问题。一方面，产品结构单一化，绝大部分旅行社产品属于观光产品，而休闲旅游产品、度假旅游产品、专项旅游产品所占的比例相对于旺盛的市场需求显得严重不足。另一方面，观光类的旅行社产品层次低、雷同、粗制滥造，而且多为全包价观光旅游产品，受市场欢迎的小包价以及其他针对细分市场的旅行社产品明显缺乏。

2. 产品制作

（1）信息搜集：旅行社线路产品的策划创意出来后就进入具体的线路产品的编排、制作阶段。旅行社线路产品制作、线路编排的具体实施阶段的首要步骤是进行信息搜集，尤其需要线路产品设计者注意的是旅游目的地资讯。例如，目的地国家的首都及主要城市、气候、经济、人口、社会发展等。在采信资料之前，需要对所涉及的内容进行再核实。许多网站和出版物中都存有一些不准确的信息。在地名的翻译和使用中，要尽量采用来自国家的地图出版部门的统一翻译。

在信息搜集阶段，旅行社线路产品设计者会查阅到其他旅行社开发的与本社产品策划方案相近似的产品资料，参考或借鉴其他旅行社已成型的旅行社线路产品，是目前许多旅行社经常采取的方式。但对产品全面抄袭借用，其中会隐含有很大的风险。这种风险表现为：无法了解其线路产品的最初编创原因、无法体现原有线路产品的特色、受原创线路产品旅行社的局限和束缚。

（2）实地考察：实地考察是旅行社线路产品设计过程中一个重要的工作步骤，是对旅游目的地构成旅游六要素的食、住、行、游、购、娱进行全方位的考察。实地考察的具体步骤如下：首先，挑选考察人员：在实地考察人员的选择当中，应优先考虑旅行社的线路产品设计人员。要让懂得旅行社线路产品设计、掌握了旅行社线路产品设计规律的专业人员从事线路考察这样的专业工作。其次，考察人员进行准备：考察人员在考察前应做资料准备并草拟考察提纲。考察人员对已经搜集到的目的地信息要详细记录并列出表格，以方便在实地考察时对其进行逐项核实。再次，进行实地考察：实地考察在具体实施时，考察人员必须以旅行社的专业眼光对考察当中发现的问题及解决问题的过程与评价进行认真记录。每天的考察工作开始前，都要对当日的考察内容进行温习，对下榻酒店、用餐餐厅、景点名称、经过路线的名称做到心中有数。在每天的考察结束后，都应对当日考察情况进行一个全面整理。对餐饮质量、景点精彩度、道路状况等涉及旅游行程的各类细项内容进行翔实记录。最后，撰写考察报告：考察报告应包含这次考察的详细记录，包括线路产品的起因、线路产品的构想、考察的详细日程、考察笔记等与此有关的全部材料，应保留完整并归档。在实际考察的评价表中，要至少包含这样的一些内容：城市评价、城市区间交通状况评价、用餐评价、接待社情况评价、景点评价以及对旅游线路中所涉及的景点的描述。

3. 分析取舍

旅行社线路产品在制作过程中之所以存在分析取舍，是因为旅行社线路产品不可能囊括旅游目的地所有的精华，只能在旅行社现有的资源条件下对旅游目的地的旅游吸引物和旅游设施做出一定的取舍。

旅行社线路产品的分析取舍要符合产品名称并突出主题。旅行社线路产品的主题、行程形式无不与产品的名称有着重要的关联。例如，在涉及自然美的欣赏时，人们的审美差异并不明显，在以主要体验自然美的线路中，如到海滩、高原、沙漠、湖泊、林地等地的旅游，线路的安排应更多地考虑线路是否合理、是否能让游客不太疲劳等问题上，客人的知识积淀和欣赏需求可以置于不太重要的地位。但在一些文化类的旅游线路当中，所要考虑的就不仅仅是形式上的需求，线路产品蕴含的内容是否满足游客心理上的需求，就要成为设计者所考虑的重要的问题之一。

4. 线路编排

线路编排是旅行社线路产品成型的最后一个步骤，应遵循以下原则。

（1）行程舒适：旅游消费正日渐成熟，人们已不满足于走马观花到此一游式的旅游。换个环境、放松身心成为主要诉求。传统的旅行社产品在线路编排上标准化、格式化的流水作业令人倍感乏味和疲惫。新一代的旅行社产品要求行程要舒适轻松，注重休闲设施、休闲活动、休闲空间的布局配置。强调体验参与，讲究环境营造和氛围设计。

（2）让游客体验和参与：现代旅游者更青睐融入生活元素、生活气息、生活情趣的旅行社线路产品。人们期望不仅观景、观光，而且能观察生活，甚至能有异地生活的亲历。在观光中观察生活，在度假中体验生活，在休闲中品味生活。因此，现代旅行社线路产品在设计中要注重对社会生活资源的挖掘。集市、家庭、社区、幼儿园、学校、婚俗、村落、农事……皆可作为旅游资源深度利用后整合组成产品。传统的旅行社产品模式是以景观为中心设计，以观光为主线展开。人们被计划安排，被动地消费产品。旅游消费者的成熟使消费心理、消费行为发生变化。人们已不再满足于被动接受程式化的旅行社产品，而是希望主动地参与旅行社产品设计和生产的全过程，注重参与过程中的感受和体验。旅游者的参与、社区的参与、与自然人文的交流互动程度，成为旅行社产品的重要品质。

（3）有效合理：有效合理原则的主要体现在于对旅行社线路产品交通工具的选择和使用上。旅行团走回头路式的线路安排，也应当尽量避免。例如，北京的一些旅行社销售的新马泰旅游线路是这样编排的：北京飞泰国曼谷—泰国曼谷飞新加坡—新加坡飞泰国曼谷—泰国曼谷飞北京。在这四段飞行中要 4 次经过曼谷，不仅会让游客产生厌烦情绪，也使行程显得零碎散乱。之所以会产生这样的状况是因为选择了一家航空公司给出的多航段的优惠价格，但这种价格的优势往往会在破碎状态的线路产品消费中消失。参加了这样的旅程的客人，留下的叹息会远大于兴奋，被航班耽搁的宝贵时间往往会成为引发游客对旅行社投诉的导火索。上面列举的不能有效合理安排行程的实例，其成因多是在于追求旅行社线路产品的低价格。

5. 产品定价

确立旅行社线路产品价格时涉及的因素有很多，旅行社线路产品的价格水平一般由三个因素确定：产品成本、市场上同类产品的价格以及旅游者的购买能力和对产品价值的认识。其中，产品成本是旅行社制订销售价格的直接依据；以产品成本为依据确定的产品销售价格可以简单地表述为产品成本、利润和税金之和。在旅行社行业利润率和国家确定的税率相对稳定的情况下，产品成本的高低直接决定了旅行社产品价格的涨落。在核算旅行社线路产品成本的时候，涉及的因素有很多，一些影响到线路产品成本的因素常常处于不断变化之中，例如，机票价格的增减、酒店价格的升降都会对旅行社线路产品的定价产生影响。

同时，旅行社在制订线路产品价格时要考虑到企业的整个营销战略；整体性的营销战略意味着企业营销组合中任何战略的制定和贯彻执行都要同企业的营销战略目标相一致，旅行社线路产品价格的确立自然也不能例外。

旅行社在确定产品价格的时候还要考虑产品的市场定位以及产品的生命周期。

（1）小产品定价方法：旅行社产品在定价方法的选择上需要考虑三个最主要的因素是：成本、需求和竞争，在此基础上形成了三种定价方法。首先是成本导向定价法，分为成本加成法与目标利润定价法。成本加成法就是在产品单位成本的基础上，再加上一定比例的预期利润来制订销售价格。计算公式为单位产品价格 = 单位产品成本 ×（1+ 加成率）。目标利润定价法：单位产品的价格 =（预期总成本 + 预期总利润）/ 预期销售量。其次是需求导向定价法，根据市场需求的差异性对产品进行定价。最后是竞争导向定价法，分为随行就市法与差异定价法。随行就市法是稳妥的定价方法，可以减少风险，与竞争对手和平共处；差异定价法是进攻型定价方法，价格低于竞争对手可以提高市场占有率，价格高于竞争对手则可以树立形象。

（2）产品定价的技巧：在制订旅行社线路产品的定价时可采用如下技巧。

双人同行价格优先。国外旅行社的线路产品报价当中经常可以看到类似的例子：新婚旅游产品的价格以双人价格报出，为新人的旅游预算节省了单人价格相加的计算过程。例如，某旅行社推出的巴厘岛蜜月旅游线路，直接报出“二人同行，惊喜促销价 11160 元（不含税）”的价格。

以人数增加价格递减的形式报价。另外的一种价格标注方式用的是随着参加团队旅游人数的增加，价格逐项减少的形式。这在一些旅行社的线路产品的报价中也经常采用，主要拟吸引几个朋友结伴出游或几个家庭共同参加。例如，不少旅行社推出的“三人同行，立减一百”促销策略。

折扣报价。旅行社可以成立会员俱乐部，让会员享受价格折扣。旅行社在线路产品的报价中将对俱乐部会员的价格列出，可以吸引更多的客人加入成为会员。在儿童节、三八节、教师节、老人节等节日，可以对这些在社会上需要特别关爱、特别尊重的人群，实行折扣报价。

发挥价格的杠杆作用。把阶段性报价作为销售武器，可以平抑淡旺市场、吸引更多客人参加。例如，在春节的旅行社线路产品的报价单中，用大的字体打出“春节后大幅度优惠”的出行价格，对部分客人就会产生心理影响，而对春节旅行社线路产品的热销则会起到很好的调节作用。例如，不少旅行社均在淡季推出特价旅游线路，吸引出游时间相对自由的游客报名参加，部分线路的价格相对旺季而言可以低至六折左右。

（三）旅行社线路产品设计的常用方法

在旅行社线路产品的设计中，实体的旅游点往往不能被某个旅行社企业所垄断，旅行社线路产品新的创意闪光点，在市场上一旦推出，很容易被其他旅行社企业所模仿。因此，目前的旅行社线路产品设计主要是从旅行社线路产品的级别和结构入手，开始注重旅游服务细节的设计。在旅行社线路产品设计过程中，方法是多种多样的，主要包括以下几种。

1. 创新设计的方法

旅行社线路产品的创新设计，主要由主题创新、内容创新、形式创新等几大部分组成。主题创新，旅行社线路产品主题是设计者通过对线路素材进行观察、体验、分析、研究以及对素材的处理、提炼而得出的思想结晶。它既包含线路素材所反映的旅游吸引物本身所蕴含的客观意义，又集中体现了作者对旅游吸引物的主观认识、理解和评价。 旅行社线路产品的主题创新，需要设计者有对线路素材深入挖掘和提炼的能力，也需要设计者有较强的审美能力，以及对消费者心理的精微把握。内容创新和形式创新，主要体现在线路行程的编排以及消费者游览方式的创新上。旅行社在常规线路行程中安排参与性活动、对交通方式进行变更和组合等，都属于内容创新和形式创新。

2. 借鉴设计的方法

借鉴设计的方法，被广大中小旅行社企业所采用。他们通过分析创新者推出的旅行社线路产品的特点和市场定位，根据自己对市场的认识和客户的需求，对产品进行重新包装，迅速获取收益。在旅行社线路产品设计过程中，这种方法具体体现在汲取成功的设计模式与自身优势的结合上。例如，某旅行社在分析了“我在北京上大学”等修学旅游产品的特点之后，充分学习了这些产品的设计细节、包装方式及其主要卖点，经过对青少年旅游市场的调查分析，发现拓展训练可以提升学生的心理素质和帮助青少年克服一定的心理问题，该旅行社适时推出了包含“名校参观、心理辅导、野外拓展、学生交流、才艺展示”等卖点的青少年夏令营产品，受到广大青少年的普遍欢迎。

（四）旅行社线路产品设计的原则

1. 适众原则

旅行社线路产品的适众原则，讲的是产品要有针对性。适众原则的核心理念，就是面向一个特定的、有清晰特征的人群，而这个人群恰恰是某些产品的购买主力。

适众原则要求旅行社线路产品设计者要以各种形式，对产品受众的心理状况进行有效把握。对市场的分析和预测要充分考虑目标消费者的独特要求；对市场的敏感度和合理的预测分析是产品研发的有效保证。适众原则要求在细分市场需求时，产品的制作和销售应该采取独特的、有细分市场特色的方式。

2. 通畅原则

在旅行社线路产品设计中，通畅原则主要体现在线路产品的技术性方面，包括城市间交通的组接、线路景点的组接等，是线路产品具备可操作性的重要体现。一般来说，判别符合通畅原则的旅行社线路产品的要点是：成本开销节省，能效比高；线路编排合理，不走回头路；线路编排中经停的城市重点突出，适合线路主题要求。

在通畅的大原则中，处理好旅行社线路产品的交通是其中最重要的一个环节。因为在旅行社线路产品的各项构成因素当中，交通的费用占了整体线路报价的最大部分。旅程越远，交通费用的比重会越高。一个国际通行的旅行社线路产品设计的经验是：在整个的行程计划安排当中，全程应尽量使用一家航空公司；如果不能，最多只能使用两家航空公司。这样做的好处是：操作上环节较为简单、可以降低出错的概率、机票费用可以得到有效控制。

通畅原则在线路组合方面的有效施行，建立在这样几个基础上：熟练掌握航空公司航线、票价以及目的地情况、当地（或各地）接待能力、价格、与之相关的城市间交通连接情况。

3. 新颖原则

新颖原则应贯穿于整个旅行社线路产品的设计制作过程。与产品相关的所有因素几乎都可以用来以新颖原则进行新的架构。无论是旅行社线路产品名称、广告商、线路产品宣传单，还是线路产品的销售场地、销售手段、氛围营造等方面，均能在新颖原则的整体贯穿中，营造出引人入胜、美不胜收的感觉。

4. 差异原则

旅行社线路产品差异化的目的是要避免客人对不同旅行社企业间的同类产品进行简单的价格类比。旅行社线路产品的差异对突出旅行社的特色非常重要。差异化的旅行社线路产品具有避免销售人员工作繁复、减少销售成本方面的作用。具体到一个旅行社线路产品的构成因素当中，差异化手段也可以在许多地方发挥作用。

在影响线路产品整体销售的因素当中，价格因素仍旧是市场吸引力重要的构成因素。在线路编排的先后顺序这一方面，使用差异化原则的旅行社可以采取不同的顺序组合，使线路产品从外在形式上得到改观。即使采取的是与其他旅行社产品相反的线路组合，也会因出行早、时差弱等给客人造成疲劳程度低的因素而增加卖点。可以在一地停留时间的差异化上做文章，将在某旅游目的地的停留时间延长，形成与其他同类线路产品不同的参照。在旅行社线路产品包含的内容项方面使用差异化原则，如提高饭店的等级、调整景点的数量、赠送礼品、提供额外服务等，都能使线路产品产生新感觉。

5. 时效原则

旅游因与自然景观、客观环境密切相关，时效原则在旅行社线路产品设计中则显得至关重要。国外的旅行社给客人提供的咨询往往会包括旅游时间的建议。时效原则所要考虑的就是要将游览时间与最美的季节和气候环境协调一致，努力将目的地最好的一面呈现给游客，使游客不致失望。

旅行社在进行线路产品的研发和市场推广时，必须考虑该线路产品在何种时段进行研发和市场推广最为合适。

四、任务实施

以下是浙江旅游职业学院06级旅行社经营管理专业学生设计的“激情夏日森林之旅——龙泉三口游”，以此为例，分析旅行社线路产品设计的流程。

（一）策划创意

本产品是面向生活在杭州的年轻白领所设计的适合夏季出游的线路产品。该产品面向的细分市场，具有高度个性化的旅游需求。这些年轻白领工作和生活压力大、渴望放松和自由，希望体验不拘一格的旅游形式。因此，该产品定位为休闲避暑类短线旅游，在设计时体现了鲜明的特色。

1. 征服龙泉山的探险之旅

龙泉山以云海、飞瀑、佛光、奇花、险山、异木而引人入胜：华南虎和野人的传说使它平添了神秘的色彩；奇松异石、深潭飞瀑、云顶佛光和上千米高的自然天成的龙泉大佛等无数景观无不给人以震撼；孕育了龙泉山和瓯江源的天根地窟，更让人感受到了自然界的诡秘和神奇。

2. 体味神秘的剑瓷文化

龙泉因剑得名，因瓷生辉。龙泉青瓷是中国制瓷史上时间最长、影响最大的窑系，从三国两晋到清末延续了近 1700 年。参观大窑、源口等龙泉青瓷古窑址，让人感受到龙泉青瓷宝剑文化的源远流长。

3. 体验别具风味的畲族风情

畲族在民歌、舞蹈、服饰、节庆、婚嫁、祭祖等方面的礼仪都充分反映了其文化基因和风格。畲族作为我国 56 个民族中的一支，它的深厚底蕴是无法通过只言片语来解读的。让游客当一回畲家人，真真切切地感受畲乡文化和绿色生态的魅力。

（二）产品制作

1. 搜集信息

对旅游目的地的餐饮、住宿、景点、购物、娱乐、交通等情况都收集了相关的资料。例如，了解到龙泉是八百里瓯江的发源地，主峰黄茅尖海拔 1929 米，为“江浙第一高峰”，龙泉青瓷中的“哥窑”是我国的五大名窑之一，了解到相关景点的门票、民俗表演、交通工具的价格信息，并对信息进行了整理和归类。

2. 实地考察

设计这条线路的三位学生利用假期对旅游目的地的相关情况进行了实地考察，对餐饮的卫生情况、景点间的交通距离和花费时间、民俗表演的形式和内容、住宿的卫生状况和安全状况、购物店的商品质量和服务态度都进行了细致考察，掌握了第一手的信息。

（三）分析取舍

该线路产品沿途景点丰富，为突出产品特色，在设计产品时紧紧围绕“探险之旅”“剑瓷文化”“畲族风情”三大主题，对景点以及其他线路构成要素进行了分析取舍。

（四）线路编排

相关实例

线路编排

<table>
<tr><td colspan="2">团号：</td><td colspan="2">线路名称：激情夏日森林之旅</td><td colspan="4">旅游天数：3</td></tr>
<tr><td colspan="2">出发日期：</td><td colspan="2" rowspan="2">出发交通：空调旅游车</td><td colspan="4">出 发 地：</td></tr>
<tr><td colspan="2">出抵达日：</td><td colspan="4">出抵达地：</td></tr>
<tr><td colspan="2">返程日期：</td><td colspan="2" rowspan="2">返程交通：空调旅游车</td><td colspan="4">返程地点：</td></tr>
<tr><td colspan="2">返抵达日：</td><td colspan="4">返抵达地：</td></tr>
<tr><td colspan="2">全　　陪：</td><td colspan="2">地　　陪：</td><td colspan="4">送团电话：</td></tr>
<tr><td colspan="8">最高成本门市：568 元 / 人　1.1 米以上儿童：388 元 / 人（不含床位）
1.1 米以下儿童：328/ 人（不含门票，床位）</td></tr>
<tr><td>D1</td><td colspan="2">杭州 / 龙泉</td><td>住：龙泉</td><td>餐：</td><td></td><td>中</td><td>晚</td></tr>
<tr><td colspan="8">8：30 在武林广场集合，乘空调旅游车（4 小时）前往云和，抵达后参加畲族婚嫁表演（鼓乐迎宾、山歌迎宾、迎亲、拦路对歌、借锅、杀鸡、出嫁等），中餐后乘车前往龙泉山，夜住绿野山庄。</td></tr>
<tr><td>D2</td><td colspan="2">龙泉一日</td><td>住：龙泉</td><td>餐：</td><td>早</td><td>中</td><td>晚</td></tr>
<tr><td colspan="8">早餐后游览绝壁奇松景区：观云海、赏雾凇、游绝壁云梯、聚仙岩、万松屏等，在山上用中餐，下午游览龙泉大峡谷景区，游通天桥、天街、观峡台等。夜住绿野山庄。</td></tr>
<tr><td>D3</td><td colspan="2">龙泉 / 杭州</td><td>住：无</td><td>餐：</td><td>早</td><td>中</td><td></td></tr>
<tr><td colspan="8">登浙江第一高峰——黄茅尖，看日出，接着游凤阳湖、瓯江源。中午在何园用餐，下午参观大窑、源口等青瓷宝剑工业园区，然后乘车返回杭州，结束愉快旅程（途中如果时间太晚，为大家在车上准备了小点心）。</td></tr>
<tr><td colspan="2">包含项目：</td><td colspan="6">1. 往返空调旅游车。
2. 准三星级饭店双标间（绿野山庄标 A 150 元 / 间含早）。
3. 所列景点大门票（龙泉山 48 元 / 人，婚嫁表演 700 元 / 团，电瓶车 10 元 / 人）。
4. 两早五正餐（畲族景点 20 元 / 人，海鲜酒楼 30 元 / 人，其他 20 元 / 人）。
5. 优秀导游服务（地陪 100 元 / 团）。
6. 旅行社责任险、旅游意外险。</td></tr>
<tr><td colspan="2">注意事项：</td><td colspan="6">着装便捷</td></tr>
<tr><td colspan="8">提醒事项：
1. 出团时成人必须携带有效期内身份证原件，未成年人必须携带户口本原件。
2. 住宿按床位分房，有可能出现拼房，若不愿拼房或拼房不成功者，需补房差。
3. 标注各景点游览的参考时间，因旅游的特殊性允许导游在实际操作中，有 10 ~ 15 分钟的浮动。
4. 按自愿原则购物，购物时游客应慎重把握质量、价格，并开具发票；不参与赠送项目的按放弃处理。
5. 因公共交通延误或取消或第三方侵害等不可归责于旅行社原因而导致的受损，旅行社不承担责任但积极协助。</td></tr>
</table>

从该线路产品的行程编排可以看出，三日游行程安排宽松舒适，有张有弛。第一日在游客坐了 4 小时的汽车后没有马上安排客人登山，而是让他们欣赏畲族民俗表演，表演结束后，客人即入住酒店，第二天才开始登山，这样的安排充分考虑了客人休闲放松的需要。

（五）产品定价

该产品定价时采用的是成本导向定价法，即成本加成法；就是在产品单位成本的基础上再加上一定比例的预期利润来制订销售价格。在销售时，采取了“三人同行，立减一百”这一以人数增加价格递减的形式报价，有利于激励消费者集体报名，从而扩大销售量。

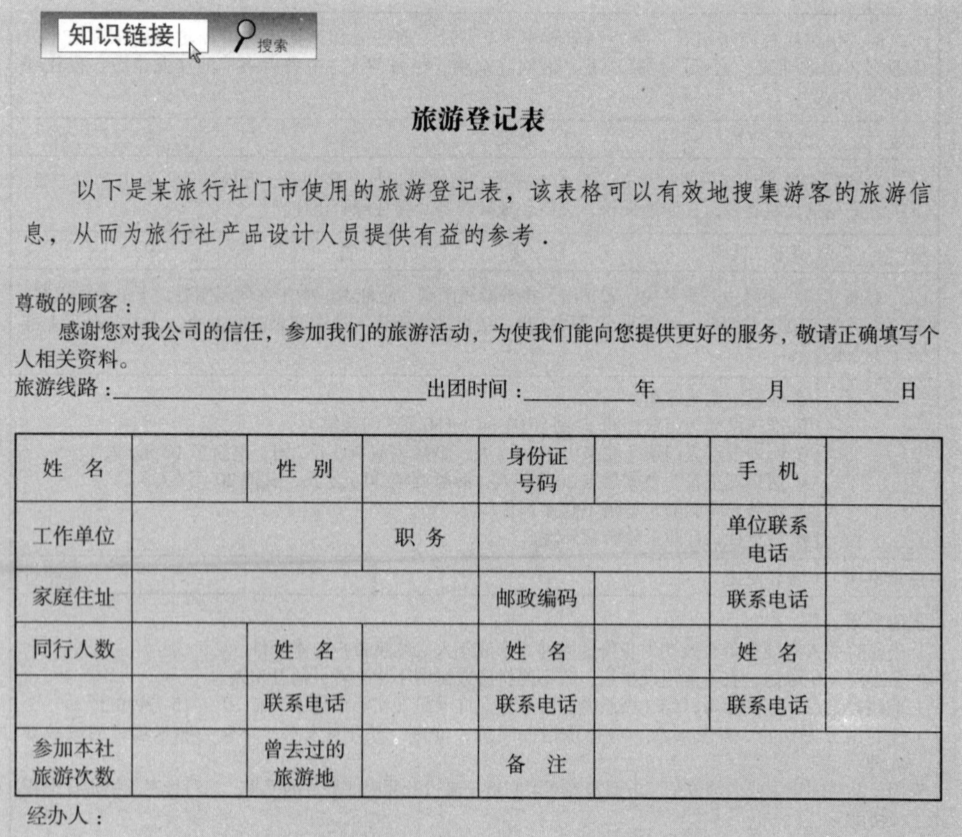

知识链接 搜索

旅游登记表

以下是某旅行社门市使用的旅游登记表，该表格可以有效地搜集游客的旅游信息，从而为旅行社产品设计人员提供有益的参考。

尊敬的顾客：

感谢您对我公司的信任，参加我们的旅游活动，为使我们能向您提供更好的服务，敬请正确填写个人相关资料。

旅游线路：__________出团时间：_____年_____月_____日

姓　名		性　别		身份证号码		手　机	
工作单位			职　务			单位联系电话	
家庭住址				邮政编码		联系电话	
同行人数		姓　名		姓　名		姓　名	
		联系电话		联系电话		联系电话	
参加本社旅游次数		曾去过的旅游地		备　注			

经办人：

某旅行社旅游城市调查表

以下是某旅行社在对旅行社新线路产品进行考察时，考察人员所填写的旅游城市调查表，该表格可以有效地搜集旅游城市信息，从而为旅行社线路产品设计人员提供有效参考。

1. 城市名称：
2. 省名、市名、县名：
3. 调查时城市人口：
4. 时差：
请以小时和分为单位用标准时间填写：快（+）或慢（-）与 GMT 格林尼治标准时间（+ / -）1 小时
5. 与附近旅游线路上主要城市的方向与距离
城市：距________约________千米，城市的方向（________）
城市：距________约________千米，城市的方向（________）
6. 城市简介
请说明如下情况：地理环境、工业地位、政治地位、历史大事、知名人士等。
7. 气候
（1）每月气温、降雨量和着装要求及建议，请填写下表。

月　份	1	2	3	4	5	6	7	8	9	10	11	12
最高气温												
最低气温												
平均气温												
降 雨 量												
着装要求												

（2）其他因季节不同的着装要求和气候特点。
春：
夏：
秋：
冬：
8. 公休节假日和地方性节日

月　日	节假名称	月　日	节假名称

9. 常用电话
急救中心：
警察局：
中国领事馆：
旅游咨询点：
本社办事处：
与本社签有合作协议的旅行社的名称和电话：

民航市内办事处：
机场航班问询处：
10. 工作时间

		期限（月 日）	星 期	上班时间
政 府 政 府	正 常 正 常			

11. 机场与车站

机场或车站名称	国内或国际班次	位于该市中心的方位、距离	到市中心的交通		
			出租车	小公共汽车	火 车
			费用： 时间：	费用： 时间：	费用： 时间：

12. 民航交通车
有__________无__________
（1）地址：__________
（2）检票处：__________
（3）去机场交通车的时间间隔：__________
（4）火车站去机场如何转车：__________
13. 机场税
（1）国际航班机场税：
（2）国内航班机场税：
14. 机场免税商店
（1）有__________商店位置__________
无__________
（2）特殊免税的主要商品：
15. 市内交通费用
（1）出租车__________元 / 千米，超__________千米加收__________
（2）公共汽车：
（3）地铁：
16. 出口关税
（1）税率：
（2）购物免税限额：
（3）免税申报手续：
17. 当地土特产品
18. 电话费用
（1）市内电话：
（2）国际长途电话：
19. 给旅游客源地发邮件费用
（1）明信片：
（2）每封平信：　　超重每克收__________
20. 小费
出租司机：
餐厅用餐：

宾馆楼层服务员：
导游陪同：
21. 请附以下资料
每年大事及地方志：
城市地图：
服务行业分布图：
交通图：
由__________先生/女士于__________年__________月__________日填写
由__________先生/女士于__________年__________月__________日修正

思考与练习

1. 以某一旅行社线路产品为例，分析其设计的方法。
2. 以某一旅行社线路产品为例，分析旅行社产品设计的程序。

任务三　旅行社线路产品的面市

一、任务引入

在任务二的部分中，针对都市白领人群设计了“激情夏日森林之旅—龙泉三日游”，要求对其进行包装策划，制作出一套该产品的宣传资料。

二、任务分析

在学习了必要的旅行社线路产品包装策划知识，以及对具体的案例进行分析的基础上，根据市场需求，针对一个旅行社线路产品，制作出一套该产品的宣传资料。要制作出提供给游客使用的产品的宣传单、产品的其他附加宣传资料，以及提供给销售人员使用的详细的产品解释资料夹和产品辅助资料夹。

三、相关知识

制订线路产品行程单时，主要包括以下两个方面内容。

（一）旅行社线路产品主要行程的制订

线路产品中的主要行程，是游客旅行的指南，也是旅行社对线路产品进行报价的重要依据。《旅游法》第五十九条规定，旅行社应当在旅游行程开始前向旅游者提供旅游行程单。旅游行程单是包价旅游合同的组成部分。因此，行程单的制订务必符合法律法规的要求，须说明旅游行程的出发地、途经地和目的地；旅游行程中交通、住宿、餐饮服务安排及其标准；旅行社统一安排的游览项目的具体内容及时间；旅游者自由活动的时间和次数。

旅行社线路产品的主要行程包括日次、抵离城市、乘用交通工具、当日主要行程、用餐状况、下榻饭店等。

1. 日次

日次是游客计算能否赶上行期的主要依据，要在日次上细致标明月、日、星期，以便游客一目了然。

2. 抵离城市

在当日的行程中，抵达城市需要单独分格列出。此行程一共要去几个城市，在主要城市停留多久，在这项单独列出的“抵离城市”栏中要做到清楚直白。

3. 乘用交通工具

乘用的交通工具首先要标明其类型，不同的乘用工具需要不同的表达方式来进行详细叙述，以便游客做好旅行准备。

（1）飞机：乘用飞机时要标明飞机的机型、航班号、起飞时间、抵达时间、飞行时长。如有时差，还应将时差换算列出。

（2）汽车：乘用汽车时，要将路程中所用时间列出，特殊旅程需对路况做简单描述。

（3）火车：乘用火车时，要标明火车车次、开车时间、抵达时间、路程时长。如是卧铺车，还需要说明软硬卧、房间格局等。

4. 当日主要行程

当日的主要行程需分上午、下午、晚上几个时段分别标出，以便让游客感到一目了然、心中有数。对当日行程中的最精彩之处要浓墨重彩地抒写。对游客不太了解的活动应进行细致的介绍。晚上的活动要注明几点钟结束回到酒店，便于游客掌握时间。

5. 用餐状况

不应图省事只标注晚餐，对用餐的状况要分早餐、午餐、晚餐分别列出。用餐状况还包括对是中餐、西餐，还是当地风味餐的特别说明。对风味餐或特殊晚宴要细致描绘。

6. 下榻饭店

下榻饭店的具体名称、具体地点、联络电话、星级状况等都需要在主要行程中得到体现。如能将酒店的网址列出，定会受到网民游客的欢迎。除非选择国际知名的集团饭店，如“希尔顿”“喜来登”“香格里拉”等，对选择的其他饭店都应对饭店进行一句话的简单描述。

目前旅行社的线路产品行程制订上存在的问题较多，例如，行程单过于简单没有突出重点，对出发返回的时间、航班、下榻酒店等都是大概介绍，游客了解不到足够的信息，平铺直叙的行程叙述显得平庸而呆板，无法吸引游客。还有的旅游线路产品主要行程项中会出现明显错误，线路产品的名称与行程内容脱节，例如，不少旅行社的所有线路产品都冠以“绿色生态之旅”的牌子，而其行程与绿色生态无关。

旅行社线路产品行程单中禁止出现下列不符合法律法规规范的用语：

（1）服务标准上使用不确定性用语。例如，“准 × 星级”“相当于”“× 星未挂牌”“豪华”“优秀导游（领队）服务”“参考值 × 星级”“当地 × 星”“预备 × 星”和对照非星级酒店的“与 ×× 同级”的用语等。

（2）服务内容上使用不确定性用语。例如，“以 ×× 为准”“仅供参考”“全包价”“半包价”“送保险”“含（赠送）旅游意外险”“含（赠送）旅行社责任险”以及将“机场建设费”和“燃油附加费”简称为“税”等。

（3）荣誉评价上不确定性用语。广告中声称产品或者公司获得荣誉的，应当说明获得荣誉的名称、获得时间、授予机关；不得在广告语中使用国家级、最高级、最佳等不确定用语。

（4）统计数据上不确定性用语。公司发布的广告中含有的排行评比或调查结果数据应当真实准确，引用语等应当标明出处。

（5）赠送等附加服务上不确定用语。在广告中和旅游合同中承诺提供附加服务和附带赠送礼品的，应当标明附加服务和赠送礼品的品种和数量。不得使用“赠送精美礼品”“有大礼相送”等不确定性用语，必须说明“送完为止”的，应当说明赠送的数量和方式。

（6）侵犯他人权益的行为。广告宣传中使用他人名义、形象的，或者使用他人注册或拥有著作权和版权的影视图片等资料的，应当事先取得当事人的书面同意；授权人书面同意的文件和付费凭证复印件必须由旅行社企划部编号登记并长期保留。

（7）超范围经营行为。旅行社发布的广告和需签订的旅游合同中严禁出现超经营范围的产品，包括产品超出了旅行社被许可的经营范围，比如以组织或代理台湾游产品；组织招徕中国公民赴未经批准的境外旅游目的地旅游的产品；将出境业务委托没有国家旅游管理部门批准的境外地接社的产品。

（二）旅行社线路产品说明项的制订

旅行社线路产品行程单除了主要行程的介绍之外，还包含旅行社线路产品的说明内容。旅行社线路产品说明项是线路产品主要行程项的重要辅助内容，对线路产品在主要行程之外的所有要点进行细致解释。线路产品说明项的制订必须准确、清晰。线路产品说明项主要包括以下内容。

1. 关于服务标准的规定

（1）服务标准的内容

“服务标准”栏应当说明包含项目和不包含项目，包含项目有：

- 赠送：赠送内容可以包含旅游用品、矿泉水、照片等纪念品以及游览娱乐项目等，还可以标明赠送的附加服务；

- 住宿：住宿天数、标准及费用、单房差标准以及是否含早等；
- 餐饮：旅行社统一安排的团餐数量、标准，不足 10 人是否需要另议；
- 交通：大小交通工具的名称，汽车车型、是否空调车；机票是否含机场建设税和燃油税；机票开出后不得退票 / 更改 / 签转的必须说明；还须说明如遇航空公司航班调整、延误或临时取消我社定位时的处理原则等；
- 门票：包含景点首道门票；
- 导游服务，说明导游服务收费标准。

不含项目有：

- 与包含项目有关联，容易产生误解和纠纷的项目：
- 航空保险、航空燃油税机场税、景点小门票、景区电瓶车等（名称、价格、游览时间）；
- 第三方原因产生的费用及由游客自身原因产生的费用；
- 建议自行购买旅游意外险；
- 酒店各项收费服务及境外小费等；
- 2~12 周岁儿童收费标准、包含项目及儿童安排，包含机票款、旅游汽车费、餐费及其标准（不占床早餐自理）等。

（2）服务标准的制定规则

- 服务标准不得做出违反《旅行社条例》规定的说明以及不确定性用语；
- 服务标准不得低于前期的广告的规定；
- 打包形式的产品应当至少表明住宿、餐饮、交通的质量标准及景点，分解说明餐饮、保险（航空及个人意外）及机场税燃油税收费标准；
- 其他不含项目应当特别说明：如住宿不含早餐的，有用餐时间却没有安排用餐的；机票不含航空险、建设费和燃油附加费的；门票不含小门票及景点内电瓶车索道等费用的。

2. 旅行社线路产品行程单中应当标明“注意事项”

“注意事项”应就证件、住房、退费、门票优惠、保险及安全告知等事项做出简要说明提示。以上“注意事项”，连同行程中发放的安全须知，应当从文字上完整地履行旅行社为保证旅行安全顺利而应尽的告知义务。

（三）旅行社线路产品宣传资料的制作

1. 游客面前的产品

通常旅行社呈现在游客面前的线路产品资料主要有两类：一类是线路产品宣传单，包括线路产品行程、线路产品价格等，游客可以拿着这些资料计算线路产品的价格是否可以承受、产品是否有价值。这样的资料在每家旅行社的销售柜台上都会看到。另外一类资料是线路产品的相关宣传资料，同样应该是旅行社必备的，却往往被许多旅行社遗漏掉。

图 2-3 巴厘岛蜜月旅游产品宣传单

（1）线路产品宣传单：设计大方、印刷精美的线路产品宣传单，应当与旅行社企业的品牌特色一致。整齐划一的风格、图文并茂的形式，体现出旅行社线路产品设计的高度和深度。单页形式、折页形式或是整本的产品手册，都能在提供详尽的旅游行程及说明的同时给游客以美的享受。例如，浙江某知名旅行社推出的巴厘岛蜜月旅游产品的宣传单（图 2-3）。

（2）线路产品的相关宣传资料：多数游客在选购旅行社产品的时候对线路的旅游目的地并不十分了解。随着中国公民可以抵达的目的地国家不断增加、国内的新景点新景区大量出现，游客对出行的目的地知识无法全面掌握。旅行社在推出线路产品时，游客就会把目的地地区相关知识获取的愿望寄托在旅行社的旅游线路产品相关宣传资料上。

旅行社所准备的与线路产品关联的目的地的各类资料，都有可能成为促成游客出行的因素。例如，游客选择的是德国的旅游线路，那么与德国相关的宣传资料就是他最需要的。这类资料对于他出发前预习旅游线路也很有必要。其中，最有必要让游客得知的是各国旅游的注意事项。世界那么大，宗教种类繁多，民情风俗各有不同，游客如果不知道该国的旅游注意事项，很容易出洋相闹笑话。例如，游客到日本旅游，旅行社就应该将注意事项提供给他们。

2. 辅助销售人员的资料

旅行社的线路产品设计工作，在基本行程、价格、宣传单等平面设计程序结束后，任务尚不能说已经完成。缺少了产品辅助设计，没有给销售人员提供足够的相关资料和产品的全面培训，销售人员仍然会是一头雾水，无法去做后面的销售工作。

销售人员如果没有对线路产品进行系统深入的了解，产品的销售就会在很大程度上受到消极影响。因此，旅行社应该准备更多更详尽的产品介绍资料，以增强销售人员对产品的了解。摆放在销售人员面前的产品，应该由以下两方面构成：一是产品详细解释资料夹，一是产品辅助资料夹。

（1）产品详细解释资料夹：每一种线路产品都应设立一个专用的“产品详细解释资料夹”。这个资料夹中的资料应视为旅行社内部使用的线路产品销售文件的汇总，是每位销售人员都要熟悉、掌握并不时查询使用的。“产品详细解释资料夹”中应包括如下资料。

产品广告报刊样张。销售人员手里应当有旅行社在报刊上刊登的广告，并且对广告认真阅读。广告中线路产品的宣传口径、采用的广告语，都应为销售人员熟悉并能予以进一步解释。

产品宣传单及宣传单详细解释。旅行社销售人员手中除持有线路产品宣传单外，还应该有一份加入多项注释、细致说明的“产品详细解释”。对有关行程中所列的景点、转机、住宿饭店等都应该了如指掌、回答自如。如能把线路产品做成互动式光盘存放，将游客感兴趣的线路内容，以图片、录像的形式进行演示，那销售的效果就会更好。

产品优势要点介绍。要有线路产品的针对性描述和特征要点的简约文字介绍，与其他同类产品相比的优势，阐述对特定受众群体的推荐介绍方式。

相关实例

巴厘蜜月婚纱之旅（新航）6天线路产品优势要点介绍

行程特点：

1.全程入住五星级特约酒店蜜月大床房，奢华享受！

2.杭州西子湖秀丽风景＋巴厘岛浪漫海滩风情，专业摄影师、化妆师让您摄影游玩两不误！

3.行程含热带丛林漂流，惊险刺激而乐趣无穷！更安排巴厘式按摩使您身心舒畅！

产品销售价格计算。资料中线路产品价格计算的具体规定应以文字形式列出，主要包括团费价格计算、优惠政策、常客折扣计划等。

（2）产品辅助资料夹：线路产品制作完成后，对销售人员的培训必不可少。销售人员在做到对线路产品熟悉的同时，对目的地国家相关旅行知识的了解也不可或缺。这些旅游知识如果能以文字的形式提供给销售人员，对销售成功会大有裨益。

相关实例

誓要久久相守——记“巴厘岛蜜月婚纱之旅”

进入初冬的杭州，渐浓的寒意挡不住西湖旁边穿着婚纱的幸福新人。

朋友要出嫁了，和男友去拍婚纱照，在初冬的寒气中冻了整整一天，午餐只吃了一个面包，摄影师说吃午餐的话，皮肤会出油。朋友哀叹：这次拍婚纱照的辛苦，真是终生难忘。

其实，拍婚纱照，可以更加轻松、舒适、浪漫和独特。浙江省×××旅行社携手杭城知名婚纱影楼×××新娘婚纱摄影，与巴厘岛最具实力的地接旅行社合作，为幸福的新人推出六天五晚巴厘岛蜜月婚纱之旅，拍婚纱、蜜月旅行同时进行，专业摄影师、化妆师全程陪同，取景地在杭州西湖和巴厘岛的浪漫海滩，拍摄的效果独一无二。

巴厘岛常年绽放着旖旎的热带风情。浙江省×××旅行社和×××新娘婚纱摄影经过精心策划，让新人们的蜜月婚纱之旅充满浪漫和惊喜。

新人们到达巴厘岛后，由巴厘美女献上美丽的花串，为新人们的巴厘之行留下一路幽香，在享用夜宵粥点后，入住浙江省国际合作旅行社特地为新人们挑选的五星级度假饭店大床房，饭店房内有鲜花水果奉送，海涛阵阵，伴人入眠……

到达巴厘岛的第二天，新人们将看到巴厘岛众多的庙宇、迷人的海滩。巴厘岛有不少漂亮迷人的海滩，满目是蓝天、白云、银沙、碧水，还有由那数不清的亮丽色彩装点着的多姿的帆、舢板和搏浪的人。专业的摄影师将会为新人们选择经典的巴厘岛场景，进行浪漫婚纱拍摄。海风和金色沙滩构成了碧海蓝天的美妙场景，让新人们在海神庙神灵的见证中留下永恒的美满爱情。

新人们在巴厘岛停留的第三天，将进行愉快的岛上漫游。巴厘岛艺术发源地乌布特别值得游览，到巴厘必到乌布，这里已成为巴厘海滩外的特别景致，特色餐厅、小店比比皆是，乌布皇宫内处处雕梁画栋，令皇室昔日绝代风华重现眼前。还有闻名乌布的传统市场，里面巴厘岛当地民俗工艺品应有尽有。浙江省国际合作旅行社特地为新人们安排当地美食——地道的水晶脆皮烤乳猪餐，餐后进行漂流之旅，热带丛林中的漂流，惊而不险的刺激令人尽情体验生命舒放的快感。漂流完毕后喝着下午茶，然后再享受一次30分钟的巴厘式按摩。巴厘人的古典舞蹈典雅多姿，在世界舞蹈艺术中具有独特的地位。新人们放松身心后可以参与学习巴厘舞蹈的一招一式。晚餐可以享用自助餐，也可以选用旅行社为新人们安排的巴厘情人套餐。

在巴厘岛的第四天，为了让新人们享受自由舒适的蜜月假期，旅行社特地安排了自由活动时间。新人们可以睡到自然醒，也可以在酒店早餐后，充分享用五星级饭店的各项休闲设施，可以懒洋洋地躺在沙滩上的遮阳伞下，享受阳光、沙滩及宁静的大自然气息，感受热带的南洋风情。

巴厘岛的美食素来为游人称道，金巴兰海滩的日落烧烤既有夕阳的美景，又有美味的海鲜烧烤，可以在海浪的拍打下一直坐到月光皎洁。月牙形的海滩上大大小小的餐馆一字排开，用餐的桌椅凉棚就散布在海滩上，任何一个角落都是欣赏落日的最佳位置。点上一套海鲜烧烤、两份米饭、一些凉菜，外加啤酒和饮料各一瓶。坐下来等上菜的工夫，太阳正好慢慢掉下海平面，映得整个海滩金黄一片。海鲜烧烤是用干燥的椰子壳做燃料，再配上黄油蒜蓉和当地特色的咖喱酱，味道好极了。天色暗了，服务生就会给每桌的客人点上两盏蜡烛，海滩上的蜡烛灯连成了片，烛光下看着爱人的脸，这一瞬间便是永恒……

钟情巴厘，情定巴厘，带上您的爱人，现在就去巴厘岛，去那梦想开始的地方。

相信这次巴厘岛蜜月婚纱之旅，会给新人们留下典藏终生的回忆。杭州×××旅行社和××新娘婚纱摄影组成的专业服务团队正恭候您的光临，等候您的检阅，期待见证您的幸福。

四、任务实施

以下是浙江旅游职业学院06级旅行社经营管理专业学生制作的“激情夏日森林之旅——龙泉三日游”的宣传资料，以此为例，分析在制作旅行社线路产品宣传资料时应该注意的问题。

（一）线路产品的相关宣传资料

相关实例

烟雨瓯江第一城　诗画江南最高峰

激情夏日森林之旅

景点简介

江南畲族风情文化村群山环抱，重峦叠嶂，云雾缭绕，古木参天，绿树成荫，翠竹连绵，环境质量良好，有雷岗和蓝岗，即以畲族主要姓氏雷、蓝而分，中间以一条小溪为界，坪垟岗村是一个纯畲族居民的行政村，有畲民287人。自明万历年以来，坪垟岗畲民世世代代固守着自己独特的语言、文化、风俗习惯，有着浓厚的畲族文化底蕴和文化内涵，是全丽水市著名的畲族聚居地之一。该村民俗风情极为浓厚，畲文化艺术活动频繁，曾一度吸引了不少民族文化知名人士、专家学者以及民族事务工作者前来考察、探讨和研究畲族文化。

龙泉山旅游度假区年平均气温只有12℃，属亚热带季风气候区，与云贵高原相似，形成了高原湖泊、高山草甸、云海雾凇等众多高原特有的自然景观，使龙泉山成为中国南方绝无仅有的既有原始森林，又有高原气候的旅游休闲度假胜地，曾被浙江省旅游局局长纪根立誉为“浙江旅游升起的又一轮月亮”。这里林木葱郁，飞禽走兽，出没如梭；奇花异草，目不暇接，被称为“华东古老植物的摇篮”，主峰黄茅尖海拔1929米，为江浙第一高峰。度假区已建成开放黄茅尖景区、瓯江源景区、绝壁奇松景区、七星潭景区、龙泉大峡谷景区五大景区及配套服务设施三星级旅游饭店——绿野山庄。

龙泉宝剑与龙泉青瓷分别始于周代、五代，历经千百年的传承，长盛不衰。当地的哥窑，为南宋五大名窑之一。龙泉窑为烧制年代最长、窑址分布最广、外销范围最大的历史名窑。龙泉宝剑以“坚韧锋利、刚柔并寓、寒光逼人、纹饰巧致”之特色闻名天下。

行程安排

激情夏日森林之旅　龙泉三日游

日　程	行程安排	酒　店	用　餐
第一天	早上7点半武林广场集合，乘车赴云和，车程约4个半小时。用中餐。游览江南畲族风情村（门票25元，游览时间1个小时），欣赏畲族风情表演（自费，表演一场费用为300元），后乘车前往龙泉山（车程约2小时），入住绿野山庄。	绿野山庄	中　晚
第二天	早餐后游览龙泉山（门票65元，不少于5小时）观云海、赏雾凇、游绝壁云梯、聚仙岩、万松屏等。在山上用中餐。下午游览龙泉大峡谷景区，游通天桥、天街、观峡台、凤阳湖。夜住绿野山庄。	绿野山庄	早中晚
第三天	登浙江第一高峰——黄茅尖，看日出，接着游凤阳湖、瓯江源。中午在何园用餐，下午参观大窑、源口等青瓷宝剑工业园区，后乘车返回杭州，结束愉快旅程。		早　中

服务标准		
包含内容	交　通	全程空调旅游巴士，保证每人正座。
	住　宿	2晚住宿酒店见行程。
	餐　饮	全程2早餐5正餐，早餐费用含在房费中，不占床儿童早餐自理，住宿酒店用中式早餐，正餐25元/人餐，10人　桌，10菜1汤。
	游　览	
	其　他	
不含内容	有关服务	本线路的旅游不含旅游者自行赴集合地点的交通费用。
	私人消费	旅游者在酒店及其他场所内其他私人消费。
	有关儿童	儿童不占床时的餐费（含早餐）、儿童因身高超标而产生的交通、门票等费用。
	关于保险	旅游意外伤害保险由旅游者自愿购买，本公司强烈推荐您购买旅游意外险。

续表

注意事项	
身份证件	出团时成人必须携带有效期内身份证件，儿童必须带户口本原件，18 岁以上无身份证的，需要另外提供户口所在地的公安派出所出具的证明。
拼房 / 房差	团队住宿按床位分房，故有可能出现拼房，如拼房不成功，则需补足单房差。
关于退费	在没有购买门票之前，客人自愿取消的付费景点门票按照行程中的报价退费，提前 3 小时告知地陪导游退餐的按照报价退费，赠送项目自愿放弃的不退费用。
门票优惠	由于门票已按旅行社优惠价核算，故除规定老年人按年龄全免的，儿童按身高全免的，军官证、残疾证规定全免的之外，门票不再重复打折。
不可抗力	因不可抗因素造成航班延误变更的，以上行程会做适当调整，减少费用退还旅游者，增加的费用请自行承担。
寻求帮助	游客对接待有异议，请立即致电我社全力解决，请游客如实填写意见单，处理投诉时，我社将此作为重要凭证。
人身安全	本旅行社提醒旅游者，请仔细阅读本公司的安全须知，注意旅游活动期间的安全，特别注意自行活动期间的人身及财产安全。

点评：思虑周到，信息较为清晰翔实。

（二）辅助销售人员的资料

1. 产品详细解释资料夹

包括产品广告报刊样张，产品宣传单及宣传单详细解释，产品优势要点介绍及产品价格计算方式。

产品宣传单及宣传单详释：与针对游客的产品宣传资料基本相同，销售员手上的资料可以更翔实一些，可以包括景点的具体地理位置、交通、餐饮的价格等。

产品优势要点介绍：产品优势要点介绍要言简意赅，要针对目标市场的个性化旅游需求来组织介绍内容。

相关实例

龙泉三日游产品的优势要点介绍

本产品是面向生活在杭州的年轻白领设计的适合夏季出游的线路产品。该产品面向的细分市场，具有高度个性化的旅游需求。这些年轻白领工作和生活压力大、渴望放松和自由，希望体验不拘一格的旅游形式。因此，该产品定位为休闲避暑类短线旅游，在设计时体现了鲜明的特色。

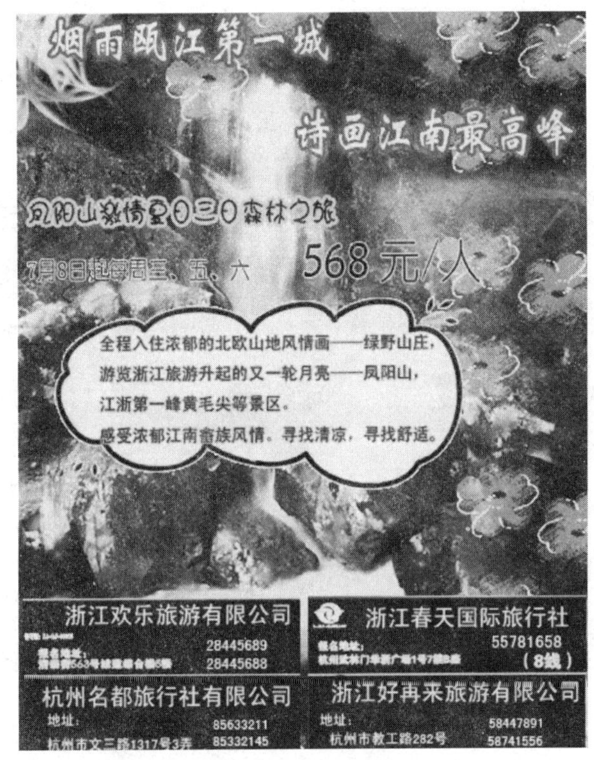

产品广告报刊样张——龙泉三日游广告宣传单

其一，征服龙泉山的探险之旅。龙泉山以云海、飞瀑、佛光、奇花、险山、异木而引人入胜：华南虎和野人的传说，使它平添了神秘色彩；奇松异石、深潭飞瀑、云顶佛光和上千米高的自然天成的龙泉大佛等无数景观无不给人以震撼；孕育了龙泉山和瓯江源的天根地窟，更让人感受到了自然界的诡秘和神奇。

其二，体味神秘的剑瓷文化。龙泉因剑得名，因瓷生辉。龙泉青瓷是中国制瓷史上时间最长、影响最大的窑系，从三国两晋到清末延续了近1700年。参观大窑、源口等龙泉青瓷古窑址，让人感受到龙泉青瓷宝剑文化的源远流长。

其三，体验别具风味的畲族风情。畲族的民歌、舞蹈、服饰、节庆、婚嫁、祭祖等方面的礼仪都充分反映了其文化基因和风格。畲族作为我国56个民族中的一支，其深厚底蕴是无法用只言片语可以解读的。让游客当一回畲家人，真真切切地感受畲乡文化和绿色生态的魅力。

2. 产品销售价格计算

产品销售价格计算的资料应较为翔实，分类要清晰，要方便销售人员查阅。要包括该产品与市场上同类产品价格以及线路产品内容构成的对比分析。

3. 产品辅助资料夹

辅助资料不应太过单薄。通常仅一份景区导游图（图 2–4），对销售人员进行产品说明和解释的帮助不大。应撰写与线路产品有关的游记、散文，效果更佳。

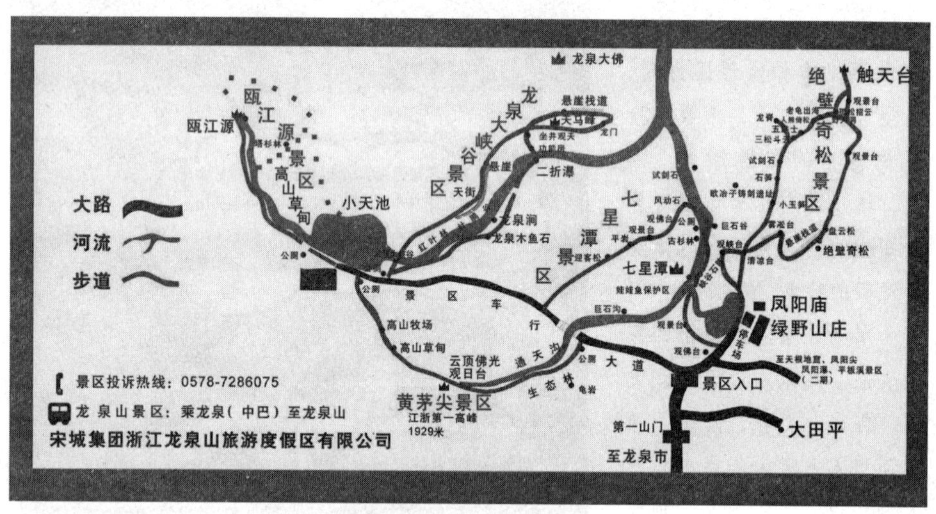

图 2–4　景区导游图

思考与练习

1. 请查阅相关资料，自己动手制作一份周边地区两日游的旅行社线路产品行程单。

2. 请分析旅行社线路产品宣传资料的构成要素。

任务四　旅行社线路产品的销售

一、任务引入

上一任务中，要求学生完成旅行社线路产品“激情夏日森林之旅——龙泉三日游”的包装策划，本章节要求让学生通过学习，制订一个可行性较强的销售方案。

二、任务分析

在制作“激情夏日森林之旅——龙泉三日游”的销售方案时，应注意突出该线路鲜明的个性，注重根据其针对的细分市场采取销售策略。

三、相关知识

旅行社线路产品促销就是旅行社为了使顾客青睐自己的线路产品，使旅游中间商愿意推销、旅游者愿意购买自己的线路产品，而采用各种方法和手段，利用各种途径和工具，把旅行社的线路产品介绍推荐给他们。

（一）利用广告进行旅游线路产品的促销

广告促销就是将媒体作为营销工具，支付一定的费用让某种宣传媒介在一定的时间或空间，向公众推销宣传自己的产品。通过广告的宣传效应激发潜在客户的购买兴趣和愿望，最终使其产生购买行为或索取更多产品信息。其制作、发布过程见图 2–5。

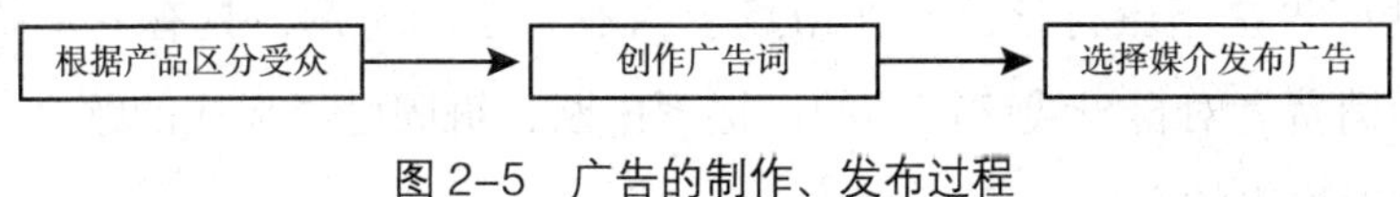

图 2–5　广告的制作、发布过程

1. 常见旅游产品广告的形式

（1）按照媒介分类：媒体广告主要指大众传播媒体广告，包括电视广告、电台广告、杂志广告和报纸广告四类。不同的媒体具有各自不同的特点。户外广告指的是通过户外的广告牌、路灯灯箱、交通工具、建筑物等发布广告，进行宣传。它的主要优势是成本相对较低；重复性强，可以让人天天看到；地理空间选择性较强。缺点主要是制作周期较长，很难迅速更新和变换；另外，看到广告的人中间潜在顾客的百分率比较低。邮寄广告是旅行社通过邮寄宣传资料、明信片等来宣传自身线路产品的一种广告形式。这种直邮的方法制作和投递的灵活性较大，可选择性强，并且由于邮寄广告上的反馈方式较为详细，易于对方进行反馈。但是直邮需要事先知道对方的确切地址，因此在对象的选择范围上有一定的局限性。随着互联网的普及，越来越多的旅行社将网络作为促销的一个有利工具，通过在网络上登载自己的企业动态、线路产品介绍，或者采用网络销售的方式，让更多的人能够迅速快捷地了解到自己旅行社的线路产品，方便旅游者或中间商的购买。

由于旅行社线路产品销售的目标市场不同，其所适合选用的广告媒介也不尽相同。在以地理因素作为划分标准的目标市场中，选择能够覆盖这个地理区域的媒介像电视、电台、报纸等媒体比较合适；而在以性别、社会层次等因素作为划分标准的目标市场中，则应采取对于某一市场最具影响力的媒介。例如，目前许多女性时尚杂志如*ELLE*等就拥有众多白领女性读者，采用这样的媒体发布旅行社线路产品广告，有针对性且不浪费发行量。

（2）按照竞争阶段分类：通知性广告应在旅行社的某个线路产品刚刚投放市场的时候使用。此时的旅行社线路产品处于开拓市场的初期阶段，需要让旅游者和中间商对新推出的产品有一个初步的了解和认识，留下一个较为深刻与良好的第一印象。旅行社通知性广告的内容一般是向市场告知有关新线路产品的情况，或者提出某条线路产品的若干新变化。说服性广告一般通过宣传介绍旅行社线路产品的特点，或通过与其他竞争对手进行比较，达到说服顾客选择自己旅行社线路产品的目的。提醒性广告是当旅行社已经在市场上占有一定的份额，具有一定的知名度之后，为了使消费者对自身线路产品的记忆不中断，巩固已经形成的顾客群，吸引更多的回头客而推出的广告。

2. 旅行社线路产品广告的制作、发布过程

（1）区分受众：在选择广告媒体之前，必须先区分广告的目标受众。面向中间商的广告与直接针对那些购买旅行社线路产品的消费者的广告，由于两类受众对信息需求的差异很大，广告的创作就有很大区别。

以下是一份西安某地接社在某旅行社同业销售网站发布的广告。

相关实例

专业地接：散客、团队、夏令营均接！

专业地接：散客、团队、夏令营均接！

A 线：兵马俑 市内两日游 XXX 元/人

D1：接团赴临潼游秦始皇陵兵马俑 XX 元/人、华清池 XXX 元/人、秦陵地宫 XXX 元/人。住西安。

D2：观明城墙 XX 元/人、大雁塔广场、钟鼓楼广场自由活动、送团。

上述广告是旅行社针对中间商发布的线路产品广告，中间商最关心的是线路的编排，以及产品的价格，对线路产品本身的主题、线路产品的卖点和亮点等并不关心。因此该广告重点突出线路产品的价格，以及线路的编排，看上去枯燥无味，其实简明扼要。

以下是某旅行社在该社网站上发布的广告。

相关实例

“精彩西安”行程推荐

西安市内、兵马俑、华清池二日游　　　　¥XXX 元起

第一天　兵马俑、华清池及地宫

早上酒店接客人，乘车赴临潼，车观周幽王“一笑失天下”的烽火台；游览世界第八大奇迹秦兵马俑一、二、三号展厅及铜车马展厅；最古老的皇家园林——华清池，赏贵妃池；欣赏秦陵地宫。

第二天　西安市内

畅游西安名胜古迹，市内参观：保存最完整的古代大型军事防御建筑工程——明城墙；大雁塔北广场观赏亚洲地区最大的音乐喷泉水景广场、游览钟鼓楼广场、回民风情小吃街。

该广告是旅行社针对散客发布的广告，因此比较重视体现线路产品本身的吸引力，行程介绍简洁，对重要景点的介绍比较精细，语言流畅而优美，能激发游客的游览欲望。

（2）创作广告词：在明确目标受众之后，必须确定广告词，这是广告制作过程的核心环节。广告词必须让潜在的顾客意识到广告中的这种旅行社线路产品能够很好地满足他们的需要。对所有编写广告词的人来说，都必须遵循一定的指导原则。首先，广告词应该清楚、直白、简练。例如：某旅游网站的广告语“我们的微笑听得见”；某旅行社线路产品广告语“江南第一家一日游——端午节状元行”等。其次，广告词要能清楚地描述产品所能给购买者带来的利益。例如：某旅行社的韩国自由行广告“去韩国，我的行程我做主”；某旅行社的海岛特惠广告“巴厘岛四晚五天（东航直飞，仅此两班），特惠方案：二人同行，第二人劲减300元，赠：金巴兰海鲜烧烤、咖喱鱼大餐，含：机票税及回程机场税，宿：当地海边五星级饭店”。再次，广告词要能唤起顾客明确的行动。例如：某旅行社的暑期优惠广告“快乐暑假——凭2008年高考、中考准考证，在×××旅行社本部营业大厅报名，即有惊喜等着您”。最后，要了解法律对于广告有何约束和影响。例如：某旅行社在做一个大型旅游活动时，销售人员错把“50个免费旅游名额等你来拿”的广告语处理成“免费旅游名额等你来拿”，结果引起旅游者的投诉。广告在发布前，措辞要极为谨慎，以免因失实引起法律纠纷。

以下为浙江省七家知名旅行社联合推出的“感受欢快夏天——重庆九寨沟四飞五日舒适游”线路产品的报纸通栏广告。该旅行社线路广告经过了精心的策划和设计，在版式设计、广告语的创意等方面都颇具匠心。

相关实例

“感受欢快夏天——重庆九寨沟四飞五日舒适游”产品广告

以下为浙江省7家知名旅行社联合推出的“感受欢快夏天——重庆九寨沟四飞五日舒适游”线路产品的报纸通栏广告。该旅行社线路广告经过了精心的策划和设计，在版式设计、广告语创意等方面都颇具匠心。

（3）旅行社线路产品广告发布：媒介选择必须针对每次广告的具体目标和要求，权衡各媒介物的优缺点，运用适当的方法来选择。首先，要使接受广告的对象数量达到最多，而且越接近市场区划的目标层次越好；同时要使无关的对象数量最

少，越少打扰对广告内容不感兴趣的人越好。其次，应在能够达到广告目标的前提下，核算不同媒介的使用成本，力求少花钱，多办事。最后，要按照人们的生活习惯，选准媒介物使用的最佳时间（或场合）。对旅行社线路产品而言，要根据该产品的特色以及针对的细分市场来选择媒体投放广告。浙江某知名旅行社曾经组织过一次大型的购物旅游活动，参加的游客有1000多人，在接受关于旅游信息渠道调查的800名游客中，游客反映其信息来源主要来自他人告知，比例达到了37.04%，以下依次是宣传这次活动的某电视台知名栏目（21.57%）、旅行社的旅游促销（17.22%）、某知名报纸（13.39%）、当地另一家日报（4.17%）、当地某广播电台（1.6%）。由于选对了广告投放的媒介，与某电视台以家庭主妇、退休老人为主要观众的知名栏目合作，以及在当地市民中颇具影响的知名报纸上投放醒目广告，使该社在短短一个星期内，收客达到1000多人，取得了辉煌的销售成果。

旅行社线路产品的时间、季节差异性很大，因此，旅行社线路产品广告的发布时间、发布频率及发布顺序都有很强的科学性。旅行社促销人员在发布线路产品广告时，要注意选择线路产品广告发布的最佳时机，以使线路产品广告的利用率、到达率达到最理想的程度。例如，某上海旅行社在《新民晚报》的《旅游信息》专栏刊载线路产品广告，报道该旅行社的线路产品信息。但由于刊载旅行社线路产品广告的报纸每星期六出版，读者在周六拿到晚报看到旅行社线路产品信息后已经错过了这一星期的双休日出游时机，对旅行社线路产品的销售很不利。后来，这个栏目广告改为每星期四刊载，这样一来正好赶在双休日之前，读者在看到旅行社线路产品广告后就可以马上联系购买。这一改动使得该旅行社的线路产品销售有了突破性的进展。

3. 旅行社线路产品广告应避免的误区

广告接受要素中最重要的是独特性。独特性或宣传产品的独特性卖点，使产品从众多同类同质化广告中脱颖而出；或宣传产品所创立的独特理念，达成受众的认同。比如“佳洁士”牙膏广告，有意规避一般牙膏广告宣传功能，选择“不磨损”为独特卖点。食用油“金龙鱼”的广告，宣传其独特的健康饮食理念。与房地产、汽车行业的广告相比，目前的报纸杂志中的旅行社线路产品广告，创意与制作处于初级阶段，广告元素浪费、广告资源配置不合理。旅行社应充分重视旅行社线路产品广告，要注意避免旅行社线路产品广告误区。以下类型的广告误区，在日常生活中经常可见。

（1）线路产品广告做成了企业形象广告：广告中旅行社企业的抬头字号过大，冲淡了线路产品的冲击力。读者看旅行社线路产品广告，通常是要选择出行的线路产品，选好了产品，读者自然会在关联中看到旅行社的名称。旅行社销售的是产品，而不是旅行社本身，目标处置不当，耽搁了读者视觉的第一选择，白白浪费了广告版位。

（2）色彩浪费：在彩色报纸杂志上做黑白广告或单色广告，对彩色版的色彩资源是一种浪费。出现这样的问题多数是由于旅行社操作人员的懒惰。一期广告在黑白报纸上刊发后，原样交给彩色的媒介载体发出，多交出了彩色版的费用，在经济上也不划算，使广告的色彩元素成为多余。

（3）不计对象，样式重复：不少旅行社在刊登线路产品广告时，不管是青年报还是晚报，只用一个广告模板。对不同媒介的受众没有进行专业化分析；其实两类报刊的读者对象会有部分差别。旅行社在投放线路产品广告时应当意识到这样的差别，在广告语、广告版式等方面都应体现对应的差别。

（4）主推的旅行社线路产品与普通旅行社线路产品并列，主次不分：所有的旅行社线路产品平行排列，字号相同，看不出主推产品与普通产品的区别，旅行社线路产品的有效布局未能形成。目前旅行社的广告多数是由广告公司负责制作的。广告公司的一个广告文员往往面对数十个旅行社的客户，无法了解旅行社的产品策略、主打产品，无非只能按其想象，在文字、图片上增加些花样，有些线路产品广告并未能给产品增色，反而因不适当的图文强调，将线路产品的主题打乱。

应对此问题的办法，最理想的是与广告公司商谈，希望广告公司能像五星级饭店的“管家服务”一样，对旅行社提供一对一的管家服务。这种服务要使广告适应旅行社的意图，对旅行社的广告式样、主题色彩、风格进行针对性设计。广告公司的专人服务还应与旅行社的产品设计人员共同策划，将广告的元素用足，使产品在广告形式上与产品的整体追求匹配。

旅行社在与广告公司的沟通中，应该首先将每期广告的一些具体的线路产品要求、形式要求提出，在广告公司的广告样稿出来后，再经过反复修改使之达到要求，以保证线路产品广告费用的投放获得最大效益。

广告的设计文员如能与线路产品实地接触，直接获取线路产品的元素，为线路产品广告的文图提供更贴切的表达方式，那么线路产品广告的投入就会得到更加理想的效果回报。

（二）面向旅游消费者的推销促销

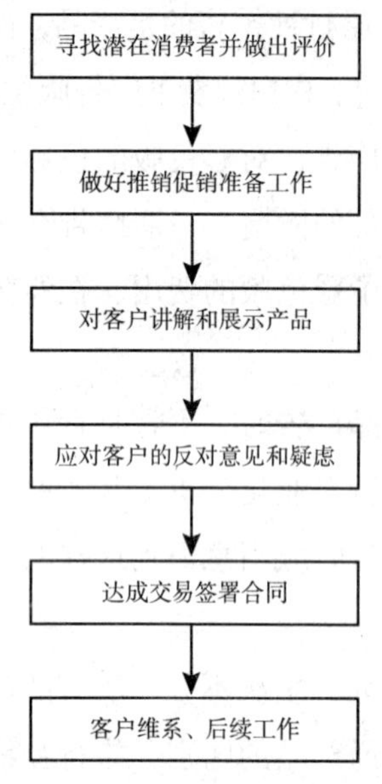

图 2-6　人员推销步骤及方法

人员推销是指旅行社的推销人员与消费者（旅游中间商）直接进行面对面的沟通来达成销售。人员推销能够当面向消费者介绍产品，激起他们的兴趣，并影响他们的购买决策和购买行为。同时，推销人员除了做推销工作之外，还可以利用与消费者直接沟通的机会，了解市场动态，收集市场情报和消费者意见，反馈市场信息（图 2-6）。

1. 推销步骤方法

（1）寻找潜在消费者并做出评价：推销人员通过各种渠道了解潜在消费者群体以及他们中最具影响力的人物或行政上司的姓名、爱好等。搜索潜在消费者的各种信息资料，对于潜在消费者，按照年龄、身体健康情况、收入情况、家庭状况等因素鉴定其资格，判断是否值得与其进行联系，确立目标客户，展开推销。

（2）做好推销促销准备工作：推销人员通过多种途径如熟人介绍，以及搜集到的资料确定潜在消费者的需求特点，了解潜在的消费者群体中由谁负责组织旅游活动以及由谁做出购买决定等情况，根据这些特点和情况决定推销的计划、方式，最后选择进行推销的时机和地点。要注意的是，客户的身体状况、时间安排、精神状况等都会影响推销人员访问的效果。定好访问的时间后，推销人员要积极做好见面的准备工作，包括仪容仪表、谈话的内容等。

（3）对客户讲解和展示产品：这包括多种方法，第一种方法是将讲话的内容事先背熟，等到与客户见面时再背诵出来，同时配以图片、图像等工具，引起客户的兴趣；第二种方法是互动式的，争取让客户一起参与讨论，在这种互动的交流中弄清对方的需求和态度，然后将准备好的关于旅行社线路产品的内容介绍给对方；第三种方法要求推销人员采用多种方式引导客户多说话，要善于倾听他们说的话以了解他们真正的需要，并设法解决他们的实际问题。无论是哪种方法，销售人员都应努力获得客户的好感，从而使他们建立起对销售人员所代表的旅行社和所推销的旅行社线路产品的好感。

（4）应对客户的反对意见和疑虑：消费者对于推销人员要求他们购买旅行社线路产品而进行的推销，几乎都存在某种程度的抵触情绪，因而或多或少会对推销人员的话提出质疑或反对意见。推销人员要采取积极的措施来转变他们的态度，例如，让消费者阐述他们的想法，诚恳地让他们提出解决问题的建议。然后在尊重他们的合理建议的前提下，指出他们反对意见的错误之处，尽可能地将他们的反对意见转变为购买的理由。

（5）达成交易签订合同：推销人员必须具备敏锐的观察力，要懂得从客户的话语、动作、表情、语气语调中琢磨他们的心理，发现他们想要购买产品的信号时再加以劝导，如再给予一定的价格优惠、附赠礼物等，往往就可以促成这次交易了。

（6）客户维系、后续工作：一次成功的人员推销并非到旅游消费者购买了旅行社线路产品之后就结束了，而应通过这次的购买将该消费者吸纳进自己的客户群之中，使其能够在以后仍给自己带来销售业绩。因此，后续工作是必不可少的。推销人员在达成交易后就应该立即着手进行履行约定的各项准备工作，和客户保持联络，随时征询他们的意见并及时将有关信息传递给他们。

2. 面对旅游消费者的销售推广形式

（1）旅游目的地展示：旅游目的地展示的主要内容包括关于目的地的宣传手册、相关印刷资料、海报、照片、目的地的纪念品和手工艺品、幻灯片、录像带和光盘等。大多数旅行社会在自己的门市部、接待处和办公室里张贴一些景区景点的大幅海报，一来可以美化办公环境，二来对旅游目的地进行宣传。而一些印刷精美、可视性强、吸引力大的手册则被放在旅行社的显著位置进行展示，并可供前来咨询的消费者免费索取观看。这些宣传手册一般由旅游产品的供应商提供，大都经过精心设计和编写，在质地优良的铜版纸上印刷最具有吸引力的关于旅游产品和目的地的照片，旅行社销售人员可以通过这些手册向消费者展示可供他们挑选的旅游产品，还可以让潜在消费者将手册带回家慢慢欣赏并做出选择。

目前，多媒体光盘这类宣传工具被越来越多地使用到旅游产品宣传工作中。这类影音资料能够让旅游消费者更直观地了解到旅游目的地，使其更能产生身临其境的良好效果。有条件的旅行社可以在接待处放置播放设备进行播放，让消费者在旅行社观看，这时应选择那些集中介绍某个产品、播放时间短的录像或光盘。还有一些录像和光盘对旅游目的地的介绍比较详细，介绍的方位和角度比较全面，这类资料适合让消费者在家中观看。

另外，旅行社还可以就某一主题，展开短时期的系列宣传活动，来进行围绕主题的旅游目的地展示。例如，旅行社就某少数民族地区风情游开展为期一周的宣传活动，在宣传周期间，展出以该少数民族为主题的海报和手册，播放该地区的旅游风光和风俗民情，甚至可以让旅行社工作人员穿着相关的民族服装服饰，这样营造出的一种氛围容易调动起参观者的情绪，使消费者产生积极的反应。不过，目前在国内，一家旅行社单独推出这类规模的主题展销活动还比较少。

（2）折扣优惠：旅行社线路产品虽然和一般产品相比有很多特殊性，但它也和其他产品一样，降价就能提高销售量。降价促销的一大目的是通过降价、打折吸引初次购买者，使他们成为旅行社的忠实顾客，并在日后购买不打折的旅行社线路产品。

优惠赠券也是旅行社常采用的一种促销方法。旅行社通过多种途径，将赠券发送到旅游消费者手中，消费者可以凭这些赠券在购买旅行社线路产品时，获得一定幅度的折扣优惠。

旅行社还可以采用捆绑销售的方法来提高促销效率。捆绑销售就是旅行社与其他同行业或不同行业的销售者合作，承诺消费者购买合作者的某样产品后，可以买到打折的旅行社线路产品。例如，如果顾客购买了某个品牌的数码相机或全套音响设备，就能以八五折的优惠价格购买旅行社某条线路产品。

（3）免费旅行社线路产品：这种销售推广形式通常是对旅行社线路产品的初期销售不进行打折让价，但是在符合一定条件后提供免费旅行社线路产品。对于这一促销方式，消费者一般反应积极。目前，大多数旅行社的华东旅游线路产品销售就采用了这一方法，如果旅游者参加了华东五个城市（杭州市、上海市、苏州市、无锡市、南京市）的游览线路，就可以免费再游览一个江南水乡古镇。

（4）有奖销售：有奖销售就是对购买特定旅行社线路产品的旅游者以多种方式给予一定的物质奖励，这在国外是一种较为流行的促销方式，可以吸引新顾客的注意并保持老顾客对购买产品的兴趣。

目前，国内许多旅行社向购买他们产品的旅游者提供的免费礼品主要是印有该旅行社标志、名称、联系方式等的旅行袋、遮阳帽等，有的旅行社会赠送当地的特色纪念品给旅游者，如杭州一些旅行社对参加华东地区豪华游的旅游者提供天竺筷、丝绸手帕等纪念品。国外的许多旅游经营商通常给旅游者提供行李箱、磁带或者录像带、旅游书籍、各式各样的衣服等礼品。

旅行社的奖品派发有时是有条件的。例如，旅行社向那些最先购买新产品的消费者提供免费奖品，或者通过抽奖的办法来分送奖品，这类奖品往往价值不菲，具有较大的诱惑力。英国就曾推出一次旅游抽奖活动，奖品是一部劳斯莱斯汽车。我们国内也有不少如“游 ××，赢钻石”之类的抽奖活动。

（5）忠诚度销售：当消费者在某家旅行社购买线路产品后，所消费的金额将按一定的比例折算成积分，当积分累积到一定的数目就可获得相应的许多利益。这种积分计划旨在吸引老顾客，使其成为回头客，培养对企业的忠诚度。

3. 对销售人员销售推广的激励

（1）提成：提成的方法有两种，一种是按照销售人员的销售额进行提成，另一种是按照销售获得的利润额进行提成。无论哪种方法，都要求销售人员多售出旅行社线路产品，只有多售出旅行社线路产品才能提高销量，才能多得利润，销售人员才能获得更多提成。这种业绩与收入直接挂钩的做法可以激励销售人员大力推销旅行社线路产品。

（2）奖励：旅行社对销售业绩突出、对公司贡献大的销售人员，应给予物质上的奖励，包括金钱或实物，以鼓励其继续努力，不断提高销售成绩。许多旅行社还通过如提高工资待遇、提供免费旅游机会等方式来鼓励销售人员。

（三）通过渠道销售旅行社线路产品

旅行社线路产品的销售渠道是指旅行社将其线路产品提供给最终消费者的途径，又称为销售分配系统。旅行社线路产品的销售渠道主要包括两大类，即直接销售渠道和间接销售渠道。所谓直接销售渠道，是指旅行社直接将线路产品销售给最终消费者，没有介入任何中间环节的销售分配系统。间接销售渠道可以只有一个中间环节介入，也可以有多个中间环节介入，我国的旅行社通过国外的旅游批发商和旅游零售商销售其旅行社线路产品时采用的就是间接销售渠道。

1. 我国旅行社的渠道销售形式

目前，我国的旅行社在国际入境旅游业务中采用的主要是间接销售渠道，因为任何一家旅行社都不可能也没有必要在所有市场上设立销售机构，更何况并非所有的国家和地区都允许外国旅行社进入。与此同时，由于我国的旅游业起步较晚，现有的国际旅行社大都对主要客源地情况缺乏全面、深入的了解，在此情况下，采用直接销售渠道不仅成本高，而且效果差。此外，由于发展历史方面的原因，我国主要客源产生国地区的旅游中间商一般都拥有自己相对稳定的目标群体，对于当地旅游者的消费心理和需求特点比较理解，并可以有针对性地组合产品，这就为我国的国际旅行社利用海外中间商销售其产品提供了良好的条件。因此，尽管采用间接销售渠道存在一些不利之处，如加价或佣金导致我国旅行社线路产品直观价格偏高，但我国绝大多数的国际旅行社还是选择了间接销售渠道，直接销售只是在小范围内被我国的国际旅行社所采用。具体来说，我国的国际旅行社在国际入境旅游业务中主要采取以下两种形式的间接销售渠道。

（1）通过零售商向国外旅游者销售旅行社线路产品：一般情况下，通过这种渠道销售的旅行社线路产品均为报价旅游。这类产品既适合散客旅游者，也适合团体旅游者。

（2）通过批发商或经营商向国外旅游者销售旅行社线路产品：在此情况下，虽然介入了另一环节，但价格不一定比前一种方式高，原因在于经营商或批发商实力较强，通常可以获得较理想的批量价格。另外，批发商、经营商还可以根据自己的经验和研究结果，在我国旅行社提供的产品基础上进行加工和重新组装，或者加上第三国或者地区的产品，经过这样加工后的产品往往更符合当地旅游者的需要。

除了直接向海外客源地联系招徕客源外，许多国际旅行社还不断加强与国内其他组团旅行社的联系，通过横向联系，招揽、接待旅游者，这在我国旅行社业界被称为地联业务。为了使外地组团旅行社对自己有充分的了解，开展地联业务的旅行社应该及时向相关组团旅行社提供信息，这些信息主要包括本旅行社的接待能力、旅游活动安排情况、收费标准、各类附加费标准、当地饭店房价、当地旅游资源情况和当地交通状况等。

在出境旅行社线路产品的销售方面，国际旅行社主要采取直接销售渠道策略，同时采用通过其他旅行社代理销售的间接销售渠道策略。

在国内旅游方面，我国经济发达地区的国内旅行社目前大都采取直接销售渠道策略，就地招揽客源；而旅游资源相对丰富的地区则多通过横向联系获得旅游接待的机会。

2. 旅行社的销售渠道策略

在国际旅游市场中，旅游经营商都十分重视对销售渠道策略的研究，他们认为这是影响旅行社线路产品销量的关键因素之一。除了通过直接销售渠道策略向旅游者销售线路产品外，可供旅行社选择的间接销售渠道策略主要有以下三种。

（1）广泛性销售渠道策略：对经营国际入境旅游业务的旅行社来讲，广泛性销售渠道策略是指通过多家旅游中间商把产品广泛散布到目标市场上以便及时满足旅游者需求的一种销售策略。对经营国际出境业务和国内旅游业务的旅行社来说，广泛性销售渠道策略是指广泛委托各地旅行社销售线路产品、招揽客源的一种销售策略。

旅行社线路产品的销售和其他日用消费品的销售一样，人们都希望迅速、方便地满足自己的需求，特别是在旅游发达的国家，人们外出旅游频繁，有众多的零售商会方便旅游者购买。广泛性销售渠道策略的优点是采用间接销售方式，选择较多的批发商和零售商销售线路产品，方便旅游者购买。由于销售渠道广泛，便于旅行社联系广大旅游者和潜在旅游者，在旅行社开始向某一市场推销产品时，采用这种渠道策略有利于旅行社发现理想的中间商。这种渠道策略的不利之处在于成本较高，而且由于旅行社线路产品销售过于分散，会给旅行社的销售管理增加一定的困难。

（2）选择性销售渠道策略：选择性销售渠道策略是指旅行社只在一定市场中选择少数几个中间商的渠道策略。采用广泛性销售渠道策略的旅行社，在经过一段时间后，往往可以根据中间商在市场营销中的作用、组团能力以及销售量变化情况，选择其中有利于旅行社线路产品推销的几家中间商。这种策略的优点是有目的地集中少数有销售能力的中间商进行旅行社线路产品推销，这样可以降低成本。缺点是如果中间商选择不当，则有可能影响相关市场的旅行社线路产品销售。

（3）专营性销售渠道策略：专营性销售渠道策略是指在一定时期、一定地区内只选择一家中间商的渠道策略。通常情况下，作为旅行社总代理的中间商不能同时代销其他竞争对手的旅行社线路产品。专营性销售渠道策略的优点在于可以提高中间商的积极性和推销效率，更好地为旅游者服务。此外，旅行社与中间商联系单一，可以降低销售成本；而且产销双方由于利害关系紧密，能更好地相互支持和合作。这一销售渠道策略的缺点在于如果专营中间商经营失误，就可能在该地区失去一部分市场；若中间商选择不当，则可能完全失去该市场。

3. 旅游中间商的选择

如前所述，目前我国的旅行社广泛采用间接销售策略，这就必然涉及旅游中间商的选择与管理问题。事实上，对于中间商的选择与管理直接决定了旅行社间接销售渠道策略的成败。

在选择旅游中间商之前，旅行社应该首先进行综合分析，明确自己的目标市场，建立销售网的目标，确定产品的种类、数量和质量，摸清旅游市场需求状况和制定销售渠道策略，在此基础上才能有针对性地选择适合自己需要的旅游中间商。旅行社可以通过有关专业出版物、参加国际旅游博览会、派遣出访团、向潜在的中间商寄发最新资料，或通过接团等方式发现中间商。无论采用何种方式都必须首先对旅游中间商的情况进行详细的调查与分析，待时机成熟时，再向旅游中间商明确表示合作意愿。旅行社对旅游中间商的考察应该从以下几个方面进行。

（1）中间商可能带来的经济效益：毫无疑问，旅行社选择中间商的目的在于扩大销售、增加收益。因此，旅行社应选择成本相对较低、利润相对较高的销售网和中间商。对经济效益的追求要注重风险与利润的对称。一般来说，在利润相同的情况下，风险最小的销售渠道便是最理想的销售渠道。但是，风险小，往往利润也小；风险大，往往利润也大。所以，旅行社应该根据自己的经营实力，在利润大小和风险高低之间进行平衡与选择。

（2）中间商目标群体与旅行社目标市场的一致性：中间商的目标群体必须与旅行社的目标市场相吻合，而且中间商在地理位置上应该接近旅行社客源较为集中的地区，这样便于旅行社充分利用中间商的优势进行产品推销。

例如，美国是我国国际旅行社的主要目标市场之一，而美国只是一个大的地理概念，美国出境旅游市场并非均匀分布，而是相对集中地分布在有限的区域。据统计，美国出境旅游的 50% 市场集中在加利福尼亚、纽约、新泽西、佛罗里达、得克萨斯和伊利诺伊六个州。日本的出境旅游者相对集中在东京都、阪神和东海三大城市圈，比例高达 68%。在德国，北威州的杜塞尔多夫、多特蒙德等城市，巴伐利亚州的州府慕尼黑和斯图加特，以及北部的汉诺威、不来梅等都是出境旅游市场比较集中的地带。英国出境旅游者的 13% 来自伦敦，27% 来自英格兰东南部，12% 来自英格兰西北部，即英格兰游客占出境旅游者总量的 52%。因此，旅行社选择的旅游中间商在地理位置上应该接近这些客源相对集中的地区，并在此基础上考虑旅游中间商的目标群体与旅行社的目标市场是否一致。

（3）中间商的商誉与能力：旅游中间商应当有良好的信誉和较高的声誉，并具有较强的推销能力和偿付能力。中间商讲究信誉是旅行社不受侵害的保证；中间商的信誉将决定旅游者对它的信任程度，从而直接影响中间商的推销能力；而中间商的偿付能力是双方合作的经济保障。

（4）中间商对旅行社的业务依赖性：中间商的业务范围各不相同，对旅行社的依赖程度也存在差异。有的国外中间商专营中国旅游产品，对我国旅行社具有相当大的依赖性，如英国促进旅行社、日中旅行社、日中和平观光公司等，全部经营中国旅游业务。而有的中间商则同时经营许多国家、旅行社的产品，对某个具体旅行社依赖性较小，甚至不存在任何依赖性。在可能的情况下，旅行社应该对此加以考虑，因为这直接关系到中间商的努力程度。

（5）中间商的规模与数量：旅行社在同一地区应该选择适当数量、适当规模的中间商，因为中间商过多，会造成促销方面不必要的重复与浪费，而且“僧多粥少”也会影响中间商推销积极性；中间商过少有可能形成垄断性销售或销售不力的局面。中间商规模大、实力雄厚、组团能力强，但也往往因机构庞大、层次较多，影响效率，而且会形成垄断性销售的局面，使旅行社受制于人；中间商规模太小，往往组团能力差，不利于旅行社的产品推销。中间商的规模与数量取决于旅行社的经营实力和销售渠道策略。

（6）中间商的合作意向：旅行社应该通过不同的渠道，了解中间商是否有意与旅行社合作。因为在旅行社选择中间商的同时，中间商也在选择旅行社，这是一个相互选择的过程。旅行社在选定中间商后，便可以与之签订合同，并开展业务合作。

4. 旅游中间商的管理

科学地选择旅游中间商只是工作的一个方面，而有效的管理同样是不可缺少的组成部分。旅行社对旅游中间商的管理主要通过以下四个途径进行。

（1）建立中间商档案：建立中间商档案可以使旅行社随时了解中间商的历史与现状，通过综合分析与比较研究，探索进一步合作与扩大合作的可能性，并对不同的中间商采取不同的对策。例如，对销售能力强的中间商应有特殊的条件和优惠；对一些小的中间商，如认为有发展前途，就应该重点扶植培养。此外，还可以根据中间商组团能力等指标对中间商进行分类排队等。

经过一段时间的合作，旅行社对中间商的经营实力及信誉等都有了进一步的了解，此时中间商档案应该增加新内容，如组团能力、经济效益、偿付能力、推销速度等，从而不断扩大、充实中间商档案，为扩大合作或终止合作提供决策依据。

需要特别指出的是，人际关系特别是个人交往是与中间商友好合作的一个重要因素，中间商档案中应该对中间商的个人资料有尽可能详细的记载，而且旅行社应该充分运用这些资料发展与中间商的友好关系。

（2）及时沟通信息：向中间商及时、准确、完整地提供产品信息，是保证中间商有效推销的重要途径；而从中间商处获得有效的市场需求信息，则是旅行社进行产品改造和产品开发的重要依据。

（3）有针对性地实行优惠与奖励：有针对性地优惠和奖励中间商可以调动中间商的推销积极性。旅行社常用的优惠和奖励形式包括减收或免收其定金、组织奖励旅游、组织中间商考察旅游、实行领队优惠、联合推销和联合促销等。

销售奖励。销售奖励是指旅游供应商给予旅游中间商各种形式的奖励，来激励旅游中间商更多地销售旅行社线路产品。旅游供应商可以向完成销售目标的旅游中间商提供一些赠品，如免费旅游的机会或一些活动门票等；也可以采用支付现金的方式进行奖励，当旅游中间商在一定时期内销售旅行社线路产品达到一定数量，供应商按一定的比例或约定的方式发给其一定数量的佣金。

旅游展览会、招待会。旅游供应商通过旅游展览会，向旅游中间商介绍自己的旅行社线路产品，使他们对旅行社线路产品产生兴趣，或者加深对旅行社线路产品的了解。不少旅行社利用这个机会，在展览会期间召开招待会，增进与旅游中间商之间的交流。对于旅游供应商来说，旅游展览会是加强合作、增进了解、联络感情的大好时机，一定要好好利用商业展览会这种至关重要的销售推广场所。

合作广告。合作广告是指旅游供应商和旅游中间商合作刊登广告，由旅游供应商承担广告的全部或部分费用。这种形式有利于刺激旅游中间商大批量经营某一旅行社的线路产品。

折扣。折扣是指旅行社对购买旅行社线路产品达到一定数量的旅游中间商给予一定的折扣。折扣的给予形式有两种：一种是现金折扣，就是当旅游中间商购买旅行社线路产品达到一定数量时，在产品的售价上打折，按打折后的金额收取费用；另一种是实物折扣，就是购买量达到一定数额时，再赠送一定数量的同类旅行社线路产品。给旅游中间商折扣优惠可以刺激旅游中间商进行大批量的购买。

熟悉旅程。这种方法指的是旅行社邀请旅游中间商亲身体验旅行社线路产品，组织他们对旅游线路进行实地考察，了解旅游目的地的情况。目的是通过亲身体验，给旅游中间商心中留下积极而美好的印象，提高其对旅行社线路产品的认知度，成为旅游供应商重要的销售力量。这种组织旅游中间商参加的熟悉旅程的游览活动，费用一般由组织活动的旅行社支付，因此这种销售推广方法的成本较高，在计划活动时更应认真仔细，提高效率，使活动富有创意。对于参与活动的旅游中间商也要精心筛选，参加人数以 20 ~ 30 人为宜。

（4）实时调整中间商队伍：旅行社应该根据自身发展情况和中间商发展情况，适时调整中间商队伍。旅行社在下述情况下应该做出调整中间商的决策：原有中间商质量发生变化；旅行社线路产品种类和档次发生变化；旅行社需要扩大销售；旅行社要开辟新的市场；旅行社的客源结构发生变化；市场竞争加剧等。

四、任务实施

以学生设计的旅行社线路产品“激情夏日森林之旅——龙泉三日游”为例，制订出一个可行性较强的销售方案。

该线路产品在杭州市场上较为新奇，畲族婚嫁表演（鼓乐迎宾、山歌迎宾、迎亲、拦路对歌、借锅、杀鸡、出嫁等）和龙泉宝剑是最大的卖点，具有相对唯一性，对中青年市场具有一定的竞争力。

该产品软广告的投放以电视媒介为佳。最好巧妙地结合一些与目标市场关系较为密切的娱乐节目，比如浙江卫视的相亲交友节目《男生女生》、杭州公交移动电视的旅行推介节目《任我行》、杭州电视台综合频道的旅游节目《名嘴带你游天下》《杭州城市旅游报道》等。通过这些关注度较高的节目来提高旅游目的地和线路产品的曝光率，让目标游客有了对产品直观的认识和感受，从而激发出强烈的出游兴趣。

该产品硬广告的投放则以报纸媒介为佳。最好在杭州知名的《都市快报》和《今日早报》旅游版推出系列广告。

门市销售方面，要对门市接待人员进行专门的培训，指导其进行来电咨询，并制订门市散客价；同业销售方面，制订同行结算价，联合杭州较大的组团社来共同收客。将旅游景点宣传册和详细报价单发送到有合作关系的组团社业务部的每一位计调和业务员手里，甚至可以举办专门的组团推介会，来引起组团业务员的高度关注。

某旅行社针对VIP客户推出旅游电子消费卡

某旅行社特别针对VIP客户，推出了旅游电子消费卡，根据客户需求在旅游电子消费卡内存储不同数额卡值，减少旅游付款过程中现金支付的麻烦，游客在使用旅游电子消费卡时，同时享受优惠价格。

旅游电子消费卡的消费范围包含出境游、国内游、代订机票、火车票、酒店等旅行社经营范围内的所有服务，具有灵活使用，有效期长等特点。

注：1. 代订机票、火车票均收取票面总金额5%的服务费。

2. 更多代办服务项目使用电子消费卡消费可向客户经理咨询。

旅游电子消费卡消费须知

- 本卡可在公司所属各直营门店使用；

- 本卡切勿折、烫、划伤金属卡面；
- 持卡人必须按照本公司的有关规定使用本卡，若有变更，以新规定为准，恕不另行通知；
- 持卡人可直接通过电话或者门市预约线路，或者由旅行社提供上门服务；
- 持卡人为旅行社 VIP 会员，享受会员优惠价，旅游产品具体信息、售价以旅行社门市最新公布为准；
- 旅游电子消费卡在有效期内可使用，旅游电子消费卡不设找零，不开发票，不足部分现金补充，遗失不挂失。

旅游电子消费卡用途

企业送礼：轻松解决部分企业单位年度回馈客户方式的烦恼，把旅游电子消费卡作为礼物送给客户，既有心意又有新意。

犒赏员工：有效扭转部分企业以实物消费、现金奖励的传统局面，旅游电子消费卡满足创新管理企业需要，让员工自由安排休假出游方式，更具人性化。

孝敬长辈：特别礼物给长辈，改变常规的送礼方式，旅游电子消费卡是亲情和关怀的代表，实现他们出去旅游的愿望。

年度休假：解决个人年度休假无计划的困惑，在繁忙和琐碎的生活工作中，旅游电子消费卡必定给您带来最超值、最贴心的旅游计划。

摸彩礼品：选择旅游电子消费卡作为大型节庆、年会、促销等活动的摸彩抽奖礼品，颁奖便捷，礼品创新，并能增强活动的趣味性及诱惑力。

旅游电子消费卡优势：现金储蓄；刷卡消费；方便快捷；会员优惠。

思考与练习

1. 联系在旅行社企业实习的亲身经历，谈谈旅行社线路产品的促销策略。
2. 联系当地某家旅行社的实际，谈谈该社的销售渠道。

附件 1　千人美国行系列：海外中国年驻场小记者招募活动

营地介绍

哥伦比亚大学是唯一拥有新闻学院的常春藤大学，其新闻研究生院是全美乃至全世界最优秀的新闻学院。哥伦比亚大学新闻学院创建于 1912 年 9 月，是由当时的报业巨人普利策立遗嘱捐资 200 万美元创办的。早在 1902 年，普利策就在他的备忘录中记载下他的新闻教育观。他写道："我的想法是将新闻作为一种崇高的知识分子的职业，用实践的方法鼓励、教育现在、将来的从业人员。"他的梦想在 1912 年 9 月 25 日得以实现，哥伦比亚大学新闻学院成为美国培养新闻从业人员、探讨新闻现在和将来的最好学校。"普利策奖"是由美国报坛名人、亦为哥伦比亚大学新闻学院创办人——普利策设立的。哥伦比亚大学新闻学院也就名正言顺地担负了评审、颁发此奖项的责任，这使该校的地位提升不少。

行程特色

- 在最美的风景中采风：看在眼里的易逝，留在心中的永恒。专业摄影老师随团指导拍摄，拿起手中的相机，记录一个不一样的美国，记录一段不一样的旅程；
- 在最盛大的活动中现场采访：在盛大的千人齐聚的拉斯维加斯中国年活动中，实地过一场现场采访的瘾，被你捕捉的人有可能是拉斯维加斯旅游局官员，也有可能是顶级酒店老板，更多的是热情的美国民众，让你通过他们了解美国，让他们通过你向往中国；
- 在顶级的新闻学院里朝圣：哥伦比亚大学新闻学院是全美，抑或是全球最好的新闻学院，未来最优秀的媒体人在这里学习，新闻界的"诺贝尔奖"在这里诞生，走进它感受它，为自己树立一个远大的理想；
- 在最前沿的美国媒体人面前交流学习：美国的媒体人如何报道国家大事？美国的媒体人如何采访社会名流？美国的媒体人如何面对明星八卦？美国的媒体人如何阐述个人观点？这些不是读《纽约时报》《华尔街日报》，或者看 / 听 CNN 就能了解的哦，带您走进这些高曝光率下的"神秘人"；
- 在最经典的剧场实地体验经典的魅力：如果问纽约的什么地方最文艺？那么答案一定会是百老汇。不用怀疑，百老汇就是有这样的魅力，长久以来吸引着本土居民和外国游客前往观光。让我们来引领你走进百老汇，台前看经典音乐剧，幕后学表演小常识。

拟定行程

2 月 10 日　周日　中国／洛杉矶　×／×／晚

机场集合，搭乘国际航班前往洛杉矶，抵达后专人接机，拟参访洛杉矶当地摄影协会，展示采风作品，接受大师指点；拟前往洛杉矶主流媒体办公区参访，与美国媒体人面对面交流，为接下来的采访任务做好充分的准备。

2 月 11 日　周一　洛杉矶　早／中／晚

早餐后前往好莱坞明星大道、中国大戏院等景点参观，之后游览环球影城。乘电动拖车赴各电影拍摄布景区，真实感受旧金山大地震、洪水暴发、大白鲨食人等场景的惊心动魄，并乘船回到恐龙时代的侏罗纪公园，以及体验芝加哥大火的热浪冲击等，晚餐后送饭店入住。

2 月 12 日　周二　洛杉矶　早／中／晚

早餐后乘车前往机场，搭乘内陆段航班前往洛杉矶，抵达后乘车前往世界欢乐之都——迪士尼乐园，在那里学生不仅可以看到米老鼠、唐老鸭、白雪公主等卡通人物，而且可以领略童话世界的惊险与绮丽，令您应接不暇、流连忘返，晚餐后送饭店入住。

2 月 13 日　周三　洛杉矶－拉斯维加斯　早／中／晚

早餐后乘车前往沙漠绿洲——拉斯维加斯。拉斯维加斯是世界顶级的娱乐城市，这里有顶级的酒店、最正宗的美食、最新奇的娱乐设施，是镶嵌在美国西部沙漠中的一颗明珠。简单市区观光后送饭店安排休息。

2 月 14 日　周四　拉斯维加斯　早／中／晚

参加“千人游美国，海外中国年”大型演出活动，观看精彩演出的同时与到访的美国当地媒体一同现场采访报道，共同见证难忘的一刻。

2 月 15 日　周五　拉斯维加斯－华盛顿　早／×／晚

早餐后乘车前往机场，搭乘内陆段航班前往华盛顿，抵达后专人接机，用晚餐后送饭店安排休息。

2 月 16 日　周六　华盛顿　早／中／晚

参观美国林肯纪念堂、越战纪念墙、国会山庄、总统官邸白宫、华盛顿纪念碑、杰佛逊纪念堂、艺术博物馆、太空博物馆等景点。

2 月 17 日　周日　华盛顿－费城－纽约　早／中／晚

早餐后乘车前往纽约，途经美国旧国都费城，1776 年美国发表《独立宣言》，脱离英国统治即建都于费城。在费城参观独立宫、自由钟及旧国会大厦等，然后赴纽约州普林斯顿大学参观，抵达纽约后用晚餐入住饭店休息。

2 月 18 日　周一　纽约　早 / 中 / 晚

上午：前往哥伦比亚大学新闻学院，来到这里聆听大师的教诲，感受名校风采，树立远大理想；

下午：前往 NBC 电视台，采访 NBC 的记者荆丽，她是目前唯一在美国主流媒体工作的中国人，倾听她的心路历程，分享她的工作感受。

2 月 19 日　周二　纽约　早 / 中 / 晚

上午：乘船游览自由女神像，参观联合国总部大厦（外观），纽约中央公园，洛克菲勒广场，时代广场等纽约知名景点；

下午：前往百老汇剧院，聆听大师讲解美国音乐剧历史与发展，之后前往观看一场音乐剧，实地感受美式百老汇音乐剧的经久不衰的魅力。

2 月 20 日　周三　纽约－西点军校－纽约　早 / × / 晚

上午乘车前往素有“美国将军的摇篮”之称的美国西点军校。许多美军名将如艾森豪威尔、巴顿、麦克阿瑟等均是该校的毕业生。下午乘车赴名牌商品工厂店，在这里您可以用比中国至少便宜 1/3 的价格购买到心仪的耐克、阿迪达斯、锐步等名牌商品，价廉物美，放松心情尽情为家人朋友选购礼物，晚餐后回饭店（备注：当天午餐自理）。

2 月 21 日　周四　纽约 / 中国　早 / × / ×

早餐后乘车前往机场，搭乘国际航班返回中国，结束愉快的行程。

2 月 22 日　周五　中国

抵达中国，回到温暖的家！

报价包含：

- 签证：包含办理美国签证费用；
- 机票：包含行程中机票往返费用；
- 住宿：包含等同中国三星饭店住宿；
- 餐食：包含普通团队午晚餐；
- 交通：包含行程中地面交通用车；
- 门票：包含迪士尼乐园、环球影城、自由女神游船、西点军校；
- 导游：包含全程优秀中文导游服务；
- 小费：包含全程所需支付的小费；
- 保险：包含美之旅游学保障计划。

报价不包含：

- 单房差；

- 护照费；
- 行程列明以外的景点或活动所引起的任何费用；
- 个人行李托运超重费用，司导超时工作费用；
- 上述“报价包含”条款中未列明的一切额外费用。

备注：

- 我公司保留在不减少景点的情况下调整行程顺序的权利；
- 一日三餐时间如在飞机或者机场，用餐自理；
- 因不可抗力的客观原因和非我公司原因（如天灾、战争、罢工等）或航空公司航班延误、取消、使领馆签证延误等情况，我公司有权变更行程，一切超出费用（如在境外延期的签证费、住宿、餐食、交通等费用），均由客人自理；
- 团组分房为异性原则，如遇自然单间由住宿单间的团员自行承担单间差。

出发时间表

出境城市	出发时间	人　数	备　　注
北　京	2月10日	20人+2领队	2名随团成人，1名摄影指导老师，1名随团领队
广　州	2月10日	20人+3领队	
上　海	2月10日	20人+3领队	

附件 2 千人美国行系列：经典加州插班寄宿营

营地介绍

The School of Arts and Enterprise（SAE）

艺术与企业学校（简称 SAE）建立于 2003 年，是由州教育委员会授权的公立特许高中。开设 9 ~ 12 年级学生的学习课程。这里是梦想成为艺术家或企业家的学生的学习殿堂。

学校位于洛杉矶的波莫纳地区，为学生提供缜密的大学预备课程，从而为学生将来顺利申请大学及事业上的成功奠定坚实的基础。在这所免收学费的公立学校里，学校鼓励每一位有梦想、有才华的学生申请就读。这里的每一位老师都会根据学生的兴趣爱好及特殊才艺，因材施教，帮助学生尽早实现自己的理想并走上事业之巅。

SAE 是一所与众不同的学校，在这里学生可以畅游在音乐的海洋里，也可以跟导师一起去当地企业见习工作。学会在纷繁复杂的社会中淡然处事并获取成功是 SAE 的基本教育理念。SAE 会刻意为学生制造一些困境，并要求学生积极找寻方法解决问题。据某些专家称，这是让学生成长与进步的最好方式。学校也要求学生做自我反省与自我评估。通过学习 SAE 精心打造的大学预备课程与学生项目，学生将有望被培养成终生学习者、富有创意的思想家、新技术的开发运用者、世界公民及高效的团队成员。

Loving Savior Lutheran School

Loving Savior 位于小城 Chino Hills，距离洛杉矶驱车不到 1 小时即可到达。学校包括幼儿园、小学（1 ~ 5 年级）和中学（6 ~ 8 年级）的教学服务。该校通过了 WASC（西部学校和教育协会）和 NLSA（美国路德学校认证）认可，是极少数获得该荣誉的私立基督教学校。

学校为学生提供综合性的教育规划，从幼儿园到小学到中学，学生们都能在此获取全面的教育和看护。用心挑选的课程安排，为学生提供了非常好的机会来挖掘其自身的最大潜能。此外，学校还提供了丰富多彩的课余活动，如排球、橄榄球、田径、足球、钢琴、国际象棋、艺术课程、礼仪培养课程等，力争为学生创造一个发展其特长的环境，让学生身心愉快地成长，并培养其成为诚实守信、勤奋好学、具有创新精神的美国式人才。

Loving Savior 的小班制课程，优秀的教职人员和严格的学术标准，使该校每年的教授成绩都卓越出众。在 ITBS（全美衣阿华州基本技能测试）中名列前茅，其数学、语言、科学、阅读、写作等学科每年都比全美平均分高出 40 多分（共 100 分，50 分为全美平均分），远远超出了其他加州小学与中学。

Mt. Calvary Lutheran Church and School

Mt. Calvary 学校是通过 WASC 认证的私立基督教学校。该校致力于培养孩子的个人能力，公民养成教育，提供和保持最高的学术水平。学习人际关系，并照顾个人和家庭的需要。期望每个学生用爱心、尊重和关心，以融入生活社区的一部分，成为负责任的社会成员。同时，该校的 ITBS 考试成绩亦相当优良。

Crossroads School

Crossroads School 站在 21 世纪教育的前沿。他们致力于帮助每个从幼儿园到 12 年级的学生在自己的能力上更自信，对独特的自我更有安全感。该校鼓励学生在智力上和个人性格上双方面的提升，学校的每一个学生都要准备好随时面对这多变的世界。Crossroads School 的学生拥有异常优秀的思考能力，思维灵活并易相处。在校期间，学生们学会了健全的质疑和沉着的思考，在以后的学习和社区中每个学生都是思想上的探险者，一个可以解决问题的人，一个社会和环境里的活跃者，领导者。

Crossroads School 高级学习班（被加州大学荣誉信用系统认证的学校内部设计的高等课程）鼓励本校的学生们在写作和分析能力方面钻研透彻。当学校的学生毕业时，他们很自信，能够应对来自生活中的知识和社会中的挑战。

行程特色

- 经典行程经典魅力：经典的 1+1 式行程编排，在学习中发现乐趣，在游玩中收获知识，游学一小步，成功一大步；
- 真正插班真正提高：严格按照年龄、英语水平分班插班，美国同学学啥你学啥，美国同学干啥你干啥，非语言机构的专业学校插班学习，真正学有所成；
- 品质保证品质选择：寄宿营让选择游学的家长和孩子们又爱又恨，最有特色的寄宿家庭部分往往成为诸多隐患的源头，美之旅的寄宿家庭都是经过严格甄选的友好家庭，入住前需要填写详细的申请表格，保证营员的安全，保证营员体验到纯正的美式家庭生活；
- 美国过大年，让你了解美国，让美国了解你：在寄宿家庭度过传统佳节，向洋爸爸洋妈妈展示传统的中国文化；到拉斯维加斯参加“千人中国年”，感受海外同胞的思乡情结，感受美国本土的中国风。

拟订行程

2 月 6 日　周三　中国 / 洛杉矶－营地学校　×/×/ 晚

机场集合，搭乘国际航班前往洛杉矶，抵达后专人接机，乘车前往营地学校，与等待已久的寄宿家庭成员见面，返回寄宿家庭熟悉环境，准备即将开始的营地生活。

2月7日　周四　营地学校　早/中/晚

全天插班英语学习。

2月8日　周五　营地学校　早/中/晚

全天插班英语学习。

2月9日　周六　洛杉矶　早/中/晚

早餐后前往好莱坞明星大道、中国大戏院等景点参观，之后游览环球影城。乘电动拖车赴各电影拍摄布景区，真实感受旧金山大地震、洪水暴发、大白鲨食人等场景的惊心动魄，并乘船回到恐龙时代的侏罗纪公园，以及体验芝加哥大火的热浪冲击等，参观结束后乘车返回寄宿家庭。

2月10日　周日　洛杉矶　早/中/晚

早餐后，乘车前往世界欢乐之都——迪士尼乐园，在那里学生不仅可以看到米老鼠、唐老鸭、白雪公主等卡通人物，而且可以领略童话世界的惊险与绮丽，令您应接不暇、流连忘返，参观结束后乘车返回寄宿家庭。

2月11日　周一　营地学校　早/中/晚

全天插班英语学习。

2月12日　周二　营地学校　早/中/晚

全天插班英语学习。

2月13日　周三　洛杉矶－拉斯维加斯　早/中/晚

早餐后与友好的寄宿家庭成员及营地师生话别，乘车前往沙漠绿洲——拉斯维加斯。拉斯维加斯是世界顶级的娱乐城市，这里有顶级的酒店、最正宗的美食、最新奇的娱乐设施，是镶嵌在美国西部沙漠中的一颗明珠。简单市区观光后送饭店安排休息。

2月14日　周四　拉斯维加斯　早/中/晚

参加“千人游美国，海外中国年”大型演出活动，与海外同胞、美国民众一同度过一个特别的、祥和的中国年。

2月15日　周五　拉斯维加斯－奥兰多　早/×/晚

早餐后乘车前往机场，搭乘内陆段航班前往奥兰多，抵达后专人接机，用晚餐后送饭店安排休息。

2月16日　周六　奥兰多　早/×/晚

参观肯尼迪太空中心：参观火箭园，早期火箭博物馆，了解美国的航天历史——水星计划、双子计划等，参观土星/阿波罗V中心，学习太空知识，探索宇宙奥秘，参观国际空间站，

了解美国航天史上现在和未来的空间任务。用晚餐后送饭店安排休息。（备注：园内午餐自理）

2月17日　周日　奥兰多　早／×／晚

早餐后游览奥兰多著名的迪士尼主题公园——动物王国。这里不仅有实际存在的动物，而且有人们想象出来的动物，以及已经灭绝的动物模型。公园内有沙漠中的绿洲、野生动物园、恐龙地带等区域，再现了热带雨林、热带大草原的情景，并有1000多只动物生活在此。（备注：园内午餐自理）

2月18日　周一　奥兰多　早／×／晚

早餐后赴著名的名牌商品工厂店，在这里您可以用比中国至少便宜1/3的价格购买到心仪的耐克、阿迪达斯、锐步等名牌商品，价廉物美，保证您有意想不到的收获。（注：当天午餐自理）

2月19日　周二　奥兰多／中国　早／×／×

早餐后乘车前往机场，搭乘国际航班返回中国，结束愉快的行程。

2月20日　周三　中国

抵达中国，回到温暖的家！

报价包含：

签证：包含办理美国签证费用；

机票：包含行程中机票往返费用；

住宿：包含寄宿家庭及等同中国三星饭店住宿；

餐食：包含普通团队午晚餐；

交通：包含行程中地面交通用车；

门票：包含迪士尼乐园、环球影城、KSC、迪士尼乐园动物王国；

导游：包含全程优秀中文导游服务；

小费：包含全程所需支付的小费；

保险：包含美之旅游学保障计划。

报价不包含：

- 单房差；
- 护照费；
- 行程列明以外的景点或活动所引起的任何费用；
- 个人行李托运超重费用，司导超时工作费用；
- 上述“报价包含”条款中未列明的一切额外费用。

备注：

- 我公司保留在不减少景点的情况下调整行程顺序的权利；
- 一日三餐时间如在飞机或者机场，用餐自理；
- 因不可抗力的客观原因和非我公司原因（如天灾、战争、罢工等）或航空公司航班延误、取消、使领馆签证延误等情况，我公司有权变更行程，一切超出费用（如在境外延期的签证费、住宿、餐食、交通等费用），均由客人自理；
- 团组分房为异性原则，如遇自然单间由住宿单间的团员自行承担单间差。

出发时间表

出境城市	出发时间	人　　数
北　京	2月6日	19人＋1领队
广　州	2月6日	19人＋1领队
上　海	2月6日	19人＋1领队

模块三
旅行社计调业务

1. 了解旅行社计调业务的作用、功能。
2. 掌握旅行社计调采购与计报价操作技能。
3. 掌握国内组团计调工作操作技能。
4. 掌握出境组团计调工作操作技能。

任务一　认识计调

一、任务引入

某旅游团到杭州，导游员准时在8点10分将游客接到了宾馆，并安排吃早饭。吃过早饭后已经是上午10点钟了，可此团的行程计划书中又安排客人12点吃午饭。客人觉得刚吃过早饭，根本不可能在这么短的时间内再吃一顿，于是要求将午饭时间往后延。此时导游犯难了，计划书就是这样安排的，自己没有权力擅自更改，并且在新的导游员管理办法中，擅自更改行程是要扣分的。但不改吧，游客又不答应，这样的行程设计确实是不合理的。该团的导游员没有办法，只能按照计划书办事，虽然是没有违反规定，但客人们都不高兴了。这名导游员说："我都快冤枉死了。客人们都以为行程是我安排的，对我特别不满意，刚第一天就这样，以后这团就更不好带了。"对于游客行程中用餐安排的失误，究竟是什么原因造成的呢?

二、任务分析

要想正确分析出上述旅游团用餐安排失误的原因，应首先学习旅行社计调工作的相关知识，了解计调工作的职责范围，避免在将来实际工作中，由于旅游计划制订的失误造成游客对行程安排的不满，给导游带团工作带来不必要的麻烦和影响。

三、相关知识

（一）计调工作

计调是指旅行社产品的计划调度操作，是为落实接待计划所进行的服务采购、计划编制、安排联络、更改确认、统计结算，以及为业务决策提供信息服务的总和；

也指在计调部门担任调度作业的人员。其主要任务是落实旅游团队在食、住、行、游、购、娱等方面的具体事宜，以确保旅游团队的日程正常进行。担任计调作业的工作人员被旅行社称为计调员、线控、团控、担当等，业内简而统称为“计调”。

通常称对国内旅游行程进行安排操作的旅行社工作人员为计调；而负责安排操作出境旅游行程的旅行社工作人员为 OP（Office-people）。

（二）计调工作的职责

计调工作的业务范围是随着旅行社功能的加强而延伸，不同的业务类别对计调的要求也不尽相同。最初，旅行社除了为旅游者安排旅行游览外，主要的工作是替社会团体和零星客人代订飞机、火车票，安排食宿，即承接与旅游有关的各种单项委托业务。随着业务范围的扩大，计调工作的职责引申为对外代表旅行社同旅游供应商（上下游企业）建立广泛的协作网络，签订有关业务协议，取得代办人身份，以保证提供旅游者所需的各项委托事宜，并协同处理计划变更和突发事件；对内做好联络和统计工作，为旅行社业务决策和计划管理提供信息服务。

1. 服务采购工作

旅游产品的价格是旅游产品成本和旅行社利润的和，因此，降低旅游产品成本决定了旅行社利润增长的空间以及市场份额的占有。旅游产品的成本通常表现为各旅游供应商提供的机（车）票、客房、餐饮、景点门票、车辆等的价格，计调工作对外进行相应采购时，应尽量争取获得最优惠的价格，以降低旅游产品总的成本。计调工作虽然不能直接创收，但降低采购价格无疑对旅行社经营利润的实现具有重要意义。

因此，计调工作的第一职责是完成旅游产品的采购工作，包括变更后的采购，以及对内提供信息服务。

2. 计划编制工作

计调部门是旅行社接待任务的计划编制部门，是旅行社接待业务的调度中心。一旦招徕到客源，计调部门就是旅游团接待工作的第一站。计调人员根据组团社发来的接团邀约，收集旅游团的各种资料，并进行分析。在此基础上，编制接待计划，下发接待计划到接待部，并要求其按计划要求做好接待工作。计划编制是一项十分细致的工作，任何一点微小的差错都将直接影响接待工作的质量，可能造成经济上的损失，直至影响旅行社企业的声誉。

3. 安排联络工作

计调部门是当地各旅游企业的联络者。当组团社发来邀约后，计调部门就按邀约预订、安排当地的食宿、交通、餐饮、车辆等活动，将本来松散的旅游企业和其他部门统一协调起来，围绕旅游团运转而形成综合接待能力。同时，计调部门是旅游团整个行程的联络站，负责旅游团在各地、各站之间行程的衔接，避免延误和脱节情况的发生，可以说，计调部门就是旅游线路上的枢纽。

4. 统计结算工作

旅行社与饭店、交通、餐厅、景区、车队等接待单位的统计结算工作是通过接待计划和合同来完成的，而这些接待计划往往会因为导游人员和其他人为的疏忽而产生差错，或由于旅游团人数、交通、气候等因素的影响而发生变化，这给旅行社的财务结算带来了麻烦。在这种情况下，由于计调部门保存有旅行社接待旅游者的全部原始资料，还有与其他旅游企业交往的资料，这些资料的分析和统计结果就成为计调部门为旅行社财务结算提供的第一手凭据。计调部门也是旅行社决策层搞好计划管理的参谋部门，为旅行社决策层进行计划管理提供了详尽的第一手资料和数据，计调部门在旅行社企业中承担着信息中心的功能。

（三）对计调工作的要求

计调工作是极为细致、繁杂的操作工作，它包括报价、计划、采购、确认、更改、再次确认、再次更改、统计、质量控制等内容。因此，该岗位对旅行社工作人员的要求很高，他们不仅要认真、仔细、不厌其烦地逐项完成计划内的操作工作，而且要确保万无一失。旅行社赚不赚钱，赢利多少，靠的全是计调人员的调度。对计调人员的工作要求如下。

1. 保证工作的时效性

计调部的工作质量优劣，将直接影响到游客的需求能否得到满足。实际上，旅行团的行踪是由计调部门来安排和控制的。随着我国各地旅游设施的改善、各地交通状况的好转，旅行团的活动越来越紧凑，一环紧扣一环，如果某一环节上出现了问题，就势必影响整个旅游团的接待质量。计调人员的工作应该在特定的时间内完成，随意性和拖拉作风是计调工作的天敌。

2. 保证工作的准确性

保证工作的准确性就是要求计调部的工作绝不能出现任何差错。一不小心，就会给旅行社造成重大的经济损失。这就要求计调部向其他旅行社的报价准确，接收组团社的接团计划准确，人数、时间、价格、交通票、编制的接待计划准确以及计调部的统计报表准确等。计调部的所有工作都不能马虎，逐项工作都要反复核实，真正做到万无一失。特别在落实旅游的食、住、行、游、购、娱六大要素的计划安排时必须根据实际情况进行准确的计划调度，以体现旅游活动消费与生产的同时性。只有保证计调工作的准确性，才能确保旅游产品的成本领先与质量控制。

3. 保持工作中的责任感

计调工作要做到时效性和准确性，这就要求所有在该岗位上的旅行社计调人员应有很强的责任心。首先，计调人员要敬业爱岗、热爱自己的工作，真正做到干一行、爱一行；其次，要熟悉自己工作的每个环节，因为旅行社实现的是承诺销售，旅游者购买的是预约产品，旅行社能否兑现销售时承诺的数量和质量，旅游者能否对消费感到满意，很大程度上取决于旅行社计调工作的作业质量和计调人员的工作责任心。一个有责任心的人总是想方设法提高自己的业务水平，并把自己的工作做好。务实、高效、严谨是计调工作的核心要求。

旅行社的发展取决于旅游计划的实施，而计划的实施在于计调人员的贯彻和执行。计调人员对上要配合旅行社发展，完成旅行社制订的计划。对中要向管理部门提供成本、利润、毛利率情况，在团队开始前向财务部支取备用款项，团队结束后整理并报账。对下要和前台及销售人员沟通，保证线路产品的销售。

（四）计调工作的特点

1. 具体性

计调工作“事无巨细，大权在握”，具有较强的专业性、自主性、灵活性。无论是收集本地区的接待情况向其他旅行社预报，还是接受组团社的业务接待邀约而编制计划，都是具体的事务性工作。计调人员总是忙碌于解决和处理采购、联络、安排接待计划、更改接待计划等具体工作中。计调部门的工作是旅行社工作的核心部门，计调部的工作直接影响和决定着旅行社的正常运转。因此，在具体工作中提高工作效率，增加工作效益，是计调工作的第一要务。

2. 繁杂性

首先，计调业务工作的种类繁杂，涉及采购、报价、接待、预订交通、票务，以及安排旅游者食宿等工作；其次，计调业务工作的程序繁杂，从接到组团社的邀约到旅行团接待工作结束后的结算、统计，都与计调人员的工作有密切关系；最后，计调业务工作涉及的关系繁杂，计调工作者几乎与所有旅游接待单位都有业务上的联系，协调处理这些业务关系始终贯穿于计调业务工作的全过程。计调工作涉及面广、信息量大，内外沟通、横向衔接环节多，在诸多繁杂的工作中梳理出轻重缓急是计调工作的第二要务。

3. 多变性

计调业务工作的多变性是由旅行团人数和旅行团计划的多变性而决定的。旅行团的人数一旦发生变化，就会影响到计调人员的所有工作，可谓“牵一发而动全身”。此外，如果交通和住宿条件不能正常保证，同样会给计调工作增添许多意想不到的麻烦。变更计划、监控计划、分析和传递各种信息资料是计调工作的内容。因而，计调部的工作要求特别能应对旅游接待工作的变化。

4. 灵活性

计调工作的灵活性表现在旅游线路变更的灵活性。计调部门在旅游旺季、长短假期、春运期间，因火车票或其他交通票据紧张而不得不改变行程线路；有时候则为了满足游客的需求，灵活变换所乘交通工具，这都将给计调人员的工作带来灵活性上的挑战。现代旅游的主要特点之一是其灵活性——灵活的消费、灵活的服务以及旅游组织者顺应市场的灵活性。这种灵活性赖以存在的基础是信息技术。

如果说“外联”人员是辛勤的采购员，那么计调人员就是“烹饪大师”，经他们的巧手要把“酸、甜、苦、辣、麻、咸”等不同滋味调制出来以满足不同团队游客的“口味”，这需要一定的技巧。

四、任务实施

（一）分析“任务引入”部分中行程安排失误的原因

“任务引入”案例行程安排中出现的差错并非导游员的过错，而是计调工作的失误。人们常说一个团队的好坏取决于导游员，这只是表面现象，最根本的还是取决于计调人员的精心安排。在行程安排中计调人员没有认真研究旅游团队计划的时效性、现实性和特殊性，而是按照惯例来安排旅游团队的就餐问题，并没有从旅游团的现实情况来为旅游者安排用餐计划，而仅仅是为了方便自身的计调工作来进行常规调度，结果导致早餐时间和中餐时间只有 2 小时的间隔，造成旅游者不满和怨气。同时，旅游者以为餐饮的安排是导游员的事，认为导游员不体谅他们，使导游员处于为难的尴尬局面。由于游客对导游员的不满和怨气，最终将影响到旅行社的声誉，使旅行社遭受经济损失。

（二）正确合理的计调操作工作安排

1. 提高计调工作的准确性

根据《旅行社条例》规定：导游人员不得擅自改变活动日程，否则要承担赔偿责任。这就要求旅行社的计调人员在安排旅游团队的行程时要特别注意准确性、科学性，并结合团队实际行程安排各项事宜，使导游人员在实施计划时具有可操作性。

2. 考虑可执行性

计调人员在安排旅游团队的每一项行程时，要从导游员的角度来充分考虑其在执行过程中的可行性。

针对上述行程，计调人员应该考虑旅游者合理的就餐时间，事先就应该考虑到这一特殊情况，将心比心，从旅游者的角度来为他们着想，这样午餐的时间就会自然顺延。本行程中的午餐时间应该根据此团的实际情况安排在 13:00 ~ 13:30。同时，细心的计调人员应该在导游员接团之前就进行特殊的调度，并与导游员沟通，以确保旅游团队顺利按照计划实施。

这样可以避免早餐与午餐之间的时间间隔过近，也可以让游客有足够的时间先进行旅游活动。把午餐的时间顺延至 13:00 之后，既为旅游者考虑，也给导游员提供了较大的服务空间。我们经常说，“计调人员的责任心，能让导游员省心，使旅行社领导放心”。当然，旅行社的最终目的是使旅游者对旅行社的服务上升到满意的程度。

计调工作繁杂多变，使得计调人员在工作中特别强调细致和认真，否则一旦发生差错，就势必影响旅游团队的服务质量，最终影响到旅行社的服务品牌。

知识链接 搜索

做好计调工作的“五化法”

人性化

计调人员在讲话和接电话时应礼貌、谦虚、大方，养成使用“马上办”“请放心”“多合作”等礼貌用语。每个电话、每个确认、每个报价、每个说明都要充满感情，以体现合作的诚意，表达工作的信心。书写信函、公文要规范化，字面要干净利落、简明扼要、准确鲜明，以换取对方的信任与合作。

条理化

计调人员一定要细致地阅读对方发来的接待计划，重点是人数、用房数、是否有自然单间、小孩是否占房；抵达大交通的准确时间和抵达口岸，核查中发现问题应及时与对方沟通，迅速更改。此外，还要看游客中是否有少数民族或宗教信徒，饮食上有无特殊要求，以便提前通知餐厅。若团队中人数有增减要及时进行车辆调换等。条理化是规范化的核心，是标准化的前奏曲，是程序化的基础。

周到化

“5订”（订房、订票、订车、订导游、订餐）是计调人员的主要任务。尽管事物繁杂缭乱，但计调人员工作时头脑必须时刻保持清醒，逐项落实。同时，还要特别注意两个字，第一个字是“快”，答复对方问题不可以超过24小时，能解决的要马上解决，解决问题的速度往往代表旅行社的作业水平。第二个字是“准”，即准确无误，一板一眼。回答对方的询问要用肯定词语，行还是不行，“行”怎么办？“不行”怎么办？不能模棱两可，似是而非。

多样化

组一个旅游团不容易，往往价格要合理、质量要好，计调人员在其中发挥着很大的作用。我们经常说“计调人员是销售人员的依靠”就是这个道理。因此，计调人员要对地接线路多备几套不同的价格方案，以适应不同游客的需求和选择，同时留下取得合理利润的空间。同客户“讨价还价”是计调人员的家常便饭。备好多套方案、多种手段，计调就能在“变数”中求得成功，不能固守“一个打法”“一个价格”，方案要多、要细、要全，才能“兵来将挡，水来土掩”，纵然千变万化，仍应有一定之规。

知识化

计调人员既要具有正常作业的常规手段，还要善于学习，肯于钻研，及时掌握不断变化的新动态、新信息，以提高作业水平。应肯下功夫学习新的工作方法，不断进行“自我充电”，以求更高、更快、更准、更强。例如，要掌握宾馆饭店上下浮动的价位；海陆空大交通的价格调整及航班的变化；本地新景点、新线路的情况，不能靠“听别人说”，也不能靠电话问，应注重实地考察，只有掌握详细、准确的第一手材料和信息，才能沉着应战、对答如流，保证作业迅速流畅。

计调人员不仅要“埋头拉车”，也要“抬头看路”，要先学一步、快学一步、早学一步，以丰富自己的知识，以最快的速度从各种渠道获得最新的资讯，并付诸研究和运用，才可以抢占先机。虚心苦学、知识化运作是最大的窍门。

任务二　采购与计报价

一、任务引入

结合下面具体旅游团队及行程情况完成采购和计报价工作。

杭州某旅行社接到了沈阳一家旅行社的内宾旅游团队计划，一行 20 人。他们选择的旅游产品是“秀色千岛湖、水乡乌镇双飞 4 日游”。具体行程及安排如下。

第一天：沈阳 / 杭州（住杭州）

飞机抵杭州后，游览西湖老十景之一花港观鱼（牡丹亭、红鱼池、御碑亭等）、船游西湖美景（环湖游：观三潭印月、听断桥故事、赏苏堤烟柳、远观雷峰塔重现人间）；观钱塘江、眺六和塔、车游梅家坞茶文化村；看杭州休闲好去处、龙井问茶；杭州靓女丝绸时装秀。

第二天：杭州 / 千岛湖 / 杭州（住杭州）

早餐后乘大巴车赴千岛湖，船游天然氧吧——千岛湖（五龙岛、锁岛、鸟岛、神龙岛、猴岛、梅峰观岛、状元桥等，视情况而定选择 3 个岛屿），后乘大巴车返杭州。

第三天：杭州 / 乌镇（住乌镇民宿）

早餐后乘大巴车赴人文古镇休闲家园—乌镇—茅盾故居、酿酒坊、蓝印花布坊、逢源桥、清代古戏台等景点。入夜可尽情享受古镇的安静或热闹，枕着依稀的流水声入睡，睡到自然醒。

第四天：乌镇 / 杭州 / 沈阳

早餐后乘大巴车赴杭州，中途品杭白菊，杭州自由观光购物，午餐后送团到杭州萧山国际机场，结束愉快行程。

二、任务分析

根据“秀色千岛湖、水乡乌镇双飞 4 日游”的沈阳旅行团计划，计调人员为做好采购、计价、报价工作应从以下几方面入手。

首先，根据本公司已掌握的旅游产品食、住、行、游、购、娱要素的合同价格，对该旅游团线路的内容进行逐项优化组合，以配置出最合理的元素，使该旅游团线路符合科学、紧凑、合理的原则，编制成接待旅行社的旅游团计划行程。上述任务的采购分成两大部分：

- 该旅游团队的往返机票的采购由沈阳组团社完成；
- 杭州及乌镇的民宿采购，杭州、千岛湖、乌镇的所有旅游景区的采购，以及餐饮和旅游大巴车的采购全部由沈阳组团社委托杭州地接旅行社完成。

其次，进入地接社的计价程序，杭州旅行社应在 2 ~ 4 小时内报出以下项目的价格：

- 杭州、千岛湖、乌镇三地的景区游览门票价格；
- 各地住宿三星级饭店的价格（饭店的房价是以标准间住宿 2 人的价格报价），以住宿饭店的地点和数量来决定最终价格；
- 市内交通空调游览车价格（该价格是根据车辆的座位数、车辆的状况来决定最终价格）；

• 委派优秀导游员（导游员的服务费以每人的固定费用来计算）。

将以上项目所产生的价格相加后就形成了该旅游团队的成本报价。

最后，进行对外报价，将旅游团队的上述计价总数加上旅行社的税金，报价给组团旅行社。

要完成上述任务，需要学习以下相关知识。

三、相关知识

计调部门是旅行社完成地接、落实出团计划的总调度、总指挥和总协调，是旅行社的核心部门，特别是在旅行社的采购业务中，计调部门看似不创收，却控制着旅行社的成本和服务质量，可以说计调部门是旅行社的“大管家”。

（一）旅游采购服务及内容

旅游活动涉及食、住、行、游、购、娱、信息等方面，旅行社作为中介组织，并不直接经营旅游活动中的各种服务项目。旅游服务采购是旅行社通过合同或协议形式，以一定价格，向其他旅游服务企业及相关部门预购的行为，经过组合加工再进行销售，以保证旅行社向旅游者提供所需的旅游产品。航空公司、铁路、轮船公司、酒店、餐厅、景区（点）、汽车公司、各地的地接旅行社、购物商店以及娱乐场所等都会成为旅行社服务的采购对象。

1. 交通服务的采购

旅游是一种异地活动，无论从常住地到旅游目的地，还是在目的地的暂时逗留，或是旅游活动期间各地之间的往返，交通都承担着旅游者空间位移的任务。交通不仅要解决旅游者往来不同旅游点间的空间距离问题，更重要的是解决其中的时间距离问题。旅行社必须与包括航空公司、铁路部门、轮船公司、汽车公司在内的交通部门建立密切的合作关系。旅行社要争取获得有关交通部门的代理资格，才能顺利采购到所需的交通服务。

（1）采购航空服务：作为大众旅游时期远程旅行方式之一，航空服务的主要优点是安全、快捷、舒适、经济。一般而言，旅行社选择航空公司主要考虑以下因素：

- 机票价格折扣是否具有竞争力；
- 机位数量是否能得到保障和满足；
- 航空公司与旅行社之间的工作配合度是否密切；
- 机票代理的付款方式是否能以协议为准；
- 航空公司各条航线之间的航班密度是否能满足旅行社的需求；
- 航空公司在各地的联络网络遍布的合理性，是否足够方便旅行社处理突发事件。

旅行社在采购航空公司时需考虑以上因素，以确保旅行社预购合同的有效性。

以下是航空公司的代理机构与旅行社（或者有长期航空票务合作单位）的协议书。

相关实例

机票订票协议

甲方：XX国际旅游票务中心

乙方：XX旅行社

甲乙双方本着平等互利的原则，就乙方委托甲方代购国内、国际机票业务的服务事项，经协调达成如下协议。

一、双方责任

（一）甲方责任

1. 甲方作为乙方机票产品的供应商，应积极协助乙方取得较优惠的航空产品价格和票务信息。

2. 甲方根据乙方要求，以电子邮件或传真等书面形式将乙方的预订予以确认，以保证操作的严谨性。

3. 因甲方操作失误等原因造成乙方损失的，甲方应承担相应损失和责任。

4. 甲方应对乙方的客户资料保密，未经授权不得以任何形式透露给第三者。

（二）乙方责任

1. 甲方按乙方的要求出票，由于乙方提供的资料不正确、不及时等原因，造成客人无法乘机或改乘航空公司航班等，由此造成的损失由乙方承担。

2. 乙方应以电子邮件或传真等书面形式将预订情况告知甲方，以保证操作的严谨性。

3. 乙方有责任在双方约定的付款时间内结清票款。

4. 乙方收到甲方寄达或送达的机票，乙方授权人必须办理签收手续，并填写机票票款确认书。

5. 乙方对收到的机票要核对乘机日期、航班和乘机人姓名等资料。

6. 乙方对甲方提供的航空产品及价格，未经甲方同意不得向第三方透露。

二、机票款的确认与结算办法

1. 甲方提供乙方所有国内、国际机票，按航空公司规定的最低价格结算。或者按国内、国际机票的净价结算，乙方向甲方支付手续费，国内机票甲方按乙方应付机票票款总额的 ××% 收取手续费，国际机票甲方按乙方应付票款的总额的 ××% 收取手续费（具体内容要按客户的不同，内容也可以不同）。

2. 乙方应授权二位人员作为乙方的联络人，负责确认机票价格、机票欠款金额和机票相关事项。乙方的传真件或原件都可以作为甲方结算的依据。

姓名　　　　　电话　　　　　手机

3. 为方便乙方工作，甲方指定二位人员作为甲方联络人。或者把营业部的电话作为乙方的日常联系电话。

姓名　　　　　电话　　　　　手机

4. 甲方提供给乙方的欠款额度为　　　万元，欠款时间为　　　天。超出额度或时间，乙方必须在接到甲方书面通知的 3 个工作日内核对完毕，5 个工作日内把欠款汇至甲方指定的银行账户（具体内容要按客户的不同，内容也可以不同，特别是欠款时间可用结算时间等）。

三、机票的预订、出票、签收的手续见附件（可以根据具体情况来约定，主要是为了手续清楚，一旦有问题可以查清是谁的责任）。

四、协议的有效期和协议的解除

本协议自　　　年　月　日起至　　　年　月　日止。双方无异议，本协议可顺延一年。任何一方认定无法继续履行本协议，可提出解除本协议，但必须提前 30 天以书面形式通知对方。

五、法律效应

本协议一式四份，甲乙双方各执二份，具有同等的法律效应。本协议未尽事宜，双方以传真形式书面解决。双方为履行本协议而往来的信件、传真或其他书面资料以及附件将视作本协议的一部分，与本协议具有同等的法律效应。

本协议自双方签字盖章之日起生效。

六、纠纷解决

本协议履行期间，如发生纠纷，应通过友好协商或第三者调解解决。如协商调解不成，任何一方均可提请杭州市仲裁委员会仲裁解决或直接向杭州市西湖区人民法院起诉。

甲方：	乙方：
负责人签字（盖章）	负责人签字（盖章）
联系人：	联系人：
电话：	电话：
传真：	传真：
开户银行：	开户银行：
账号：	账号：
日期：　年　月　日	日期：　年　月　日

（2）采购铁路服务：火车具有价格便宜，沿途又可以饱览风光的特点，特别在包价旅游产品中具有很强竞争力。近年来，我国铁路部门加大力度改善交通环境，在 1997—2007 年间进行了 6 次铁路提速，尤其是动车组的使用，使火车运输极具优势。目前，国内多数近距离旅游者仍选择火车作为首选出游的交通工具。旅行社向铁路部门采购，主要是做好票务预订工作。采购铁路服务就是按照旅游接待计划订购火车票，确保团队顺利成行。出票率、保障率是衡量铁路服务采购的重要指标。尤其是在旅游旺季、各长短节假日和春运期间。

旅行社计调部门对火车票的采购主要是以委派票务人员到火车站进行直接预订、购买来完成。

旅行社采购火车专列进行大型旅游活动时，采用临时签订合同的办法来保障。此类协议书由双方协商之后根据约定来签署。协议文本可参照航空代理机构的协议书。

（3）采购水路服务：鉴于我国的大陆形态，除去三峡、桂林等内河及少数海路，轮船不是外出旅游的主要交通工具。旅行社向轮船公司采购水路服务，关键是做好票务工作。如遇运力无法满足，或不可抗力因素无法实现计划，造成团队船次、船期、舱位等级变更，应及时果断地采取应急措施。旅行社计调部门采购水路的票务也可以采用采购火车票的形式进行。

（4）采购公路服务：尽管汽车已成为人们普遍的旅行方式，但一般认为，乘汽车旅游的距离不宜过长，短距离最好控制在 50 千米（1 小时）左右 / 景区间；长距离控制在 300 千米（不超过 5 小时）以内 / 天，否则客人会感觉疲劳。旅行社在采购汽车服务时应考虑以下因素：

- 汽车公司拥有的车辆类别、型号，能否满足旅行社各类旅游团队的需要；
- 汽车公司经营车辆的状况，使用年份，车辆的新旧状况；
- 汽车公司的司机驾驶技术，驾驶员的年龄、驾龄等情况；
- 汽车公司标准化、规范化服务，车队的管理、计调的配合度；
- 汽车公司车辆的准运资格，各类车辆是否已取得运营资格证；
- 汽车公司合理的协议价格，不仅价格要合理，而且要有淡旺季价格优惠。

通过考察、谈判，最终选择管理严格、车型齐全、驾驶员素质好、服务优良、已取得准运资格且善于配合，同时车价优惠的汽车公司；并与之签订协议书，以确保旅行社采购的有效性。

下述实例为模拟车辆服务协议，学习并了解车辆协议的内容。

相关实例

车辆服务协议

甲方：
住所地：
电话：

乙方：
住所地：
电话：

XXXXXXXXXX（以下简称“甲方”）因旅行社旅游团队接待任务的需要，特向 XXX 旅游客运有限公司（以下简称“乙方”）租用各种类型的旅游客车。

为明确双方权益、责任和义务，经双方协商一致签订协议如下：

一、乙方必须遵守国家和地方的相关法律法规和公司的各项有关规定，应切实做到安全行车和注意环境保护。

二、乙方承诺

1. 在运输服务过程中将严格遵守《中华人民共和国道路交通安全法》，安全行驶，遵章操作，不会对双方人员造成人员伤害、财产损失。

2. 严格按照甲方的指定时间、地点提供接待服务。

3. 乙方不会对甲方环境造成不利影响。

4. 如乙方违反上述承诺，则甲方有权终止该协议并要求乙方赔偿相应经济损失。

三、乙方义务

1. 乙方负责提供驾驶技术娴熟、对道路熟悉、无重大违章记录的司机提供驾驶服务，并随车携带驾驶证，没有正当理由不得随意更换。

2. 乙方负责投保包括但不限于车损、司乘人员、第三者责任等各项保险手续，保险费用由乙方承担。

3. 乙方应配备全套合法的营运证、机动车行驶证，在运输过程中应对甲方旅游者尽到安全保障义务。

4. 乙方应确保班车内外整洁、卫生，定期更换座套。

四、乙方自行承担车辆服务期间机动车维护保养及营运而产生的一切费用，并对在提供接待服务期间因乙方过错而导致的甲方或第三者的人身、财产损害、损失承担责任。

五、若乙方车辆因故不能按时完成接待任务，则乙方应至少提前 1 天通知甲方，并采取其他补救措施以确保接待任务的及时完成。若乙方未能及时采取补救措施完成接待服务，甲方有权视情况另行做出安排，乙方应以当日服务费用的 2 倍款项补偿甲方。

六、根据甲方发展规模，如需增加或减少现有车辆，甲方有权提前 10 天通知乙方，乙方应负责安排符合甲方要求的车辆或进行相应调整，双方应对本协议进行修改，签订补充协议。

七、服务期限从 XXXX 年 XX 月 XX 日至 XXXX 年 XX 月 XX 日，如任何一方要求提前终止本合同的，应提前 30 天书面通知另一方方可解除，解除方不承担违约责任，否则应支付对方 1000 元。

八、旅游团队的服务费按实际发生的情况计算，每次预订时要进行报价，双方确认后按照协议商定价执行。在乙方提供服务期间，乙方不得因油价调整、营运税费等理由要求调整费用。

九、乙方于每月月底前，应以书面形式通知甲方本月每辆车的实际使用发生费用，甲方核对后，通知乙方开具发票。甲方须于收到发票后10日内支付费用。

十、本协议在履行过程中发生的争议，由双方当事人协商解决；如协商不成，则提交甲方所在地法院解决。其他未尽事宜由甲乙双方协商解决。

十一、本协议一式四份，甲方一式三份，乙方一份，自双方签字盖章之日起生效。

甲方：	乙方：
联系电话：	联系电话：
经办人：	经办人：
签订日期：	签订日期：

2. 住宿服务的采购

饭店是旅游业四大支柱之一，是旅游产品的重要组成部分，是旅游者的“家外之家”。在一定程度上已经成为衡量一个国家或地区旅游接待能力的重要标尺。计调人员应按接待计划提出的等级要求采购住宿服务，并在选择酒店时充分考虑以下因素：

- 饭店保安的配备条件是否规范、严谨，服务是否到位；
- 饭店的同级备份（在附近地区选择几家同等级的酒店，以作后备之用），尤其是在旅游旺季酒店的同级备份很重要；
- 饭店的地理位置及房型的选择，以满足不同需求的游客；
- 饭店的销售配合度，是旅行社能否得到酒店支持的要素之一；
- 饭店房价及结算协议价（根据不同季节适时调整价格），以增强旅行社在同行业中的竞争能力。

相关实例

旅行社合作协议书（一）

协议编号：__________

杭州千岛湖××度假村开发有限公司（以下简称甲方）与__________
__________（以下简称乙方）经过友好协商，签订如下协议：

1.本协议有效期自____年____月____日至____年____月____日止。

2. 团队房价：

房间类型	挂牌价	订房时段					
		除 7/8 月份及特定节假日		7、8 月份		法定假日	特定节假日
		非周末：单 / 标：4 折 套：6 折	周末：单 / 标：5.5 折 套：7 折	非周末：6 折	周末：7 折	全部 6 折	全部 9 折
高级大床房	¥1180	¥472	¥649	¥708	¥826	¥708	¥1062
高级双床房	¥1180	¥472	¥649	¥708	¥826	¥708	¥1062
豪华大床房	¥1280	¥512	¥704	¥768	¥896	¥768	¥1152
豪华双床房	¥1280	¥512	¥704	¥768	¥896	¥768	¥1152
湖景大床房	¥1520	¥608	¥836	¥912	¥1064	¥912	¥1368
湖景双床房	¥1520	¥608	¥836	¥912	¥1064	¥912	¥1368
商务大床房	¥1680	¥672	¥924	¥1008	¥1176	¥1008	¥1512
高级套房	¥2580	¥1548	¥1806	¥1548	¥1806	¥1548	¥2322
豪华套房	¥2680	¥1608	¥1876	¥1608	¥1876	¥1608	¥2412
商务套房	¥2880	¥1728	¥2016	¥1728	¥2016	¥1728	¥2592
开元套房	¥3880	¥2328	¥2716	¥2328	¥2716	¥2328	¥3492

说明：• 法定节假日（元旦、端午、中秋）及相连的双休共计 3 天；
- 特定节假日包括春节初一至初六、劳动节期间、国庆节期间三大节日；
- 旅行社散客（低于 5 间房）订房需另收 15% 服务费；
- 所有房间均含双份早餐（88 元 / 份中西式自助早餐）；
- 团队房均免收 15% 服务费及城市建设费；
- 10 人以上（含 10 人，同时不低于 5 间付款房间）成团；
- 以上房价如因市场原因需要再调整时，双方应本着友好互谅的原则协调解决；
- 以上房价适用于在酒店用餐团队，对于不用餐团队，酒店保留上浮房价权利。

甲方：　　　　　　　　乙方：

代表人：　　　　　　　代表人：

日期：　　　　　　　　日期：

相关实例

旅行社合作协议书（二）

甲方：义乌市 ×× 宾馆

乙方：________________

协议代号______________　　　单位地址________________________________

为了更好地接待贵旅行社的贵宾，经双方友好协商达成如下协议：

凡由乙方向甲方预订的房间从____年____月____日起至____年____月______日，均可享受宾馆以下团队优惠。

房　类	门市价	团队优惠价	房　类	门市价	团队优惠价
单人间	258 元	170 元	商务房	498 元	248 元
标准间	428 元	198 元	商务大床房	558 元	300 元

说明：•8 间以上成团；

•根据订房量，实行 16 免 2 的优惠；

•所有订房均含自助早餐，25 元 / 位。

一、为确保宾馆及时给予优先安排及优惠房价，请在消费时提前预订，特殊情况应遵循宾馆的规定（如博览会期间等）。

二、乙方预订客房时请注明前台现付或汇款支付。由乙方汇款支付的，则以书面形式说明，并在客人入住前将款项汇入甲方账号。

三、门市价如有变动不另行通知，上述优惠房价和服务项目若有改变，甲方将与乙方协商后进行调整。本协议只限于乙方公司使用。

四、本协议经双方签字即可生效。

甲方代表：______________　　乙方代表：______________

Tel：______________　　Tel：______________

Fax：______________　　Fax：______________

Email：______________　　Email：______________

签约日期：______________　　签约日期：______________

3. 餐饮服务的采购

餐饮是旅游活动的重要组成部分，餐饮质量的优劣直接关系到旅游产品的整体质量，关系到旅游者的直接感受。因此，计调人员在选择餐厅时应着重考虑如下因素：

- 餐厅卫生符合 GB–16153–1996 行业标准，餐饮的卫生是第一位的；
- 社会餐馆的地理位置要有合理的布局，可使旅游团队节约用餐时间；

- 社会餐馆的停车位数量及方便程度、洗手间卫生要好，以确保旅游者有舒适的环境；
- 社会餐馆的餐饮质量、餐标、餐饮的口味要适合旅游者的需求；
- 社会餐馆的当地风味餐（特餐）要体现地方特色；
- 社会餐馆与旅行社的结算方式、时间、款数要明确；
- 社会餐馆与旅行社的配合度以及处理突发事件的条款要明确。

以下是旅行社与社会餐馆之间的合作协议实例，请模拟旅行社计调人员代表旅行社签订旅游团队用餐协议。

相关实例

上海傣家村大酒店用餐协议

甲方：

乙方：上海傣家村大酒店

甲乙双方经过友好协商，在互惠互利的基础上就___年___月至___年___月团队用餐达成如下协议：

一、甲方确认乙方作为____________________团队用餐的指定餐厅。

二、乙方应根据甲方的膳食标准及地方风俗习惯为甲方团队提供可口的菜肴。

三、乙方提供的服务场所、用餐环境应宽敞明亮、舒适、整洁，餐具要完好无损，团队抵达时要有服务员迎接、领位，保证餐饮质量。

四、订餐方式：甲方应提前一天用传真的方式通知乙方，写清用餐时间、人数、国籍、餐标以及特殊要求，以便乙方能妥善安排，以免发生差错，确保食品卫生及服务质量。乙方收到传真后应做确认并以传真回复。

五、餐费结算方式：乙方提供甲方在该餐厅用餐的清单，甲方应及时将应付款在该月的 30 日之前通知银行汇款结清当月用餐的所有餐费。

六、如乙方菜肴出现卫生或质量问题，双方本着合理公平的原则协商解决。

七、本协议未尽事宜，双方协商解决。

八、本协议一式二份，双方各执一份，自签字盖章之日起生效。

甲方：	乙方：
代表人：	代表人：
年　月　日	年　月　日

4. 参观及景区（点）服务的采购

参观游览是旅游活动最基本、最核心的内容，旅游景区是旅游者选择旅游的吸引物。计调部门代表旅行社向可供游览参观的景区、单位采购游览服务，此项采购的关键是就价格和支付方式达成协议。对于一些特殊的参观点，如工厂、民宅等，应征得相关单位的同意，并力争取得支持与配合。

以下是两份旅游景区和城市观光点的采购协议实例，供学习者模拟所代表的旅行社进行协议签订。

相关实例

协议书（一）

甲方：中国大竹海旅游有限公司　（以下简称甲方）

乙方：　（以下简称乙方）

甲乙双方经过友好协商，本着互惠互利的原则，为共同开拓旅游市场，扩大业务，就中国大竹海景区票务优惠等事宜，达成如下协议：

一、甲方为乙方提供门票优惠价格，并保障旅游服务质量。

二、乙方组织团队到甲方景区游览，导游凭有效任务单和导游证到甲方接待中心团队开票处办理购票手续，并按甲方检票人员实际清点的人数结算门票款。

三、甲方做好热情的接待服务工作，为保障旅游服务质量，乙方团队必须配合甲方景区工作人员在游览过程中进行指导和提醒，确保整个游览过程的安全有序，乙方游客由于不听从甲方工作人员指导、劝阻，擅自行动而人为造成伤害由乙方自行负责。

四、乙方应将本公司景点列入常规旅游线路并积极协助配合甲方向公众进行宣传、推广活动，并积极为甲方推线、组团。

五、甲方景点门票价格如下：

门市价	旅行社团队价		
	成人团	学生团	老年团（60 岁以上）
45 元 / 人	16 元 / 人	14 元 / 人	14 元 / 人

六、本协议有效期自____年____月____日至____年____月____日。

七、本协议一式二份，甲乙双方各执一份，自双方签章之日起生效。

八、未尽事宜甲乙双方协商解决。

九、本协议解释权归中国大竹海景区所有。

甲　方：中国大竹海旅游有限公司	乙　方：
联系人：	联系人：
地　址：安吉县天荒坪镇五鹤村	地　址：
电　话：0572-5210999、5210088	电　话：
传　真：0572-5210999	传　真：
签约日期：____年____月____日	签约日期：____年____月____日

协议书（二）

甲方：上海市黄浦江行人隧道联合发展有限公司　　　　（简称甲方）

乙方：　　　　（简称乙方）

经甲乙双方协商，就旅行社组团参观外滩观光隧道享受优惠票价及返利等事项达成以下协议。

一、门市价及旅行社优惠价

1. 外滩观光隧道成人门市价：单程票 40 元 / 人；双程票 50 元 / 人。

2. 旅行社优惠价：日场　单程 20 元 / 人；双程 25 元 / 人；

夜场　单程 18 元 / 人；双程 23 元 / 人。

夜场营运时间：5 月 1 日至 10 月 31 日　19:00 ~ 22:30；

11 月 1 日至 4 月 30 日　17:00 ~ 22:00。

3. 儿童票价：1 米以下儿童免票，1 米以上至 1.4 米儿童单程票 20 元 / 人，双程票 25 元 / 人；1.4 米以上购成人票。

旅行社成人团队不受人数限制，均可享受优惠票价。

4. 学生团队优惠价：高中及高中以下学生，单程 10 元 / 人；双程 18 元 / 人。大学生团队按成人团队优惠价购票。

5. 老年团队优惠价：单程票 18 元 / 人；双程票 23 元 / 人。

6. 旅行社团队可凭外滩观光隧道当日团队电子票免费参观“深海珍奇展”。

二、旅行社团队购票及免票条款

1. 乙方旅行社团队应由导游到甲方指定的团队售票窗口购票，购票时须出示导游证方可享受优惠价，并当场结清票款。

2. 乙方导游（含全陪和地陪）凭本人的导游证等方可免票带队参观外滩观光隧道。

3. 旅行社成人团队及老年团队均可在购票时按满 10 人免 1 人减少实际购票人数（如 20 人团队只需购 18 张票）。

三、旅行社团队返利标准

（一）成人、老人团队

1. 1000 张（含 1000 张）以下不予返利。

2. 1001 ~ 3000 张，按实际购票数 ×1 元 / 张进行奖励。

3. 3001 ~ 5000 张，按第 3001 ~ 5000 张的实际购票数 ×1.5 元 / 张，并加上条款 2 的奖励费。

4. 5001 张以上，按 5001 张的实际购票数 ×2 元 / 张，并加上条款 3 的奖励费。

（二）学生团队

1. 1500 张（含 1500 张）以下不予返利。

2. 1501 ~ 3000 张，按实际购票数 ×1 元 / 张进行奖励。

3. 3001 张以上，按第 3001 张实际购票数 ×1.5 元 / 张，并加上条款 2 的奖励费。

（三）下个年度的 3 月 31 日以前旅行社凭外滩观光隧道的团队参观单对账联办理返利事宜。对账联遗失不补（附对账联样张，略）。

四、本协议未尽事宜，由双方协商解决。

五、本协议有效期为 × 年 × 月 × 日至 × 年 × 月 × 日，一式二份，双方各执一份，自双方签字盖章之日起生效。

甲方：上海市黄浦江行人隧道联合发展有限公司　　乙方：

签单：　　签单：

日期：　　日期：

5. 娱乐服务的采购

娱乐是旅游活动六要素之一，旅行社采购娱乐服务时，应就预订票以及演出内容、日期、时间、票价、折扣、支付方式等达成协议。

旅行社计调部门原则上不直接采购旅游团队的娱乐票务，而是由导游员根据游客的需求来最后决定是否观摩欣赏，如果游客有需求导游员就采用直接采购的办法来完成。

6. 购物商店服务的采购

旅游购物并非基本旅游需求，为使旅游者购物方便、安全，计调部门应当慎重选择旅游购物商店，要与其建立相对稳定的合作关系。

7. 保险服务的采购

根据《旅行社管理条例》及相关法律，旅行社应该为旅游者提供规定的保险服务。由旅行社计调部门负责采购保险服务，为旅游者购买旅行社责任险。同时，旅行社应该做好旅游者购买意外保险的推销和解释工作，向旅游者宣传购买意外险在旅游过程中的重要性。

以“秀色千岛湖、水乡乌镇双飞 4 日游”的沈阳旅行团计划为例，计调人员的采购任务是：一辆 33 座位的车辆，这样可以带上旅游者的所有行李，也不会过于拥挤。其次，采购三星级饭店房间 10 间（标准间），如果出现单男、单女的情况，就应该由酒店来承担一间自然单间的费用。旅游者不承担额外费用。旅游景点的安排根据旅游团的行程计划由导游员来安排游览。

以下提供旅行社采购饭店服务时，由饭店提供的双方确认的格式合同文本。

相关实例

2015 年旅行团队 / 散客报价单
（2015 年 4 月 1 日至 2016 年 3 月 31 日）

	散客（不含早）			旅行团队（含早）		
	旺　季	平　季	淡　季	旺　季	平　季	淡　季
山景房（单人 / 双人）	RMB1250	RMB1150	RMB1050	RMB1300	RMB1050	RMB850
园景房（单人 / 双人）	RMB1450	RMB1350	RMB1250	RMB1450	RMB1250	RMB1050
湖景房（单人 / 双人）	RMB1900	RMB1900	RMB1900	RMB1950	RMB1950	RMB1950

1. 注释

散客：少于 10 间付费房或 16 个付费客人。

团队：10 间付费房或 16 个付费客人以上。

旺季：2015年4月、5月、6月1日至15日、9月16日至30日、10月、11月；2015年3月16日至31日。

平季：2015年6月16日至9月15日，2016年3月1日至3月15日。

淡季：2015年12月至2016年2月28日。

2. 不适用日期

春节：2015年2月8日至2月11日（初二至初五）。

十一国庆节：2015年10月2日至10月5日。

3. 其他条款

（1）散客价格不含次日早餐，团队价格已含次日西式自助早餐，每间房最多两份。

（2）加床每人每晚人民币252元，12岁或12岁以下儿童需加床，不收费（每间房最多可安排1张加床）。

（3）6岁至12岁儿童用团体餐按成人标准的50%收费，12岁以上按成人收费。

（4）国内陪同房间：人民币600元/间（主楼低层标间或山庄小楼标间）。每团最多可提供1个陪同房间。

（5）陪同不预订房间不能用次日早餐，陪同早餐在预订房间的前提下，每团最多两位。饭店只向团队提供陪同房间，对散客不提供陪同房间。

（6）团队每满16名付费客人，或每满10间付费房，免收1/2间房费。每团免费房间数不超过2间，免费房不含早餐。团队免费房不可累积及退换现金。

用餐价目表

餐价（元/人）

餐　厅	早　餐	午　餐（非周末/周末）	晚　餐
咖啡厅（西式）	158	180/220	258
香宫（中式）	—	—	200
巴比诺（意式）	—	—	300

杭州××××饭店

（二）计调部的内部计价和对外报价

内部计价和对外报价是旅行社计调部门的一项非常重要的工作，要根据市场需求制定合理的价格，及时对外报价，才能最大限度地占领市场份额，为公司赢得客源。

1. 内部计价

地接社的计价，是指本旅行社作为地接社，为向组团社报价所采取的计价方式。组团社的计价，是旅行社计调部根据市场需求或者外联人员的需要而制订的计价方式。这种计价必须是及时的并具有竞争力，才能使外联人员在与其他旅行社竞争时赢得更多的市场份额。组团社的计价方式，可以根据地接社提供的价格加上组团社的往返交通费用、接送费用、全陪费用来进行计价；也可以根据目的地的食、住、行、游、购、娱分项进行计价。

2. 对外报价

就是把旅游团队的最终计价总数加上旅行社的税金，传真或以其他方式报价给组团旅行社，而组团社的计调人员接到传真后，将几家地接社的报价进行比较，最后确定选择某一家旅行社作为接待社。

通过上面知识的讲解，可以进一步认识到计调部的核心工作，就是通过与旅游相关行业（企业、单位）签订合作协议，统筹计划、协调安排，使旅游产品的食、住、行、游、购、娱各个环节的服务供给得到保障。因此，与旅游相关行业（企业、单位）建立广泛协作网络，是计调部管理工作的重点，也是旅游服务采购的基础，直接关系到旅行社旅游产品的价格和企业经营活动的成败。

四、任务实施

（一）“秀色千岛湖、水乡乌镇双飞 4 日游”线路的采购工作

1. 对杭州、千岛湖、乌镇三地景区游览的采购

要根据线路的安排，合理、科学地选择旅游者的游览景区。把旅游目的地的精华游览景区和旅游者的需求很好地结合起来，让旅游者在游览过程中得到美的享受、知识的熏陶、人与景的交融。杭州的景区采购需支付门票的包括：花港观鱼、三潭印月、船游西湖。千岛湖景区的门票实行一票制，即购买一次大门票就可以游览所有的景区。乌镇景区也是采用大门票制。参观游览是旅游活动最基本、最重要的内容，计调部门代表旅行社向可供游览参观的单位采购游览服务，此项采购的关键是就价格和支付方式达成协议。对于一些特殊的参观点，如工厂、民宅等，应征

得相关单位的同意，并力争取得支持与配合。

请根据该旅游团的实际人数模拟计调人员预订千岛湖的大门票，并填写参观游览结算单（表 3–1）。

表 3–1　参观游览结算单

参观游览券存根	中国　旅行社参观游览券
团　　号：	旅游团名称：
人　　数：	旅游团人数（大写）：　佰　拾　个
地　　点：	收款单位（公章）：
陪　　同：	陪同姓名：
日　　期：	日　　期：　年　月　日

2. 根据旅游团队的需求决定采购三星级饭店的住宿服务

旅游饭店是旅游者的第二个家，人们称其为“家外之家”。选择不同星级和地理位置的饭店以满足不同旅游者的多元化需求，是旅游产品组合中至关重要的环节。旅行社必须与相关饭店建立长久、互利的合作关系。该旅游团队要求在杭州住宿三星级饭店两晚，旅行社就应该充分考虑采购饭店的地理位置及房型、饭店销售配合、房价及结算等相关事宜，以争取最好的地理位置和最合理的价格以满足旅游者的需求。第三天晚上住宿乌镇是民宿的形式，可采购有地方特色的住宿地点，让旅游者尽情体验古镇的无穷魅力。

请学习者根据该旅游团的实际人数模拟计调人员预订杭州的银河大酒店（三星），住房预订单见表 3–2。

表 3–2　住房预订单

________饭店销售部
请为我社预订下列团队住房，并速确认。谢谢合作。
团号___　国籍___　人数___　抵达时间___　商店时间___　订房间数___　预订早餐___　备注________
注：1. 房费结算账单，请寄往我社财务部。 2. 其他费用均由客人自理，本社不予承担。

续表

<table>
<tr><td colspan="4">3. 收到订房委托书后，请速将订房回执传回我社。
联系人
年　月　日
订房回执
兹收到　　旅行社　　旅行团订房委托书，房价按　　元 / 间结算，已列入计划。
饭（酒）店　联系人
年　月　日</td></tr>
</table>

3. 采购市内交通服务

首先要考虑合作汽车公司的车型、车况、服务规范、准运资格、合理价格，选择管理严格、车型齐全、驾驶员素质好、服务优良、已取得准运资格且善于配合，同时车价优惠的汽车公司，并与之签订协议书。

该团队从杭州出发去千岛湖 150 千米，车程 120 分钟，去乌镇 80 千米，车程 60 分钟。根据旅游团队的 18+1 人数，应该预订一辆 33 座位的车辆，以便旅游团队可以让行李与游客同行，确保游客长途旅行的舒适。

请根据该旅游团的实际人数模拟计调人员预订团队用车、确认用车，团队用车确认单见表 3–3。

表 3–3　团队用车确认单

订车人		团　号		确认人		第一联
出团地点	时间、航班	人　数		车型车号		
接团地点	时间、航班	人　数		车型车号		
备　注						

此表共 3 联（第一联 存根；第二联 财务支付；第三联 业务结算）

4. 采购本团的餐饮服务

计调人员在选择餐饮网点时，首先要考虑到地理位置的多样性，应该对各个城市、城镇以及各个旅游景点的用餐地点进行合理安排，以满足旅游行程的需求。根据行程的不同，就近用餐，除此之外还要考虑不同游客的饮食习惯和饮食口味。餐饮采购是旅游服务中选择余地较大，又是最敏感、受人为因素影响最大的一项采购，因此要给予高度重视。该旅游团队选择正餐 20 元 / 人，包 5 早 10 正。旅游团队的早餐包含在饭店（酒店）的房价内。内宾的正餐基本报价在 15 ~ 20 元 / 人之间。该旅游团队的餐费共计 200 元 / 人。

请根据该旅游团的实际人数模拟计调人员填写乌镇农家餐厅的结算单，见表 3–4（20 元 / 人）。

表 3–4　餐饮费用结算单

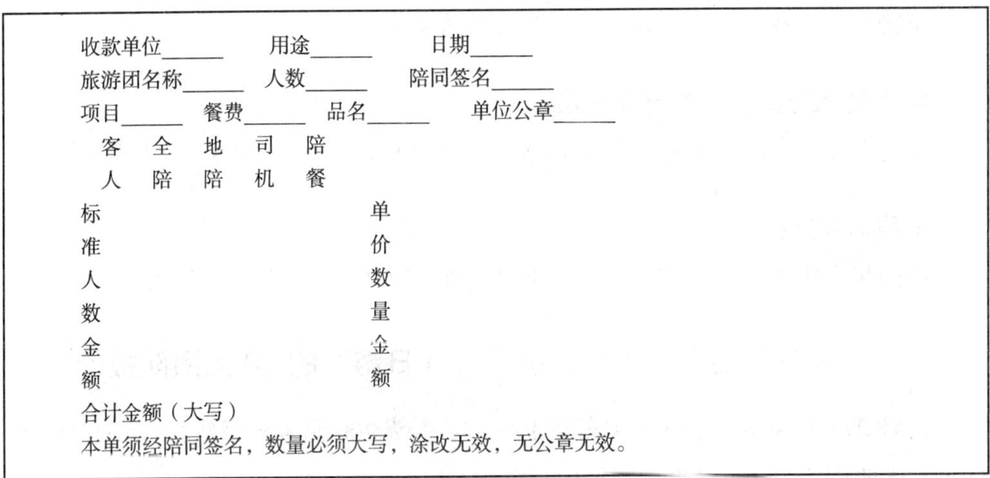

收款单位_____　用途_____　日期_____
旅游团名称_____　人数_____　陪同签名_____
项目_____　餐费_____　品名_____　单位公章_____

	客人	全陪	地陪	司机	陪餐
标准					单价
人数					数量
金额					金额

合计金额（大写）
本单须经陪同签名，数量必须大写，涂改无效，无公章无效。

注：餐饮预订一般不以书面形式，而更多的是采用电话预订形式，所以仅提供餐厅的结算样单。

5. 安排导游服务

导游员的服务费是以每人的固定费用来计算价格的。导游员的服务费简称导服费，4 ~ 5 天以上的旅游团队称为长线团，以每人每天 20 ~ 30 元计算；2 ~ 3 天的旅游团队称为短线团，以每人每天 40 ~ 50 元计算。

对外报价，就是把旅游团队的上述计价总数加上旅行社的税金，报价给组团旅行社。

（二）“秀色千岛湖、水乡乌镇双飞 4 日游”线路的计报价工作

1. 杭州、千岛湖、乌镇三地的景区报价

花港观鱼：20 元 / 人；三潭印月：20 元 / 人；船游西湖：45 元 / 人。千岛湖大门票：120 元 / 人；乌镇大门票：70 元 / 人。游览门票总价：275 元 / 人。儿童（12 周岁以下）景点门票、餐费等按半价计算。

2. 杭州三星级饭店

260 元 / 标准间；乌镇 60 元 / 床位。房费总价：320 元 / 人。

3. 车辆选用 33 座空调旅游车，全程随团队旅游

车辆总价：3800 元，车辆平均到每人的价格：190 元 / 人。

4. 正餐 20 元 / 人，包五早 + 正餐

早餐含在饭店的费用内，正餐 10 次，每次 20 元，共计：200 元 / 人。

5. 导游服务费

按照每人每天 20 元计算，4 天，共计：80 元 / 人。

（三）“秀色千岛湖、水乡乌镇双飞 4 日游”的 18 人团队报价

门票 275 元 + 房费 320 元 + 车费 190 元 + 餐费 200 元 + 导服费 80 元 =1065 元。按照上述地接社的计价结果进行报价，做如下演示：

1065 元 / 人 +（1065 元 / 人 ×10%）=1065+106=1171。根据旅游产品的吉祥数概念，杭州旅行社向沈阳组团社的报价为：1178 元 / 人（或 1188 元）。

根据国际惯例，旅行社的收费是满 16 人免收一位客人的费用，因此，该 18 人的旅游团队实际收费是：1178 元 ×17 人＝ 20026（贰万零贰拾陆元整）。

沈阳组团旅行社应在该旅游团抵达杭州之前的 7 ～ 10 天把上述团款电汇到杭州地接旅行社。杭州地接旅行社收到团款之后要予以确认，通常情况下要用传真确认。

请按照上述报价，模拟向组团社收取团款，填写团费确认单（表 3-5）与欠款确认证明（表 3-6）；填写时要仔细、认真。

表 3–5 XXXX 旅行社

团费确认单

No.0702901

致：____

<table>
<tr><td>团　号：</td><td>线　路：</td><td>出团起止日期：　年　月　日—　月　日</td></tr>
<tr><td>人　数：</td><td colspan="2">客人名单：</td></tr>
<tr><td colspan="3">团费核算：</td></tr>
<tr><td colspan="3">总计人民币（大写）　拾　万　仟　佰　拾　元整　¥　　元</td></tr>
<tr><td>公司名称：杭州市中国旅行社有限公司
开 户 行：农 行 湖 墅 分 理 处
账　号：310010601040002738</td><td colspan="2">收到账单后请速回传予以确认，（0571–88390977）并在出团前将团款汇至我社。谢谢合作与支持！
签字（必须盖章）：</td></tr>
<tr><td colspan="3">汇款凭证传真到我社时，请务必注明团号、收件人。
1. _____年_____月_____日确认开机票，一经确认，不可取消，如取消团费全损。
2. 请提供客人联系方式，方便机场联络。
操作人：
TEL：</td></tr>
</table>

表 3–6 欠款确认证明

NO.0702901

兹________________________（旅行社名）参加杭州 × 旅行社__________________________（团号），已付金额__________________________（大小写），尚欠金额__________________________（大小写）

经商议于　　年　　月　　日前付清欠款。

× × × × 旅行社　　　　　　　　　　欠款单位

年　　月　　日（盖章）　　　　　　年　　月　　日（盖章）

乘坐火车旅行的相关常识

1. 火车订票的相关知识

列车类型知识、火车票类型

表示符号	含　义	表示符号	含　义
K	快速列车	T	特快列车
Y	旅游列车	S	广深列车
G	高速列车	L	临时列车
Z	准高速列车		

旅客列车名称及车次编号

旅客列车名称	车次编号	旅客列车名称	车次编号
动车组	D1–D998	快速旅客列车	K1–K998、N1–N998
直达特快旅客列车	Z1–Z998	普通旅客列车	1001–8998
特快旅客列车	T1–T998	临时旅客列车	L1–L998、A1–A998

1.4米以上的旅客购买全价票，1.1～1.4米的儿童购买半价票；1.1米以下儿童免票。大学生凭学生证在暑假、寒假可以支付半价购买学生票。根据《铁路法》规定：铁路运输企业依照本规定应当承担赔偿责任的，对每名旅客人身伤亡的赔偿责任限额为人民币4万元，自带行李损失的赔偿责任限额为人民币800元。

2. 列车类型及等级名称

列车类型及等级名称

等　级	等级名称	等　级	等级名称
0	快　速	6	混　合
1	直　特	7	准　高
2	特　快	8	高　速
3	普　快	9	快　慢
4	普　客	D	动　车
5	市　郊		

3．火车的第六次大提速

中国铁路从1997年4月1日至2007年4月18日进行了6次大面积提速。

我国铁道部于2007年4月18日起实施全国铁路第六次大面积提速。铁路第六次大面积提速范围包括京哈、京广、浙赣、沪杭、京沪、陇海、胶济等干线，覆盖全国17个省、直辖市。第六次大面积提速后，我国铁路提速干线旅客列车最高运行时速达200千米以上，京哈、京沪、京广、胶济等提速干线部分区段可达到时速250千米。这标志着我国铁路已经迈入世界先进行列。第六次大面积提速调运最大的亮点是时速200千米及以上的国产化动车组投入使用。

第六次大面积提速后，时速200千米及以上的“和谐号”国产化动车组到2007年底逐步增加到了257对。在环渤海、“长三角”、“珠三角”三大区域和主要干线开行时速200千米及以上的“和谐号”国产化动车组，部分区段运行时速将达到250千米。

我国旅游饭店（宾馆）的相关常识

旅游饭店就是能够以夜为时间单位向旅游客人提供配有餐饮及相关服务的住宿设施，按不同习惯它也被称为宾馆、饭店、酒店、旅馆、旅社、度假村、俱乐部、大厦、中心等。

我国对旅游饭店的类别归纳为“综合类别”“特色类别一”“特别类别二”“特色类别三”四大部类。

酒店根据使用目的（主要功用）划分种类：A.商务酒店；B.度假酒店；C.会议酒店；D.旅游酒店；E.经济型酒店等。根据酒店等级划分：旅游饭店是用星表示其等级，星级分为五个等级，即一星级、二星级、二星级、四星级、五星级（含白金五星级）。星级越高，表示旅游饭店的档次越高。

星级以镀金五角星为符号，一颗五角星表示一星级，两颗五角星表示二星级，三颗五角星表示三星级，四颗五角星表示四星级，五颗五角星表示五星级，五颗白金五星表示白金五星级。

我国旅游景区的相关常识

我国旅游景区的质量等级划分为五级，从高到低依次为AAAAA级、AAAA级、AAA级、AA级、A级旅游景区。除景区的A级标志外，随着全域旅游的兴起，世界遗产、中国历史文化名城（名镇、名村）、中国特色小镇等称号也成为旅行社旅游目的地选择的重要依据。

我国旅行社责任保险的相关法律内容

旅行社责任保险，是指旅行社根据保险合同的约定，向保险公司支付保险费，保险公司对旅行社在从事旅游业务经营活动中，致使旅游者人身、财产遭受损害而应由旅行社承担的责任，承担赔偿保险金责任的行为。旅行社责任保险的保险期限为一年。

旅行社办理旅行社责任保险的保险金额不得低于下列标准：国内旅游每人责任赔偿限额为人民币 8 万元，入境旅游、出境旅游每人责任赔偿限额为人民币 16 万元。

我国国际旅行社的入境旅游团队的操作也与之相同。在接到国外旅游中间商的旅游团队计划后，按上述步骤操作。但在计调工作的操作过程中，如何委派合适的外语导游人员要特别引起重视。对入境旅游团队导游人员的选择，无论在职业素质、语言水平、讲解技能等方面要比委派普通话导游员的要求高，这一点在旅行社计调业务——入境旅游团队的操作中应特别注意。

任务三　国内组团计调业务

一、任务引入

沈阳某国际旅行社在国庆“十一黄金周”期间组织 28 人的散客拼团到华东旅游，该旅游产品的名称为：精致华东 6 日游——宁、锡、苏、沪、杭，线路安排如下，试完成国内组团计调操作业务。

第一天：（沈阳 / 南京）长江四大名楼之一阅江楼（抬眼望南京长江大桥雄伟英姿，忆《中英南京条约》签订的耻辱之地）；伟人长眠地——中山陵；秦淮风月、夫子庙一条街（在这里你可以自费品尝到秦淮小吃鸭血粉丝汤等，餐自理）；住南京。

第二天：（南京 / 无锡）车游太湖十八湾、十里明珠堤、游灵山大佛（观大型动态音乐群雕“花开见佛、九龙灌浴”；大佛景区创意绝妙、气势磅礴、场面绚丽，真正体会佛之宏大）；欣赏紫砂茶艺、太湖珍珠苑、太湖佳绝处——鼋头渚（船游太湖，游三山仙岛）；住无锡。

第三天：（无锡 / 苏州）中国绝色园林、苏州四大园林之一、假山之冠——狮子林；枫桥景区，解读苏州吴文化之真谛、漕运展示馆展示古运河岸边运粮繁忙的市井百态、苏艺名人坊、外观寒山寺照壁；住苏州。

第四天：（苏州 / 上海）车游世界第三、亚洲第一的南浦大桥，浦东新区，陆家嘴金融区，外观亚洲第一的东方明珠塔（登塔费用自理），中国第一高楼金茂大厦；外观中国共产党第二次代表大会会址所在地，旧房新景，上海休闲娱乐、中西消费尽享的新天地广场；游万国建筑博览之称的老外滩、中华商业第一街——南京路；游华东三大庙会中最大的城隍庙商城（自费品尝小吃，餐自理）；住上海。

第五天：（上海 / 杭州）车赴江南大宅门—南浔古镇—张石铭旧宅、小莲庄，嘉业堂藏书楼、丝业会馆等；后车赴杭州西湖老十景之一花港观鱼（牡丹亭、红鱼池、御碑亭等）、船游西湖美景（环湖游：观三潭印月、听断桥故事、赏苏堤烟柳、远观雷峰塔重现人间）；住杭州。

第六天：（杭州 / 沈阳）雷峰塔——说起雷峰塔，人们忘不了那位为了爱情而被镇在塔下的白娘子，登塔俯瞰西湖全景，全方位透视西湖；观钱塘江、眺六和塔、车游梅家坞；看杭州休闲好去处、龙井问茶；杭州靓女丝绸时装秀。

二、任务分析

精致华东 6 日游的旅游线路，是我国旅行社的黄金旅游线，它经过经济最发达的“长三角”地区，人文荟萃、文化积淀丰厚，各个城市的旅游资源极具特色，处处呈现出生机勃勃的活力。沈阳某国际旅行社组织 28 人的散客拼团到华东旅游，其对外发团计调作业应从以下几个方面进行：

- 进行异地采购，确定地接旅行社；
- 建立团队档案；
- 预订航空（火车）机、车票；
- 向地接社预报旅游团队计划；
- 与地接社进行书面确认；
- 旅程变更及书面确认；
- 安排全陪工作；
- 团队结束后进行账单审核；

- 总结并归档整理。

要完成上述组团社计调人员操作工作，应首先学习以下相关知识。

三、相关知识

旅行社组团业务主要涉及：组团社前期的计调业务操作包括编制团号、预订机（车）票、自定房；向地接旅行社发送团情况及团队操作流程；要求地接旅行社反馈计调过程及结果，使组团旅行社能够及时掌握团队操作的过程情况，以保证旅游团队的旅程顺利这三个方面的内容。根据以上三方面的要求绘制业务流程图（图3–1）。

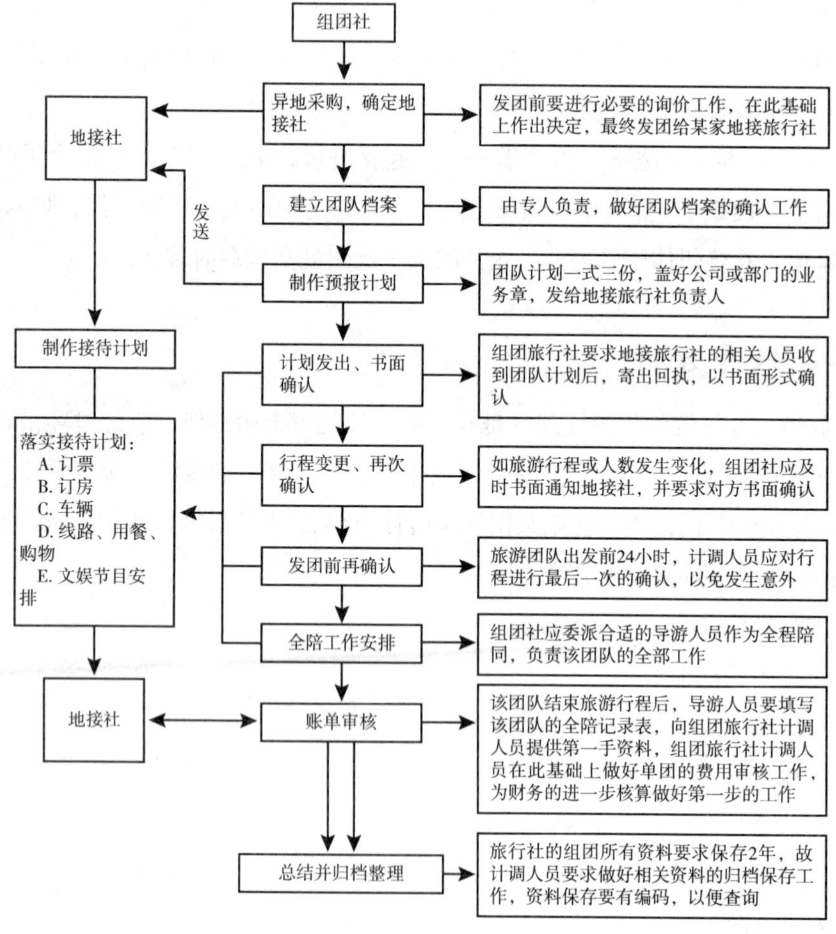

图3–1　组团社计调人员操作业务流程

（一）异地接待服务的采购

旅行社向旅游者销售的旅游线路，通常有一至多个旅游目的地。采购异地接待服务的目的，是使旅游计划如期如愿实现。应该说，旅游产品的质量在很大程度上取决于各地旅行社的接待质量。因此，选择高质量的接待旅行社是采购到优质接待服务的关键。旅行社计调人员在采购时应考虑到以下几点。

1. 接待社的资质、实力、信誉

以上述任务引入案例为例，沈阳某国际旅行社在选择地接旅行社时应充分考虑到该地接旅行社在当地同类旅行社中的接待能力、接待质量；在当地群众中的口碑、信誉；更应该考虑到该地接旅行社与组团旅行社在以往合作过程中的配合度、价格竞争力、合作往来的默契程度及资金结算和偿付能力、诚信度等诸多因素。

2. 接待社的体制、管理模式

主要是针对该团队在操作过程中地接旅行社的运作是否通畅，各城市之间的接待能力、导游人员的接待能力能否符合组团旅行社的要求，旅游者能否满意等方面的因素。

3. 接待社的报价

价格在旅游者的最初选择中起着至关重要的决定因素，因此，组团旅行社在选择地接旅行社时除考虑长期合作的因素之外，首先应该考虑的就是该地接旅行社报给组团旅行社的产品价格了。旅行社的产品价格十分敏感，每家旅行社对价格都很在意；这是旅行社计调人员应该时刻牢记的最重要内容，没有竞争力的价格要占领市场先机是不可能的，每家旅行社要占领市场份额就必须采购到具有竞争力的价格。

4. 接待社的作业质量、接待质量

没有质量就没有生命力，旅行社的接待质量是旅行社的生命线。旅行社的接待质量蕴含了旅行社每一位员工的付出，需要对每一个环节的监控。旅行社的作业质量完全由计调人员的操作来完成，而旅行社的接待质量是在计调人员的监控

之下由导游人员在团队执行过程中完成的。质量监控工作是旅行社计调人员的重要任务。

5. 接待社的团队费用结算（垫付）周期

组团社与地接社之间的合作应该是长期和默契的，因此，旅游团队的费用结算工作与旅行社之间的业务往来有着密切的关系。旅行社之间采用多种方法使团队的费用结算工作纳入正常的管理范围，旅行社之间的团队费用结算采用单团核算的方法，但是大社之间无法做到一团一清。通常情况下，旅行社之间以多种方式来处理团队款项的结算问题：

- 达到一定数量的款项，双方先对账，在双方确认的前提下，而后支付；
- 每月（每季）清款一次，先对账，在双方确认的前提下结清往来团款；
- 小型旅行社一般以一团一清的办法来处理团款结算；
- 对平时不进行大量业务往来的旅行社，旅行社之间通常采用由导游人员携款的形式来处理，以确保团队的顺利运行，做到一团一清。

6. 接待社的合作意愿

组团社与地接社之间的默契配合十分重要，这是旅行社之间合作的前提，也是旅行社业务发展的保证。在组团社与地接社之间的合作过程中，双方在互惠互利的同时，也得到了更多的了解，使得双方配合更加默契，合作更加愉快。

发团社与接团社之间是相互协作、互惠互利的关系，发团社和接团社之间的精诚合作，能使旅游团的旅游活动顺利、有序完成，使旅游者满意。

接待计划是组团旅行社和地接旅行社日常工作中的一个重要依据，各旅行社之间是根据接待计划来进行工作的，接待计划的编制及落实是组团旅行社和地接旅行社计调部门日常业务的重要工作之一，也是实施好接待工作的重要基础。

（二）建立团队档案

旅游团队的接待计划开始编制时应建立团号。对团队的命名应通俗易懂，按照旅行社的统一部署，编制出只有本公司每月各类旅游团队明细的出团表，这是旅行社企业内部管理的基本资料，也是旅行社内部结算、核算的主要依据。

（三）制作预报计划

干什么工作都离不开计划。“凡事预则立，不预则废”。预，就是指计划。有了计划，事情就容易成功，否则就会出现混乱和失误。

组团社制作预报计划的目的是使地接社将此团列入该社的接待计划，要求地接社尽早预订酒店、车辆等。预报计划要求在团队抵达前30天发出，预报计划的内容应包括：团号、旅游团人数、游客构成的基本情况、团队抵离时间及交通工具、详细行程、食宿标准、其他要求等。该预报计划也是组团社内部具体实施并执行计划的依据。组团社发出团队预报之前，要根据旅行团出发的日期进行编号、分类、整理、登记，以便完善接待计划。

内宾团以N或G作为编号+团队抵达的月、日，形成完整的编号工作。

例如：精致华东6日游——宁、锡、苏、沪、杭

沈阳组团社组织的内宾团队，一行28人，于10月2日从沈阳出发到华东旅游。

编制该旅游团队的团号为：G或（N）—GD—20××—1002 VIP，其中

- G或N是国内旅游团的中文缩写，代表该旅游团队是内宾；
- 20××—1002八位数代表该旅游团队预订的出发日期为20××年10月02日；
- VIP是英文缩写，代表该团为贵宾团（或重点团）。

一般情况下每家旅行社对旅游团队有统一的编号要求，为确保旅行社内各部门业务正常运行，团队编号是一项十分重要的工作程序。

旅行社通常采用的旅游团队编号：

- 日本团以J作为编号；
- 美国团以A作为编号；
- 欧洲团以E作为编号；
- 香港团以HK作为编号；
- 澳门团以M作为编号；
- 内宾团以G（N）作为编号。

完成旅游团的编号，就设定了一个团队的代号，如此才便于开展工作，亦可避免重复。接着，就可以进行后续工作——预订该旅游团队的往来机票。此项计调业务工作仍然在组团社内部操作。

（四）旅行团接待计划的发出与落实

旅行团接待计划发出后，接下来的工作就是要落实每个旅行团的具体计划内容。旅行社担负着安排旅游者“食、住、行、游、购、娱”的任务，要保证客人能“进得来，住得下，玩得好，出得去”，这就有大量的工作要做，而每项工作又需要具体落实。

在落实接待计划中，订票业务起着关键作用。订票通知单要有明确的团号、团队的人数、全陪人数，需要预订的某月某日某某航班或车次、目的地、需订票数额。如团队中有不满 12 周岁的孩童，要单独注明。轮船票要注明所定的船舱等级，订票单上还要注明各团队所住宿的饭店名称、星级标准等。

请以上述任务引导案例中的团队编号、实际人数、往来城市、时间和目的地城市来填写飞机票、火车预订单（表 3–7、表 3–8），操作机票的预订工作。

订票计划及订票通知单发出后，经常会碰到团队人数的增减情况。变更通知（表 3–9）要以书面的形式进行，在填写时要一式二份，通知人在签字后交给票务科经办人，然后再由经办人签名后，两人各保管一份，以备查询。订票时，可以提出合理的建议，避免可能产生更高的利润。如果游客选择的大交通工具是火车，就按照火车票预订单进行操作。订票计划确认无误后应填写用车确认单（表 3–10），其他单据，如度假订房单（表 3–11）、酒店订单（表 3–12）、任店客人名单（表 3–13）等也应逐一进行填写和确认。

表 3–7　飞机票预订单

<table>
<tr><td>团　号</td><td colspan="2"></td><td>国　籍</td><td></td><td>人　数</td><td></td><td>组团单位</td><td></td></tr>
<tr><td colspan="2">乘机日期</td><td colspan="2"></td><td>航　　班</td><td></td><td>去　　向</td><td colspan="2"></td></tr>
<tr><td colspan="2" rowspan="2">人　员</td><td colspan="2">成　人</td><td>2 岁以下儿童</td><td>2 ~ 12 岁儿童</td><td>金额统计</td><td colspan="2">开票要求</td></tr>
<tr><td colspan="2"></td><td></td><td></td><td></td><td colspan="2"></td></tr>
<tr><td>游　客</td><td colspan="3"></td><td colspan="2"></td><td colspan="3"></td></tr>
<tr><td>陪　同</td><td colspan="3"></td><td colspan="2"></td><td colspan="3"></td></tr>
<tr><td>订票日期</td><td colspan="2"></td><td>订票单位</td><td colspan="2"></td><td>订票人</td><td colspan="2"></td></tr>
<tr><td>票务员
联系日期</td><td colspan="4"></td><td>民航接受人</td><td colspan="3"></td></tr>
</table>

表 3–8　火车票预订单

团　号		国　籍		人　数		组团单位	
乘车日期			车　次		去　向		
人　员	成　人		1.2 ~ 1.4 米以下儿童	1.4 米以上儿童	金额统计	开票要求	
游　客							
陪　同							
订票日期		订票单位			订票人		
票务员 联系日期				车站接受人			

表 3–9　旅游团车次、航班、目的地变更通知单

游客人数　　　　陪同　　　　原计划___月___日

航班（车次）去　　　　现改为___月___日

航班（车次）去

特此通知

通知人

年　月　日

经办人

年　月　日

表 3–10　XX 旅行社计调部团队用车确认单

定车人		团　　号		确认人	
出团地点		时间、航班	人　　数	车型车号	
接团地点		时间、航班	人　　数	车型车号	
备　　注					

此表共三联（第一联 存根；第二联 财务支付；第三联 业务结算）

表 3-11　XX 旅行社度假订房（确认）传真件

TO：		传真号码			
FM：		传真号码			
电　话		日　　期		月		日

表 3-12　酒店预订单

住店客人		团　　号		人　　数	
住店日期	年　月　日	航 班 号		抵达时间	
离店日期	年　月　日	退房时间			
房 型 1		用 房 数		房价 1	
房 型 2		用 房 数		房价 2	
备　注					
入住方式					
支付方式			总　　价		

表 3-13　住店客人名单

姓　名	身份证号	联系电话	备　注

四、任务实施

作为国内知名旅行社的沈阳某国际旅行社，在长期的旅游业务经营过程中与各地合作伙伴建立了良好而稳固的业务关系。在发团前对当地的旅行社进行必要的询价，使公司报价更趋合理性，使每一个旅游团队的利润得到更好的保证。宁、锡、苏、沪、杭旅游线路的采购和本地机票预订的工作在公司内部计调操作之后，向杭州 ×× 旅游有限公司发团，进入对外的计调业务操作，任务实施如下。

（一）组团旅行社发团作业流程

确认精致华东 6 日游的团号为：N—GD—20××—1002 VIP；向地接社以传真或邮件形式预报计划，紧急情况也可以先用电话预报，后发传真或邮件。预报内容有：团号、旅游团队人数、游客构成情况（性别、年龄、民族、有无特殊客人）、抵离时间（航班、车次）、游览行程、市内交通要求、食宿标准及其他，并要求地接社在 24 小时内予以回复。根据“精致华东 6 日游”的旅游团队计划，预报传真如表 3–14 所示。

表 3–14　精致华东 6 日游：N—GD—20XX—1002 VIP

<table>
<tr><td>团　名</td><td>N-GD-××1002VIP</td><td>全团人数</td><td>28 人</td><td colspan="2">其中儿童人数（无）</td><td colspan="2">全程陪同人数 1 人</td></tr>
<tr><td>抵达日期</td><td>××/10/02</td><td>抵 班 次</td><td>CZ1306/10:10</td><td colspan="2">国籍 / 地区</td><td colspan="2">内宾 / 沈阳</td></tr>
<tr><td>离开日期</td><td>××/10/07</td><td>离 班 次</td><td>CZ1306/14:20</td><td colspan="2">游江（湖）时间地点</td><td colspan="2">20××/10/06 安排船游览杭州西湖</td></tr>
<tr><td colspan="8">游览景点：南京阅江楼、夫子庙；无锡灵山大佛、鼋头渚；苏州狮子林、寒山寺；上海东方明珠塔、老外滩、城隍庙商城；杭州南浔古镇、游西湖、花港观鱼、雷峰塔</td></tr>
<tr><td>出车单位</td><td>浙江×××旅游车队</td><td>车型：大金龙</td><td>40 座</td><td colspan="2">车　号</td><td colspan="2">浙 A123456</td></tr>
<tr><td>全陪及手机</td><td>138××××5678</td><td colspan="2">司机及手机</td><td colspan="4">138××××3355</td></tr>
<tr><td>机票 / 火车票</td><td colspan="3"></td><td>礼　品</td><td colspan="3"></td></tr>
<tr><td>文娱活动</td><td>观看杭州“宋城千古情”大型演出</td><td colspan="2">计划风味</td><td colspan="4"></td></tr>
<tr><td>购　物</td><td>每个城市进店购物一次</td><td colspan="2">特殊用餐要求</td><td colspan="4">无</td></tr>
<tr><td>入住宾馆</td><td>各地住宿三星级酒店</td><td>入住日期</td><td>10 月 2 日—6 日</td><td colspan="2">用房数 14 间</td><td colspan="2">双＋单＋加床＋陪同床：全陪 1 床位</td></tr>
<tr><td>用餐日期</td><td>10 月 2 日—7 日</td><td>用餐数量、类型</td><td>5 早餐
7 正餐
4 自理正餐</td><td>用餐标准及要求</td><td>20 元 / 人</td><td>用餐点</td><td>各　地</td></tr>
<tr><td>备　注</td><td colspan="7"></td></tr>
<tr><td rowspan="4">请陪同详细填写报销费用</td><td colspan="7">1.</td></tr>
<tr><td colspan="7">2.</td></tr>
<tr><td colspan="7">3.</td></tr>
<tr><td colspan="3">合　计：</td><td colspan="4">审核签名：</td></tr>
</table>

预报传真的旅游团计划是要把最重要的团队信息告知地接旅行社，确保旅游团进得来、住得下、玩得好、出得去。预报传真起到的就是这样的作用。组团社的团队预报发出后，地接社要在24小时内书面答复，主要是对预报团队的内容逐一确认，最重要的是机（车）票和客房的落实情况。如果旅游团队的行程或旅游团队的人数有变化，应及时书面通知地接社，并要求对方书面确认（表3–15、表3–16）。

表3–15　XX旅行社 订票（更改）传真件

TO：	杭州 ×× 旅行社		传真号码	0571–88571234			
FM：	沈阳 ×× 旅行社		传真号码	020–66773322			
电　话	020–66773366		日　　期	10	月	02	日

机票更改如下：

表3–16　机票更改通知单

乘机日期	年　月　日		出 发 地	广　　州	目 的 地	南　　京
航 班 号		价　　格		人　　数		
乘机日期	年　月　日	出 发 地		目 的 地		
航 班 号		价　　格		人　　数		
备　　注						
支付方式		总　　价				

相关实例

紧急更改（更改通知单）

杭州 ××× 旅行社有限公司国内部 ××× 先生：

我社组织的G–GD–××1002VIP旅游团一行28+1人（内宾），乘CA1512航班，于10月2日9:30抵达南京。由于散客拼团，有3位游客因家中发生重大事件，取消此次旅行，我们予以确认最终的游客人数为25+1人，请预订房间（双标间）13间。给贵社增加麻烦，请原谅。

沈阳 ×× 国际旅行社国内中心华东部

20×× 年9月29日

同样，对组团社的重要更改和紧急更改传真件，地接社要予以尽快确认，确认必须以书面的形式，以避免不必要的失误和损失。

正式团队计划应该在团队到达第一站之前 10 ~ 15 天内发出，以邮件或传真至地接社。正式计划以正式文件打印、盖公章，每地寄出 3 份。旅行社组团的正式计划既是接团计划，也是对方的结算收款依据，应力求正确、清楚。发送正式计划时应附上回执，以便对方寄回，确认收到无误。

模拟旅行社计调人员，根据上述“华东 6 日游”的线路，填写团队计划书（表 3–17），以达到了解和掌握团队计划书的目的。

表 3–17　团队计划书

审核：　　　　　　　　　　　　　　财务：　　　　　　打印日期：20××–××–××

<table>
<tr><td>团　号</td><td></td><td>线路名称</td><td></td><td>人　数</td><td></td></tr>
<tr><td>团队性质</td><td></td><td>客户单位</td><td></td><td>领　队</td><td></td></tr>
<tr><td>业 务 员</td><td></td><td>计　调</td><td></td><td>全　陪</td><td></td></tr>
<tr><td>集 中 地</td><td colspan="5"></td></tr>
<tr><td>出发日期</td><td></td><td>出发交通</td><td colspan="3"></td></tr>
<tr><td>返程日期</td><td></td><td>返程交通</td><td colspan="3"></td></tr>
<tr><td>备　注</td><td colspan="5"></td></tr>
<tr><td>行程安排</td><td colspan="5"></td></tr>
<tr><td>日　期</td><td>行程内容</td><td colspan="2">用　餐</td><td colspan="2">住　宿</td></tr>
<tr><td rowspan="2"></td><td></td><td colspan="2"></td><td colspan="2"></td></tr>
<tr><td colspan="5"></td></tr>
<tr><td rowspan="2"></td><td></td><td></td><td></td><td></td><td></td></tr>
<tr><td colspan="5"></td></tr>
<tr><td rowspan="2"></td><td></td><td colspan="2">早　中</td><td colspan="2"></td></tr>
<tr><td colspan="5"></td></tr>
<tr><td>服务标准</td><td colspan="5"></td></tr>
<tr><td>包含项目</td><td colspan="5">1. 车费
2. 门票
3. 餐费
4. 住宿
5. 保险
6. 服务费</td></tr>
<tr><td>支付情况</td><td colspan="5"></td></tr>
</table>

续表

<table>
<tr><td colspan="5">▲用车</td></tr>
<tr><td colspan="2">1.</td><td>财务预付：0</td><td>导游现付：0</td><td>签单：</td><td>合计：</td></tr>
<tr><td colspan="6">接团 / 送机：接团日期：2008-04-25；集合地点：
司机：　　车牌号：　　车型：　　路桥费：　　司机津贴：
其他费用：</td></tr>
<tr><td colspan="6">▲地接社</td></tr>
<tr><td colspan="2">1. ×× 中国旅行社：0</td><td>财务预付：0</td><td>导游现付：0</td><td>签单：</td><td>合计：</td></tr>
<tr><td>接团时间：</td><td colspan="5">送团时间：</td></tr>
<tr><td>操作计调：</td><td colspan="5">地陪：</td></tr>
<tr><td colspan="6">费用明细：
1. 门票
2. 优秀地接导游服务</td></tr>
<tr><td colspan="6">▲导游</td></tr>
</table>

旅游团队出发前 24 小时以内，计调人员还应对计划进行一次最后的确认，以防接团社疏忽和遗漏，发现问题可以及时补救。特别要强调，计调人员千万不能因怕麻烦而不做最后一次的确认。本次确认可以邮件、QQ、微信或电话方式进行。

全陪工作的责任重大，一个旅游团外出旅游成功与否，最终取决于全陪工作的责任心。全陪从领取任务、熟悉计划开始，实际上就参与了工作。计划内外发生的一切事情，都要全陪的作业和协调来完成。一个好的全陪应该熟悉业务，有良好的职业道德，机智、沉着、果敢，既要站在游客的立场维护他们的利益，又要和当地的导游人员、方方面面的服务人员搞好关系。全陪在整个旅游过程中，要做好上下站之间的联络和确认工作，确保旅游行程的万无一失。

- 全陪必须认真阅读计划书，严格按照计划书执行。各地的行程、游览景点、就餐、住宿、购物等以计划书为准，不得任意更改、替换。
- 各旅游城市之间的衔接需要全陪精心安排，在各城市游览期间出现费用问题，全陪要及时与计调人员进行联系，确认标准，以免发生不必要的损失。
- 全陪的主要作用是代表旅行社全权处理在游览过程中可能出现的突发事件，起到与游客之间的交流、沟通作用，让旅游者满意。与此同时，全陪应为旅游经营者做好服务工作，让自己服务的旅行社放心。

- 在 6 天的游览过程中，旅行社安排全陪的目的是维护旅游者的权益，同时，也是兑现旅行社向旅游者的承诺。

因此，旅行社委派全陪工作是一项十分重要的工作，全陪责任重大。全陪可以由组团旅行社委派，也可以由地接社委派。组团社可以与地接社协商后做出由谁委派全陪的决定。一旦明确谁是全陪，全陪就承担起为该旅行团队服务好的责任。

旅游团队结束，各地的接待社均会很快传来旅游团队的收款账单通知书。组团社的计调人员应根据计划认真审核，实事求是，纠正错误。计调人员的依据来自全陪表的准确填写，在审核全陪表的基础上做好一团一清的结算工作。把已经审核的账单按时上报公司财务部。并请财务部按照合同的标准准时付款。

总结工作包括：将团队计划书、往来确认书、预订（机、车）票的确认书、全陪表、单团核算账单、合同等进行归档。每一个旅游团单独成档，旅游团队的档案要妥善保管。

（二）地接计调业务

杭州地接社在接到沈阳组团社的计划书之后，地接计调业务操作流程包括以下几个方面。

1. 订房业务

地接旅行社的计调部要根据组团社的不同要求、不同档次合理地安排住房，现各大旅行社订房通常的做法一般有两种：一是委托代订房，一是自订房。

（1）委托代订房：计调部在接到接待计划后，要根据组团社要求及时向饭店办理订房委托及安排生活委托，办理委托一定要以书面的形式进行，用传真发给饭店，原件存档备案。

在旅游旺季时，计调部要确保团队用房，在不能满足需求时，要用同等级或更好的饭店来替代，价格不变。

（2）自订房：自订房是指各组团社或国外客户直接向饭店订房，这样接团社就不用向饭店委托订房。组团社在接待计划中应注明团队住宿饭店名称，并注明是某某旅行社自订。

对于自订房的团队，接待社的计调部也应向该团所订的饭店发出安排生活委托，这样做一是促使饭店落实该团具体抵达及离开的航班、车次、订餐标准及其他特殊要求，与此同时，对组团旅行社的自订房的生活委托仍要由接团社的计调部去委托。二是通过办理生活委托向饭店销售部核实团队的自订房情况。

沈阳组团社组织的 N—GD—20××—1002VIP 旅游团一行 28+1 人（内宾）的订房形式为委托订房。请按照团队的要求模拟操作计调人员的客房预订工作（表 3–18）。

表 3–18　住房预订单

______________饭店销售部

请为我社预订下列团队住房，并速确认。谢谢合作。

团号	国籍	人数	抵达时间	商店间数	订房早餐	预订	备注

注：1. 房费结算账单，请寄我社财务部。

2. 其他费用均由客人自理，本社不予承担。

3. 收到订房委托书后，请速将订房回执传回我社。

联系人

年　月　日

订房回执

兹收到　　旅行社　　旅行团订房委托书，房价按　　元 / 间结算，已列入计划。

饭（酒）店　　联系人

2. 订车业务

沈阳组团社将该团队界定为重点团，因此，杭州地接社向浙江省外事车队预订了新型车辆，40 座位的金龙车型一辆。

3. 浏览活动、定点用餐、购物的安排

计调人员对旅行团游览日程（包括定点用餐、景区游览、购物）进行安排，主要是为了能全面掌握各旅行团在当地的流动情况。

杭州：5 日下午 13:30 分安排画舫船游览西湖、三潭印月，时间 100 分钟。

游览景区严格按照计划书的要求进行，请参考计划书（表 3–19）。

表 3-19　20XX 精致华东 6 日游用餐、购物点计调实操指南

<table>
<tr><th rowspan="2">城　市</th><th rowspan="2">购物点</th><th>地　址</th><th rowspan="2">餐　厅</th><th>地　址</th><th>地　址</th></tr>
<tr><th>电　话</th><th>电　话</th><th>电　话</th></tr>
<tr><td rowspan="2">南　京</td><td rowspan="2">天妃宫貔貅馆</td><td rowspan="2">阅江楼旁</td><td rowspan="2">南京月牙湖饭店（午餐）
秦淮河夫子庙（晚餐）</td><td>南京苜蓿园大街 52 号</td><td>025-84877800</td></tr>
<tr><td>南京市白下区虎踞南路 65 号</td><td>025-85559955</td></tr>
<tr><td rowspan="2">无　锡</td><td rowspan="2">蠡湖紫砂博览馆</td><td>无锡蠡园经济开发区 A3 幢 1 楼</td><td rowspan="2">中水珍珠研究所水珍园大酒家（午餐）
晚餐自理</td><td>无锡市水东路 9 路</td><td>无锡市车站广场</td></tr>
<tr><td>0510-85165777</td><td>0510-85555027</td><td>0510-82305587</td></tr>
<tr><td rowspan="2">苏　州</td><td rowspan="2">苏州市
太湖珍珠馆</td><td>苏州市虎丘后山 312 国道向西 500 米</td><td rowspan="2">苏州一开商务宾馆（午餐）
晚餐自理</td><td>桐泾北路与枫桥路交叉口</td><td>苏州市吴中区东吴南路 207 号</td></tr>
<tr><td>0512-65328736</td><td>13013876777</td><td>0512-65687088</td></tr>
<tr><td rowspan="2">上　海</td><td rowspan="2">上海友谊商店</td><td></td><td rowspan="2">中餐自理
通惠餐馆（晚餐）</td><td>上海北京东路 123 号</td><td>上海真南路 1220 号</td></tr>
<tr><td></td><td>021-53080993</td><td>021-51202288</td></tr>
<tr><td rowspan="2">杭　州</td><td>茶苑春</td><td>梅林路 43 号</td><td>杭州酒家（午餐）</td><td>杭州环城北路 10 号</td><td>0571-85091717</td></tr>
<tr><td></td><td></td><td>杭州山外山餐馆（晚餐）</td><td>杭州玉泉路 8 号</td><td>0571-87995866</td></tr>
</table>

4. 文娱节目

为使客人度过一个愉快的夜晚，若无特殊情况，每个旅行团在当地住宿两晚以上的，均要安排一次文娱节目。计调部要根据客人的爱好、习惯及要求，安排文娱节目。文娱节目如果是计划内的，文娱节目票通常情况下是旅行社先购买，派专人送到团队住宿的饭店，或者接待前由地接社的计调人员直接交给导游本人。如果是计划外的，那就由导游人员向游客收取费用后自行购买。旅行社要求导游人员将计划外的文娱节目情况填写在全陪表内，以便公司能够直接掌握旅游团的实际情况。

杭州晚间可以安排节目如下。

（1）《宋城千古情》大型歌舞表演：每天共分为三场，时间：17:00 ~ 18:00；18:30 ~ 19:30；20:00 ~ 21:00。地点：宋城景区内。价格：180 元 / 张。宋城景区根据旅游团队的实际人数，可以采用加演的方式来满足游客的需求，2008 年“十一黄金周”期间增演到 7 场。

（2）《印象西湖》大型水上歌舞表演：由张艺谋先生导演的大型水上歌舞表演。每天一场，时间：19:00 ~ 20:30。地点：杭州北山路岳庙景区对面。价格：220 元 / 张。

（3）《西湖之夜》：突出杭州民俗风情的大型演出，每天有两场演出，时间：19:00 ~ 20:00，20:30 ~ 21:30；地点：东坡路东坡大剧院；价格：180 元 / 张。

知识链接 搜索

计调人员操作方法

旅行社可以根据公司业务量的大小或人员配备的多少来确定计调部门的规模和人数。目前，我国各大旅行社设置的计调部门操作方法有两种类型。

1. 流水操作法

流水操作法就是由一个或几个业务员专职负责一项工作，其工作流程是：计划→订票→订房→市内交通→安排游览活动（包括订餐、购物定点）→订文艺节目→向接待部下达接团通知。每个计调岗位的工作有其独特性，因此，产生了车控、房控、餐控等特殊的岗位工种，每个岗位承担着所控业务的保障和落实，责任十分重大，此种方法一般适合中、大型旅行社采用。

2. 专人负责到底操作法

专人负责到底操作法是将与本社有往来的旅行社（客户）分成几块，每个业务员各负责一块，从自己主管客户发来的接待计划开始，一直到向接待部发接待通知止，中间所有的各类委托、变更、联络均由一人负责到底。此种方法适宜于小型旅行社，以最大限度地节约人力资源。

飞机订票的相关知识

- 票价：通常情况下分为公布票价、折扣票价两种；包机价格另议；
- 成人（12 周岁以上、含 12 周岁）100%；小童（12 周岁以下）50%；婴儿（2 岁以内）10%；按百分比支付飞机票价的金额；
- 团体：指有组织的、同一日期、同一等级、同一目的地，10 人以上等；
- 座位再确认：各大航空公司要求在 3 日内再次确认旅客的座位；OPEN 票年内；OK 票限期；需要提供技术编号在返程地再证实；
- 中转服务：飞机由始发站出发，到达目的地之前的某一个城市机场的经停、周转业务；
- 行李：航空公司提供给旅客的免费行李额规定是头等舱 40 千克；商务（公务）

舱 30 千克；经济舱 20 千克。

旅行社采购航空服务，具体落实在飞机的订座上。计调部根据旅游接待预报计划，在规定的期限内向航空公司提出订位，如有变更，应及时通知有关方面。中国公民出境旅游产品的订票必须是实名制，一旦游客确认了旅游行程，计调部就根据游客姓名、护照号、到达城市、出发日期、航班号等预订机票。

航空服务主要分为定期航班服务和包机服务两种。如遇客流量超过正常航班的运力，旅游团队无法按计划成行，则旅行社就要考虑包机运输。

我国现行的航空运输的赔偿依据是 2006 年经过修改的《国内航空运输承运人赔偿责任限额规定》。

国内航空运输承运人应当在下列规定的赔偿责任限额内按照实际损害承担赔偿责任：

- 对每名旅客的赔偿责任限额为人民币 40 万元；
- 对每名旅客随身携带物品的赔偿责任限额为人民币 3000 元；
- 对旅客托运的行李和对运输货物的赔偿责任限额，为每千克人民币 100 元。

任务四　出境组团计调业务

一、任务引入

浙江省中青旅于 2016 年 6 月 8 日至 6 月 20 日组织某公司员工前往英国、芬兰、瑞典、冰岛、挪威、丹麦六国参观考察，该考察团的行程为 13 天，根据该团实际行程和情况完成出境组团计调业务。

第一天：（上海 / 伦敦）乘机抵达伦敦后入住酒店。（MU551 1330/1850）

第二天：（伦敦 / 格林尼治 / 伦敦）早餐后游览格林尼治天文台：子午线，世界标准时钟，后前往市区参观白金汉宫外观，首相府，威斯敏斯特大教堂外观，大本钟，国会大厦，塔桥，海德公园，住宿伦敦。

第三天：（伦敦 / 温莎 / 牛津 / 伦敦）早餐后乘车前往英女皇夏宫——温莎城堡及温莎镇游览，然后前往世界著名高等学府牛津大学参观游览，最后返回伦敦。

第四天：（伦敦 / 赫尔辛基）乘航班前往芬兰首都——赫尔辛基，抵达后接机，视时间安排简单观光：芬兰湾，渔人码头等，晚餐后入住酒店休息，住宿赫尔辛基。（BA794 1235–1715）

第五天：（赫尔辛基 / 斯德哥尔摩）早餐后观光：国会大厦，参观洋溢着 19 世纪俄国风味的古代建筑物，俄式东正教堂，西贝柳斯公园，世界上独一无二的岩石教堂，著名的 1952 年奥运会运动场等。傍晚 17:30 乘豪华邮轮“希丽雅”号或“维京”号前往瑞典首都——斯德哥尔摩，并于船上享用豪华自助晚餐。

第六天：（斯德哥尔摩）船上早餐后 09:30 到达斯德哥尔摩，观光游览：瑞典皇宫广场，举行诺贝尔奖晚宴的斯德哥尔摩市政厅，瓦萨古战船博物馆，尤根王子故居花园，老城，图书馆街购物等，住宿斯德哥尔摩。

第七天：（斯德哥尔摩 / 雷克雅未克）早餐后继续昨天未完成的市区观光，之后搭乘下午航班飞往冰岛首都——雷克雅未克，可游览著名的蓝湖温泉，在温泉中畅游一番。住宿雷克雅未克。（FI307 1410/1520）

第八天：（雷克雅未克）全天前往黄金地热游览圈游览：花房镇，古老火山口，小马瀑布，喷泉镇，黄金瀑布，世界文化遗产的议会遗址，国家公园等，住宿同上。

第九天：（雷克雅未克 / 奥斯陆）早餐后搭乘航班前往奥斯陆，观光：皇宫，国家歌剧院，港口古炮台，市政厅外景，维格兰雕塑公园中栩栩如生的青铜和花岗岩人物雕像作品，从未被攻克过的奥斯陆阿克胡斯城堡，卡尔约翰大街等，住宿奥斯陆。（FI318 0750/1220）

第十天：（奥斯陆 / 哥德堡）早餐后乘车前往瑞典第二大城市哥德堡，抵达后观光：老城，歌剧院，市政厅广场，沃尔沃汽车博物馆，住宿哥德堡。

第十一天：（哥德堡 / 哥本哈根）早餐乘车前往丹麦首都哥本哈根，途经著名的北西兰岛城堡景区，参观哈姆雷特城堡（外景），佛雷德里克城堡（外景）。下午抵达哥本哈根，住宿哥本哈根。

第十二天：（哥本哈根 / 伦敦）上午游览美人鱼的故乡：美人鱼雕塑，神农喷泉，大理石教堂，皇宫广场，市政厅广场，安徒生铜像，新港酒吧街等。乘航班前往伦敦，转机前往上海。（BA819 1800–1855 MU 552 2120/1545+1）

第十三天：（上海）15:45 抵达上海浦东国际机场。专车接回杭州。该团队进出为上海浦东国际机场，有利于浙江公民出游。

二、任务分析

与国内组团计调业务操作工作相比，出境旅游产品的计调业务操作工作相对复杂，涉及出境相关程序的手续办理等多方面内容；但境外接待社的计调业务操作程序与国内组团社的计调操作流程基本相同。要准确完成出境组团计调业务操作工作，应首先学习以下相关知识。

三、相关知识

（一）出境组团计调业务工作流程图

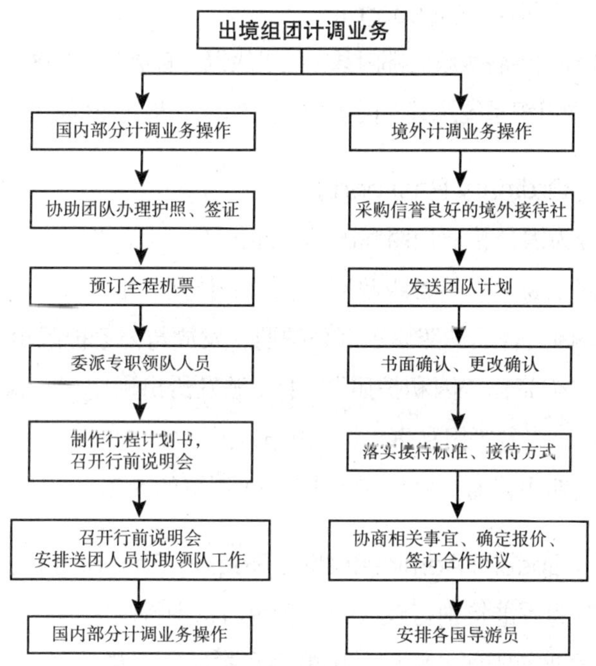

图 3–2　出境组团计调业务流程

（二）护照的基本知识

护照（Passport）一般是由一国的主管单位发给本国公民的一种证明文件，用于证明持有人的国籍与身份，并享有国家、法律的保护，且准许通过其国境，而前往指定的一些国家，以互惠平等原则，请各国给予持护照者必要的协助。

中华人民共和国护照是中国政府发给中国公民，供其出入国（境）和在国（境）外旅行或居留时证明其国籍和身份的证件。因此，凡欲出国旅行者，必须先取得自己国家或地区有效的护照。

1. 外交护照（Diplomatic Passport）

外交护照主要颁给中国党、政、军高级官员，全国人民代表大会、中国人民政治协商会议和各民主党派的主要领导人，外交官员、领事官员及其随行配偶、未成年子女和外交信使等人的护照。外交护照由各省、自治区、直辖市人民政府外事办公室负责向外交部领事司申办，统一由外交部签发。

2. 公务护照（Official Passport）

公务护照主要颁发给各级政府部门县（处）级以上官员，派驻国外的外交代表机关、领事机关和驻联合国组织系统及其专门机构的工作人员及其随行配偶、未成年子女等。

3. 普通护照（Ordinary Passport）

普通护照又分为因公普通护照和因私普通护照。

因公普通护照主要颁发给各级政府、社会团体的一般工作人员和国有企事业单位因公出国人员。因公普通护照属于因公护照，发放与公务护照相同。

因私普通护照（简称“因私护照”）主要颁发给出国定居、探亲、访友、继承财产、留学、就业、旅游等因私事出国的中国公民。

普通护照有效期为普通护照持有人未满 16 周岁的 5 年，16 周岁以上的 10 年。

4. 特区护照（Special Administrative Region Passport）

特区护照又分为香港特别行政区护照和澳门特别行政区护照。

旅行社经营的业务既涉及中国公民的因私护照（以旅游名义外出旅游），也有经营公务、商务等性质的考察业务，所以旅行社的出境业务经营范围相对宽泛。以上几类护照都有涉及。

公民因定居、探亲、学习、就业、旅行、从事商务活动等非公务原因前往外国的，由本人向户籍所在地的县级以上地方人民政府公安机关出入境管理机构申请普通护照。公民申请普通护照，应当提交本人的居民身份证、户口簿、近期免冠照片以及申请事由的相关材料，并填写中国公民申办因私护照出国（境）申请表（表 3-20）。

下表可以由计调人员代游客填写，或者由游客本人填写。请模拟计调人员填写此表格。

表 3-20　中国公民因私出国（境）申请表

以下内容请申请人用正楷字体及黑色或蓝黑色墨水笔填写：

<table>
<tr><td>身份证号码</td><td colspan="5"></td><td>申请编号条形码</td></tr>
<tr><td>姓</td><td></td><td>名</td><td></td><td>性　别</td><td></td><td rowspan="6">贴照片处
近期正面免冠半身
淡蓝色背景彩色
照片
照片大小：
48mm × 33mm
头部宽度：
21 ~ 24mm
头部长度：
28 ~ 33mm</td></tr>
<tr><td>拼音姓</td><td></td><td>拼音名</td><td></td><td>民　族</td><td></td></tr>
<tr><td>出生日期</td><td>年　月　日</td><td>出生地</td><td></td><td>婚姻状况</td><td></td></tr>
<tr><td>政治面貌</td><td></td><td>文化程度</td><td></td><td>联系电话</td><td></td></tr>
<tr><td>户口所在地址</td><td colspan="2"></td><td>所属派出所</td><td colspan="2"></td></tr>
<tr><td>家庭现住址</td><td colspan="2"></td><td>邮政编码</td><td colspan="2"></td></tr>
<tr><td>本人身份</td><td colspan="5">□ 国家工作人员　□ 国有大中型企业中层以上管理人员　□ 其他人员
□ 国有控股、参股企业中的国有股权代表　□ 金融、保险系统人员</td><td rowspan="13">申请人说明：
1. 本人知道，凡属于登记备案的国家工作人员申办因私出国护照必须由单位出具意见，否则，由此造成的一切后果由本人承担。
2. 本申请表格所填内容正确无误，所提交的身份证明文件和照片真实有效。如有虚假将被追究法律责任。

申请人签名：
__年__月__日</td></tr>
<tr><td>单位名称</td><td colspan="2"></td><td>行政职务</td><td colspan="2"></td></tr>
<tr><td>单位地址</td><td colspan="2"></td><td>联系电话</td><td colspan="2"></td></tr>
<tr><td>前往国家或地区</td><td colspan="2"></td><td colspan="3">属第（　）次申请因私出国（境）</td></tr>
<tr><td>出境事由</td><td colspan="5">□ 定居　□ 旅游　□ 访友　□ 探亲　□ 商务
□ 劳务　□ 自费留学　□ 单位公派留学　□ 国家公派留学
□ 继承财产　□ 应聘工作　□ 结婚　□ 其他事由</td></tr>
<tr><td>申请证件种类</td><td colspan="5">□ 首次申领护照　□ 护照延期　□ 护照补发　□ 护照换发
护照换发原因：(　　　　)
护照加注内容：(　　　　)</td></tr>
<tr><td colspan="6">原护照号码　签发地　有效期至　年　月　日</td></tr>
<tr><td rowspan="6">家庭主要成员</td><td>称　谓</td><td>姓　名</td><td>年　龄</td><td>工作单位、职务</td><td>家庭住址</td></tr>
<tr><td></td><td></td><td></td><td></td><td></td></tr>
<tr><td></td><td></td><td></td><td></td><td></td></tr>
<tr><td></td><td></td><td></td><td></td><td></td></tr>
<tr><td></td><td></td><td></td><td></td><td></td></tr>
<tr><td></td><td></td><td></td><td></td><td></td></tr>
</table>

续表

<table>
<tr><td>本人简历</td><td></td><td>不满十四周岁的申请人，办理申请时，须由父母或法定监护人陪同。其父母或法定监护人须做出如下声明：
本人是申请人的
□父亲 □母亲
□监护人，依法拥有对申请人的监护权，同意申请人提出申请，本人的居民身份证号码是：

声明人签名：

___年___月___日</td></tr>
<tr><td colspan="3">以下由申请人所在单位组织人事部门填写</td></tr>
<tr><td>属于登记备案的国家工作人员申办因私护照必须按干部管理权限出具单位意见并加盖主管部门公章（必要时，公安出入境管理机关可向出具意见的单位进一步核实情况）</td><td colspan="2">1. 本单位全称________________________
2. 申请人________________________（填写姓名）
系本单位的________________________（填写职务或身份）
3. 申请人所填各项内容 □是 / □否属实。
4. 本单位 □批准 / □不批准该人申请。

负责人签名：________________ 公章
联系电话：________________ 年 月 日</td></tr>
<tr><td colspan="3">以下栏目由公安机关出入境管理机关填写</td></tr>
<tr><td>受理单位意见</td><td colspan="2">已面见申请人，并已核对申请人的相关证件原件，材料齐备，同意受理申请。

受理民警签名：________受理日期：___年___月___日
补录人员签名：________补录日期：___年___月___日</td></tr>
<tr><td>审批单位意见</td><td colspan="2">经审核申请人的有关资料，（□同意 / □不同意）发证。

审批人签名：________________ 审批日期：___年___月___日
审批备注</td></tr>
<tr><td>加急审批栏</td><td colspan="2">加急理由：□出国留学 □紧急商务活动 □出国奔丧
□治病、探望危重病人 □前往国入境许可或签证有效期即将届满
□其他
同意加急， 年 月 日取证，请审。
审批人签名：________________ ____年____月____日</td></tr>
<tr><td>备　注</td><td colspan="2"></td></tr>
</table>

公安人员出入境管理局监制

（三）签证的基本知识

1. 签证的定义（Visa）

签证是指该国政府发给持外国护照或旅行证件的人士，允许其合法进出该国境内的证件。中国签证是中国签证机关发给外国公民出、入或过境中国的许可证明。

签证是各国政府基于国际平等相助与互惠的原则，而给予两国国民间相互往来的一种便利，并借此维护本国的国家安全与公共秩序。

2. 我国签证类别

中国签证机关根据外国人的身份、来华目的，并参照护照种类，分别发给外交签证（Diplomatic Visa）、礼遇签证（Courtesy Visa）、公务签证（Official Visa）或普通签证（Ordinary Visa）。

（1）普通签证的有关情况：一般来讲，外交签证、礼遇签证、公务签证都是给予国家领导人、外交人员、重要人士及其亲属的，同一般人尤其是海外旅客关系不大，这里主要介绍普通签证的有关情况，便于计调人员了解旅行社相关情况，协助入境旅客办理相关事宜。

普通签证分为九个类别，分别用八个汉语拼音字母（D、Z、X、F、L、G、C、J–1、J–2）作代码。

- D 字签证：发给来中国定居的人员；
- Z 字签证：发给在中国任职或就业的人员及其随行家属；
- X 字签证：发给来中国留学、进修实习六个月以上的人员；
- F 字签证：发给应邀来中国访问、考察、讲学、经商、进行科技文化交流及短期进修、实习等活动不超过六个月的人员；
- L 字签证：发给来中国旅游、探亲或因其他私人事务入境的人员；
- G 字签证：发给经中国过境的人员；
- C 字签证：发给执行乘务、航空、航运任务的国际列车乘务员，国际航空器机组人员及国际航行船舶的海员及其随行家属；
- J–1 字签证：发给在中国常驻的外国记者；
- J–2 字签证：发给临时来中国采访的外国记者。

（2）申办普通签证的程序：申请哪一类签证，都要提供要求的有关申请文件，还必须回答被询问的有关情况。提供有效护照或者能够代替护照的有效证件。填写签证申请表一份，交本人近期 2 寸正面免冠半身照片一张。交纳签证费。

（3）签证机关：中国的签证机关，是中国驻外国大使馆、总领事馆、签证办事处、驻香港特派员公署领事部或外交部授权的其他驻外机构。外国人入境或过境我国，应向中国的上述签证机关申请办理签证。

3. 国际签证

公民要去外国，必须办理签证。所以，公民出国旅游，如果有了护照，就要向外国驻本国的外交机构办理签证，获得进入该国的许可。

（1）国际签证的种类：国际签证因为国家比较多，比较复杂，种类也多，主要包括以下几种：

- 移民签证（Immigration Visa）：通常申请移民签证的目的是取得该国的永久居留权，并在居住一定期间后可以归化为该国的公民；
- 非移民签证（Non-Immigration Visa）：这一类签证代表旅客前往的目的是观光、过境、商务考察、探亲、留学或应聘等；
- 一次入境签证（Single Entry Visa）：所得到的签证在有效期间仅能单次进入，方便性较低，通常核发给条件不好的申请人，或两国间的友谊不够，只核发对方一次签证，之后每次需重新审核；
- 多次入境签证（Multiple Entry Visa）：多次入境签证即是在签证和护照有效期内可多次进出该国国境；
- 个别签证（Individual Visa）和团体签证（Group Visa）：为了便于签证作业，常要求旅行团以列表团体一起送签，此种签证方式的优点是省时且获准的概率较高，但有使用上的限制，必须整个团体一起行动且游程相同，全团须同进出成单一体，而个人签证则不受此限；
- 落地签证（Visa Granted Upon Arrival）：落地签证即在到达目的国的港口落地后，再获得允许入境许可的签证；
- 免签证（Visa Free）：有些国家对友好国家公民给予在一定时间内停留免签证的方便，以扩大交流，或者吸引观光客到访；

- 过境签证（Transit Visa）：为了方便过境的人而给予一定时间的签证；
- 登机许可（OK Board）：通常可分为两种。一是旅客已取得访问国的入境签证，但因寄送不及，旅客先启程，并将签证交到访问国的海关，由他所乘的航空公司人员在旅客抵达出机门时，将签证交到旅客手中，该签证资料同时必须先以电传方式通知前一站搭乘的航空公司准予登机；二是针对旅客到一些无邦交及不办理签证的国家时，由接待单位先行取得当地政府入境许可后，再以传真的方式，请所搭乘的航空公司让旅客准予搭机，抵达目的地后，再由相关人员护送入关；
- 申根签证（Schengen Visa）：欧洲共同体各国出于政治经济等各项考虑，现在结成共同体，实行统一外交政策，在签证等外交事务合作上已达成共识，渐渐趋同，所以参加的国家共同签署了一项申根公约，自即日起，欧盟驻中国机构可以核准前往欧盟国家的短程单一签证。

（2）签证实务：签证（Visa）是前往他国的入境许可证，申请签证是为旅客办理出国手续中重要的一环。各国的签证大多要求不同，而且相关法规、表格也经常变动。在办理各国签证之前均应掌握最新正确的资讯，以提高效率。

中国公民作为旅游者前往一个国家或者中途停留，在获取护照后，必须申办前往该国的签证或者入境许可证。签证的种类有外交签证、礼遇签证、公务签证和普通签证，旅游者的签证属于普通签证。

（四）中国公民出境免填登记卡

为进一步提高边防检查服务水平，公安部决定从2007年10月1日起实行中国公民出境免填出入境登记卡等12项便民措施，旅客出入境将更加便利。

1. 不再填登记卡

从2007年1月1日起，中国公民入境已经免填边防检查入境登记卡，为进一步提高口岸通关效率，从10月1日起，中国公民出境也将免填出境登记卡，中国公民出入境时将不再需要填写边防检查登记卡。

2. “迟到免排”

从2007年10月1日起，因迟到而可能延误飞机、车船的旅客，可到标有“迟到免排”标志的验证台说明情况，优先办理边防检查手续。

3. 24 小时过境手续简化

对于 24 小时内在同一机场过境且不出口岸限定区域的中外旅客，免填入境登记卡和出境登记卡，并一次办结过境手续。

4. 标画“蓝色提示线”

在旅客流量大且变化快的口岸，在距离验证台适当位置标画“蓝色提示线”，当旅客候检排队超过此线时，备勤警力将及时加开查验通道，保证旅客在合理时间内通关。“蓝色提示线”一般在距离验证台 7.5 ~ 10 米处标画，如果旅客从 10 米处开始排队，候检时间一般不超过 15 分钟。

5. 设“紧急救助通道”

设立“紧急救助通道”，解决旅客急难需求。遇有需要紧急出境入境救治的病人或抢险救灾等特殊情况，将立即开通“紧急救助通道”，尽可能提供通关便利。

6.“蛇行排队”候检

推广“蛇行排队”候检模式，均衡旅客候检时间。由于不同旅客的出入境边检手续会有不同，检查员办理手续的速度会有差异，这样就可能导致旅客同时到达检查现场，但由于选择了不同的通道候检而候检时间相差较大。实行“蛇行排队”候检模式，一条队对多个检查通道，旅客在蛇行通道排队，依先后顺序进入不同检查通道办理边检手续，可以有效均衡旅客候检时间，提高整体通关效率，体现公平。

7. 其他便民措施

- 逐步在边检立刻验证台设置满意度电子评价器，出入境旅客可以及时对边检服务质量做出评价；
- 为入境船舶船员发放“登陆指南”，方便船员登陆、购物、游览以及求助；
- 在能够掌握客流或航班高峰规律的口岸，在高峰未到时，提前加开通道减少候检客流，以加快高峰期旅客通关速度；
- 在边检现场开设“边检询问室”，为因手续不合、证件不齐需进一步检查等原因接受询问或等候核查的旅客提供座椅、饮用水，减轻旅客心理压力；

- 设立“边检服务热线”和“现场咨询台”，方便旅客咨询；
- 逐步推行旅客流量信息发布制度，方便旅客选择适宜时段出入境。

（五）中国公民境外入境程序

第一，旅游团队到达旅游目的地后，领队人员要带领旅游者通过护照检查（Passport Control）。然后到行李提取处提取行李，行李必须由旅游者自行提取，以免出现不必要的麻烦。接着，领队带领旅游者通过海关检查。

第二，完成入境的所有手续后，领队应马上与地接社导游在出口处接洽，清点行李与团员人数，与导游一起安排客人上车，入住酒店。

第三，待安排妥当后，领队须及时与导游按事先约定的行程计划，商定游览计划，并互换名片取得电话号码。

第四，在境外旅游期间，领队应尽量与导游、司机搞好关系，相互协作，把旅游活动安排好，让客人满意。在欧洲旅游，在大巴车上严禁食用矿泉水之外的任何食品（包括饮料），要教育客人自觉搞好汽车内公共场所的卫生，遵守目的地国的规定。欧洲大巴车旅游每两小时要在服务区内休息一次，领队应告知客人休息的时间、大巴车型号、车辆号码等，休息后上车时要清点人数。

第五，配合导游做好购物安排工作，注意退税环节和相关工作。如果客人在同一商店内购买一般日用品，比如皮鞋、包、化妆品、衣服等，可统一保管好电脑小票，在领队的帮助下统一开一张退税票，把团员购物数合并，这样可提高税率，使客人能得到更高的退税率，减少支出。但此项工作会给领队增加工作量，要做好确认工作，使客人得到实惠，也可提高游客对领队的信任度。

第六，做好每国（地）导游意见反馈表的填写工作（尽可能征求客人意见，如实填写）。

（六）办理国外离境手续

1. 办理国外离境手续与在中国出境时基本相同

- 有退税的团员，由领队陪同先办理退税（Tax Free）；
- 办理登机手续（每位游客本人持机票、护照，按名单表上的顺序排队，每人保管自己的行李，并逐一通过托运行李安检）；
- 通过人员的安检。

2. 过关前准备工作

过关前，领队应告诉客人航班号、登机门、登机时间、叮嘱客人一定要在约定时间赶到登机门，登机需提前 30 分钟。大型机场可能会分 A、B、C、D 区域，一定要事先告知客人是 × 区 × 号登机口，大型机场内有醒目的标志，领队必须明确告知客人以上信息，领队要提前到达登机口等候客人。

3. 过关时要求

过关时，客人手中应持有护照、登机牌、机票。欧洲各国对出境游客在登机前要检查护照、机票、登机牌。

（七）办理回国入境手续

- 领队必须告诉客人遵守中国边检及海关规定，不得携带违禁品、管制品入境（包括黄色、非法书刊等），也不得携带未经检疫的水果入境；
- 凡在名单表上的客人，须按名单表顺序交边检官审验盖章；
- 未上名单表的客人，自行持护照入关；
- 健康声明书由领队统一填写，领队向检疫人员作全团人员的健康说明即可；
- 商务考察团须在飞机上由领队填写好入境健康检疫申明卡和入境卡，把填写好的卡夹入护照内，由客人持护照依次接受检查；
- 通过检查后直接到行李提取处提取自己的行李。

（八）抵达后散团及其他事宜

第一，根据事先确定的行程计划，旅游团队回国后，领队在散团前要提醒客人注意有关事项，包括清点行李物品，注意安全等，了解客人离团后的去向，领队应尽可能帮助客人安全返回自己的家乡。

第二，在散团前，领队应利用时间让客人填写《出境旅游团旅客问卷表》，回国后可及时上交组团社的计调部门。

第三，整理和上交领队日志、问卷表。领队日志要填写详细、清楚，如有特殊情况要做出说明。

第四，财务账单报销。对带团出游时所发生的费用，领队应妥善保存有关票据，回国后应及时到计调部门与负责该团的计调人员汇总、审核，由分管的副总经理签字后到旅行社财务部报销。

四、任务实施

实施任务四要密切结合计调工作实际，围绕计调操作核心工作展开。就任务中所给的具体出境旅游产品，按照国内操作流程（图 3–3）和境外操作流程（图 3–4）两个子任务展开。

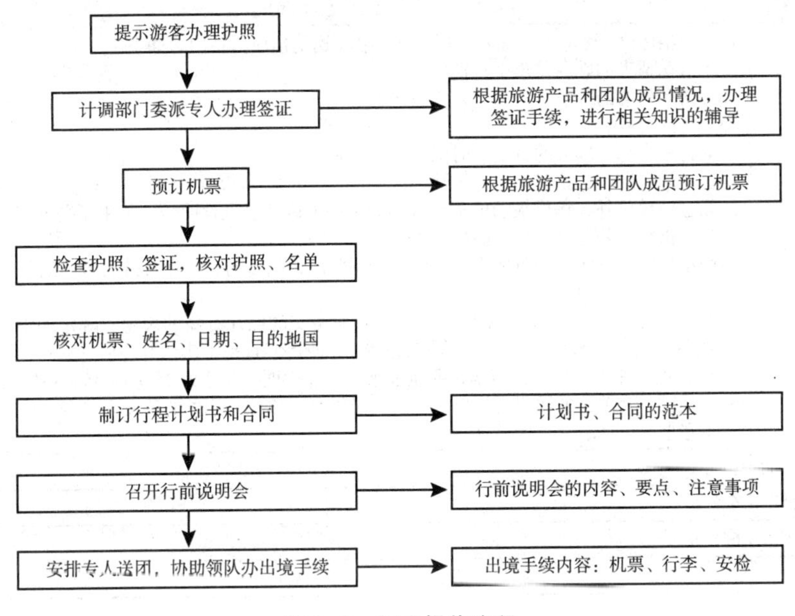

图 3–3　国内操作流程

（一）国内操作流程

国际旅行社计调人员在操作出境旅游团队时，要严格按照上述流程进行计调业务的操作工作。结合任务四的出境旅游团“英国、芬兰、瑞典、冰岛、挪威、丹麦六国 13 天”旅游产品，我们实施如下工作。

1. 检查护照

检查旅游者本人的有效护照。旅游者的因私护照必须由本人办理。

2. 设计行程

参考“任务引入”部分的计划行程内容。

3. 填写英国、瑞典签证表格

填写表格之前要对旅游者进行必要的培训，详细告知填写表格所需的个人资料范围。以下是英国及瑞典签证的表格样本（表 3–21、表 3–22）。

表 3–21　英国签证要求

国　　家	英国［欧洲］
内　　容	1. 邀请信原件，邀请人需签名并打印其姓名；邀请信应包括内容如下： （1）被邀请人的姓名及出生日期。 （2）访问目的的陈述。 （3）访问行程。 （4）行程中每一部分的日期、时间及联络方式。 （5）访问日期起、止时间，总天数。 2. 除邀请单位外，提供被访的英国公司和机构的确认会见证明信。如果是公务考察团，请务必提供每天公务接待单位的确认函。 3. 用单位信笺打印的中英文出差证明，注明此次访问目的和行程安排的所有细节。 4. 1 份签证表，1 张白底照片。 5. 2004 年英国驻沪领事馆签证处对申请人所递交的照片有新的规定，规定如下：底色须为浅色（白色，米色，奶白色，浅灰色等），使得五官易于辨认并与照片底色反差明显，需用普通照相纸。照片需清晰，质量上乘，且无边框，尺寸为 45mm × 35mm 的正面免冠照。 6. 不是同一个单位的团组需提供有出访人员姓名、单位、职务的英文名单表一份。 7. 每星期一、二、三、四受理材料。
签证工作时间	1 周
签证有效期	6 个月
签证费用	668 元
备　　注	

表 3–22　瑞典签证要求

国　家	瑞典［欧洲］
内　容	1. 邀请信原件。 2. 除会议、培训外，需提供外方或中方出具的详细的日程安排。凡是公务的考察、访问团组，必须有邀请方出具的详细日程安排，且日程中必须有接待方的名称、联系电话、活动内容等（特别是市政厅邀请的，必须详细到具体在哪，做什么事）；公司贸易活动的团组，日程安排可简单。 3. 签证申请表 2 套，照片 3 张（浅色背景），2 张照片粘在签证表上，1 张照片正面朝下别在表上，表中每个问题都要回答，不适用的项目写 NOT APPLICABLE 或画一斜线。 4. 用单位信笺打印的中英文出差费用证明，须由负责人签字并注明日期。 5. 护照复印件二份。 6. 邀请公司注册登记复印件。 7. 出访单位营业执照复印件。

续表

国　家	瑞典［欧洲］
	8. 30 万元以上的国际旅行健康医疗保单中、英文复印件。持外交、公务护照者在申办签证时无须提供保单。保单中、英文原件，邀请函，返程机票需携带入关。材料顺序：粘有照片的一张表格，附表，护照复印件订在一起。另一套同样的几张订在一起。两套用回形针别在一起，附另一张照片。领馆通知：如果是市政厅邀请出访，停留时间为 3 天左右，至少要有一次商务活动；停留时间为 7 天左右，至少要有二次商务活动，需注明活动联系人的姓名和电话号码。
签证工作时间	1 周
签证有效期	不定
签证费用	
备　　注	申请表 28 项需详细填写，半年内去过的申根国家的名称及逗留时间、期限。

4. 在职证明

由组团旅行社为旅游者提供申办签证所需的本人在职证明样本。

（1）英国在职证明样本

相关实例

Expense Certificate

UK General Consulate in Shanghai,

Invited by Public Affairs Research Center of your country, the employee of People' s Government Office of Yuhang District Mr. He Yushui will pay a business visit to your country from July 27th 20×× to July 29th 20×× for the purpose of observing the community in the UK. He will stay in UK for total 3 days. His international round air tickets, accommodation and medical insurance occurred in UK will be responsible of our unit.

His details as following:

Name	Sex	D.O.B	Passport NO.	Occupation
He Yushui	M	1968.07.19	S9008151	Deputy Director

27th July Arrive at London and Communicate with Dr. Daniel Lee, the International Officer at the Council, at 15:30pm at Hal Place and Gardens, Bourne Road, Bexley DA5 1PQ. for the purpose of observing the community in the UK.

28th July Have a rest, 29th July Depart from London.

People's Government office of Yuhang District

（2）瑞典在职证明样本

相关实例

Expense Certificate

Sweden General Consulate in Shanghai,

Invited by Scandinavian perspectives AB of your country, the employee of Yuhang People's Government Office Mr. He Yushui will pay a business visit to your country from July 29th 20×× to August 6th 20××. He will stay in Sweden for total 9 days. His international round air tickets, accommodation and medical insurance occurred in Sweden will be responsible of our unit.

His details as following:

Name	Sex	D.O.B	Passport NO.	Occupation
He Yushui	M	1968.07.19	S9008151	Deputy Director

Yuhang People's Government Office

20××-6-29

5. 由组团旅行社为旅游者提供英国签证所需要的成员英文名单（表 3-23）

表 3-23 Name List

Name	Corporation	Occupation
He Yushui	Yuhang People's Government Office Deputy	Director
Ge Yunlian	Yuhang Branch of Hangzhou House Funding Management	Center Deputy Director
Lu Yonglin	Yuhang Reform&Development Bureau	Deputy Secretary
Zheng Bo	Yuhang Public Resources Trade Management Office	Deputy Director
Bao Zhifa	Yuhang City Construction Investment Co.,Ltd	President
Shen Yuehua	Yuhang Public Resources Trade Center	Director
Zuo Aibin	Yuhang Administration Service Center	Deputy Director

英国签证表格与瑞典签证表格一般情况下可在领事馆的网站上下载（在任务实施中提供英国签证表格的样本）。以上材料以及签证所需要的客人的其他材料，由旅行社专职人员代为收集。由旅行社专职送签人员按照使领馆的要求、时间，预约

后送达使领馆，等待签证出来。一旦签证顺利通过，国际旅行社出境旅游中心就按照出境旅游的要求进行计调操作。

6. 国内部分操作流程

- 预订国内段、境外段的全程机票；
- 检查护照、签证的有效期，核对护照与名单表是否一致；
- 核对机票的姓名、日期、前往国、个人信息是否一致；
- 委派合适的专职领队人员；
- 召开行前说明会，每人一份出境游的行程计划书，整个旅游团的合同签署；
- 安排送机人员，该人与领队预约后在指定国际机场碰面，并帮助领队办理团队的行李托运、登机牌领取，把登记牌与机票、行李票分发给游客。由领队带领游客进行边防检查、安全检查，最后到指定的登机口登机。

（二）境外操作流程

出境旅游的境外行程落实一定要与合同完全吻合。境外接待社的旅游行程与游客手中的行程内容必须一致。出境旅游团队境外接待社的计调业务操作程序与国内组团社的计调操作流程相同，请参考任务三。

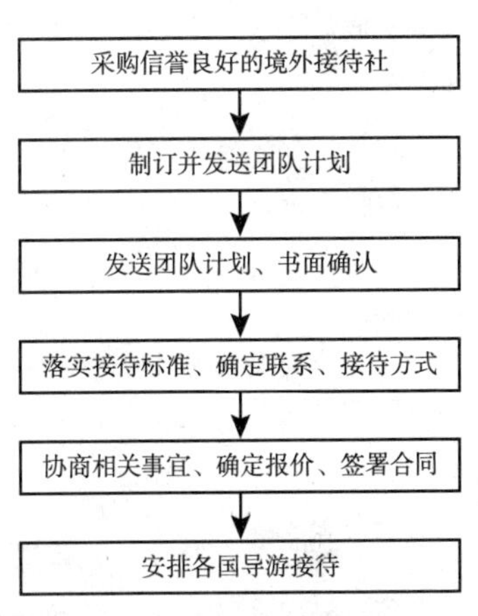

图 3–4　境外操作流程图

知识链接　搜索

计调人员要指导领队人员在出团之前做好以下各项工作：

由于领队人员代表旅行社带领游客出国旅行不可能事先进行跟团实习，他们在第一次担任出国领队任务时，必须在有经验的出境部计调人员的具体指导下完成境内外的所有手续和注意事项。因此，有必要在知识链接中讲解部分看似领队人员的工作，实质上所有境内外的工作都是计调人员应该向领队人员做出交代和提醒的内容。如果不在知识链接中体现，出境旅游的计调工作是不完全的，容易发生意想不到的问题。为使出境旅游的计调工作更加完美和确保万无一失，我们在出境计调业务工作中融入了部分必不可少的领队人员出入境工作流程的内容。

（一）准备工作

首先，应检查护照、签证。核对护照的姓名、有效期（欧洲要求护照的有效期提前6个月起。如20××年11月到期的护照,7月份出游团队签证时，该本护照需要换发。新护照申请后，用新、旧两本护照送签证）。其次，应核对签证、有效期、前往国家的有效签证（北欧各国入境时要对签证的真伪进行检查辨识）。再次，护照与机票核对，包括中英文姓名、前往国家。同时，核对机票与行程，包括国际段行程和国内段行程、日期、航班、转机间隔的时间、是否有夏令时等。同时要注意转机国家的时差情况。例如，七八月份时，从伦敦乘机前往法兰克福，法兰克福转机上海。需在法兰克福转机时要加上 1 小时，因为英国与我国时差是 7 小时，而德国、意大利、北欧夏令时与我国时差是 6 小时，若忽视这一细节，可能会误机，或造成不必要的恐慌。以上特殊情况计调人员应该如实告诉领队人员，并对领队人员提出具体要求。最后，核对护照与名单表。

（二）出团前必需品准备

计调人员应向领队介绍情况，要求领队在其指导下做好准备工作，特别是首次带团的领队人员。需准备的物品包括：

- 护照、机票、已办妥手续的名单表；
- 团队计划（领队手中的计划书必须与游客计划书一致）；
- 国内外重要联系电话：公司、境外公司地址，接待社联系人手机，住宿饭店电话，我国驻出境目的地国家使领馆电话等；
- 团队分房表：每城市一份，内容包括：姓名、护照号、性别、出生年月等；
- 航班时刻表；
- 游客胸牌、行李标签（多于团队人数 2 ~ 5 套）；
- 旅行社社旗、社牌、名片；
- 客人问卷表、领队日志簿；
- 海关申报表；
- 机场税款（一般情况下含在机票内）；
- 客人团费是否已经支付的情况由计调人员告知领队人员，团队备用金由计调人员领取后交给领队人员，计调要为领队准备好公司赠送游客的礼品如旅行包、旅行帽、拖鞋、外接插头等；

- 领队随身日用品，如闹钟、计算器、签字笔、剪刀、信封、信纸等；
- 常用药，如感冒药、镇痛剂、止泻药、肠胃药、消炎药、晕车药等。领队的常用药是给自己服用的，而不是给游客服用的，在国外当游客身体不适时，不可以将自带药随意给游客服用，应该询问游客是否自己带药，或者去医院看医生。

在办理好签证、机票、名单表等出入境手续后，在出境计调人员的指导下召集团队参游人员举行“出境旅游行前说明会”。说明会由计调人员主持，在说明会上介绍领队人员，领队人员参加说明会并与游客见面。说明会的目的一是把有关事项告知每一位客人；二是与客人认识并让客人之间相互认识和接触。这样便于领队人员在接团过程中做好组织工作。说明会上对出境旅游有关事项的讲解可以由负责该团操作的计调人员讲解也可以由领队讲解。如果领队是首次担任此项工作，应该全部由计调人员来担当讲解。为了表现出旅行社对某个旅游团队的重视和关心，团队出境前的说明会也可以由出境部经理主持，重要的团队可以邀请旅行社总经理参加并讲话。不管哪种情况，领队必须在说明会上尽可能多地了解游客。一是了解多少人，男女老少的情况；二要看是些什么样的人，他们的外貌、性格、修养、习惯，通过观察，要有基本的了解；三要了解客人是什么地方的人，他们相互间的关系如何。旅游团队有时候是一批原来就有千丝万缕关系组成的人；但许多时候，旅游团队是由一些从未谋面、没有任何关系的人组成的。作为职业领队在说明会上就要有意识地做到一数二看三问四了解五思考。

（三）过境、转机及确认机位

计调人员对领队要进行有关过境、转机及确认机位知识的介绍和传授。

1．过境（Stop-over）

无论是直航还是转机，有些直达（Non-stop），有些在途中提供停站，飞机的“停站”与巴士的停站有所不同，有些机票是允许乘客在中途停留几天的，而大部分只能在机场范围内停半个小时左右。领队必须注意所购机票的性质。

2．转机（Transit）

如果行程中一班飞机无法到达最终目的地时，中途衔接的过程即称为转机。转机情况有三大类：经过第三国的过境转机；国内线的衔接；国际线接国内线。

3．72小时前确认回程机位

在国外旅游时，领队不能忘记在预订的回国飞机起飞前72小时，以电话向航空公司再度确认机票的座位。否则，航空公司将自动取消所预订的机位。

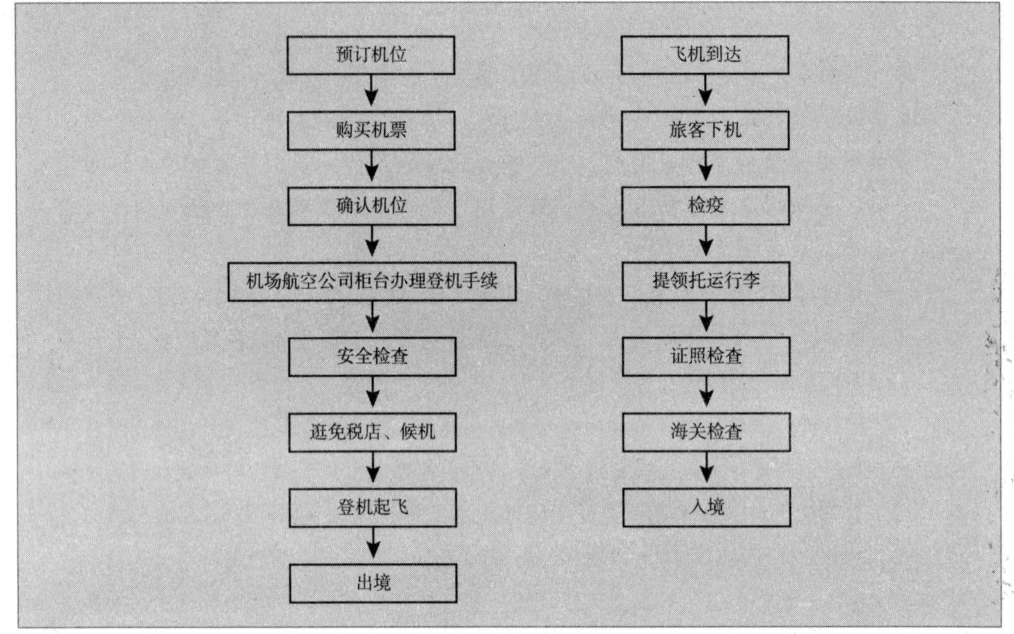

思考与练习

1. 根据接待计划实施订票、购票。
2. 根据提供的餐饮费用结算单进行餐费结算。
3. 根据你对计价业务的学习，设计总结出一个“计价流程图”。
4. 根据提供的海关申报表以你自己的个人资料表进行填写。
5. 根据提供的出境卡以你自己的个人资料进行填写。
6. 自己编制一份完整的计划。
7. 制作一张“计划收发记录表”。
8. 制作一张“计划确认情况一览表”。
9. 制作一张“定点餐厅联络表”。
10. 制作一张“客源统计一览表”。
11. 你认为计调人员可以带团吗？
12. 在计划突变的情况下，计调人员将如何临时调动车辆？
13. 旅行社是否需要售后服务？你能谈谈有哪些方法和内容吗？

附件 各类表单

档案号码：
请用正楷字及蓝色或黑色水笔填写

中国公民因私出国护照申请表

<table>
<tr><td>身份证号码</td><td colspan="5"></td><td rowspan="5">贴照片处
近期正面免冠 2 寸彩照，白色背景。
照片大小：
48mm × 33mm
头部宽度：
21 ~ 24mm
头部长度：
28 ~ 33mm</td></tr>
<tr><td>中文姓</td><td></td><td>中文名</td><td></td><td>性　别</td><td></td></tr>
<tr><td>拼音姓</td><td></td><td>拼音名</td><td></td><td>婚姻状况</td><td></td></tr>
<tr><td>出生日期</td><td>年 月 日</td><td>出生地</td><td></td><td>文化程度</td><td></td></tr>
<tr><td>户口所在地</td><td colspan="2">省 市 区
（县、市）</td><td>户口所属
派出所</td><td colspan="2"></td></tr>
<tr><td>工作单位</td><td colspan="2"></td><td>职务</td><td></td><td>单位电话</td><td></td></tr>
<tr><td>家庭地址</td><td colspan="3"></td><td>家庭电话
和手机号码</td><td colspan="2"></td></tr>
<tr><td>申请事由</td><td colspan="6">□定居 □探亲 □访友 □自费留学 □公派留学 □商务 □就业 □个人旅游
□结婚 □团队旅游 □劳务 □继承财产 □其他非公务活动（ ）</td></tr>
<tr><td>申请类别</td><td colspan="4">□首次申请 □护照过期重领（请将旧照上交）</td><td>前往国家</td><td></td></tr>
<tr><td>原护照号码</td><td colspan="2"></td><td>有效期至</td><td>年 月 日</td><td>签发地</td><td></td></tr>
<tr><td colspan="7">您是否需要通过邮政特快专递方式领取护照？如果需要请在申请时与窗口工作人员联系</td></tr>
<tr><td colspan="7">年龄在十六周岁以下的申请人申办护照需由父母或法定监护人作如下声明和签署：
1. 本人是申请人的□父亲□母亲□监护人　　2. 本人同意申请人提出这项护照的申请
本人签名：　　　　日期：　　年　月　日　　联系电话：</td></tr>
<tr><td colspan="6">下列人员需按干部管理权限由相关单位出具意见：
1. 国家公务员和参照、依照国家公务员制度管理的人员，以及部、省属单位的副厅（局）级以上离（退）休人员；
2. 部、省属事业单位处级以上的干部；
3. 杭州新世纪科技人才培养工作的培养人选和享受政府特殊津贴的科技人员，以及部、省属单位具有副高级职称以上的科技教育人员；
4. 银行、证券、信托、保险等金融机构中层以上干部及重要岗位的人员；
5. 承担、参与涉及国家政治、经济、科技、商业、安全等秘密单位的重要岗位人员，以及离开涉密岗位仍在脱密期内的人员；
6. 市属国有企业的领导干部，省属国有企业的中层以上领导干部，国有控股企业的董事长、总经理，参股企业的国有产权代表；
7. 其他有必要列入报备管理的人员。
申请表中所填内容是否属实，是否同意该人申请因私护照？
负责人签名：　　　　单位公章：
联系电话：　　　　年　月　日</td><td>本人保证申请表中所填内容及文件和照片真实无假，如有任何虚假，愿负法律责任。

申请人签名：

年 月 日</td></tr>
</table>

杭州市公安局出入境管理处印制

此页由公安出入境管理部门处理

<table>
<tr><td colspan="4" rowspan="4">申请人户口簿和身份证复印处（由接待人员处理）</td><td>受理意见：
签名：
年　月　日</td></tr>
<tr><td>审核意见：
签名：
年　月　日</td></tr>
<tr><td>审批意见：
签名：
年　月　日</td></tr>
<tr><td>上级公安机关审批意见：
签名：
年　月　日</td></tr>
<tr><td colspan="4">备注：</td><td rowspan="2">上级公安机关审批意见：
签名：
年　月　日</td></tr>
<tr><td>护照号码</td><td></td><td>签发日期</td><td></td></tr>
</table>

内地居民赴港澳台地区申请表

以下内容由申请人填写（请用黑色墨水笔书写）

身份证号码				贴照片处 近期正面免冠 彩色照片 照片大小：43×33mm 头部宽度：21～24mm 头部长度：28～33mm	
中文姓		中文名		性　别	
拼音姓		拼音名		民　族	
出生日期		出生地		政治面貌	
户口所在地				所属派出所	
家庭地址				联系电话	
单位名称				职　务		婚姻状况	
单位地址				联系电话		文化程度	
申请类别	□通行证　□签注			前往地	□香港　□澳门　□台湾

原通行证号码：	有效期至：　年　月　日	签发地：

申请港澳签注种类	□探亲（T）	□商务（S）	□团队旅游（L）	□个人旅游（G）	□其他（Q）	□逗留（D）
	□3个月一次 □3个月多次	□3个月一次 □3个月多次 □1年多次	□3个月一次 □3个月二次 □1年一次 □一年二次	□3个月一次 □3个月二次 □1年一次 □1年二次	□3个月一次 □3个月二次 □1年一次 □1年二次	多次有效，出境有效期根据香港或者澳门有关部门批准的期限签发

申请台湾签注种类	□定居（D）　□探亲（T）　□应邀赴台（Y）　□非公职应邀（F） □居留（J）　□乘务（C）　□旅游（L）　□其他（Q）
港澳台定居事由	□夫妻团聚　□投靠父母　□投靠子女　□照顾父母　□继承财产　□其他

港澳台亲属	姓　名		性　别		出生日期	年　月　日
	港澳台身份证号码			与申请人关系		

家庭主要成员	称　谓	姓　名	年　龄	工作单位、职务	家庭住址

申请人声明	本申请表所填内容正确无误，所提交的身份证明文件和照片真实有效。如有虚假愿承担法律责任。 申请人签名：　委托人签名： 年　月　日	不满十六周岁的申请人申请时，必须由其父母或法定监护人做以下声明：本人是申请人的□父亲□母亲□监护人，依法拥有对申请人的监护权，同意申请人提出申请。 声明签名： 年　月　日

取证方式	□邮政速递　□到公安机关领取	收件人姓名	
邮寄地址		邮政编码	联系电话

注：一次性快照，经翻拍的照片或采用各种打印机打印的照片（含数码照片）不予受理。

以下内容由申请人工作单位或者常住户口所在地公安派出所填写

申请人工作单位或者常住户口所在地公安派出所意见	申请人所填各项内容： □属实 □不属实 法定不批准出境的情形： □不属于 □属于 申请人赴港澳台地区： □同意 □不同意 不同意的理由是： 负责人（签名）： （单位公章） 联系电话： 年 月 日 备注：下列人员需要按干部管理权限相关单位出具意见 1. 各级党政机关、人大、政协、人民法院、人民检察院、人民团体在职的国家工作人员，离（退）休的厅（局）级以上领导干部；2. 事业单位在职的（县）处级以上领导干部；3. 列入各级政府人才培养工程的培养人选，享受政府特殊津贴的人员，国家、省有突出贡献的中青年科技人员，具有副高级以上专业技术职务任职资格的专业技术人员；4. 银行、证券、信托、保险等金融机构中层以上干部和重要岗位的人员；5. 承担、参与涉及国家政治、经济、科技、商业、安全等秘密单位的重要岗位，以及离开涉密岗位仍在脱密期内的人员；6. 国有企业中层以上管理人员，国有控股、参股企业中的国有股权代表；7. 所在单位认为有必要列入登记管理的人员。

以下栏目由公安机关出入境管理部门填写

受理部门意见	已面见申请人，核对相关证件及证明材料原件，并核查相关信息，同意受理申请。 受理人（签名）： 受理日期： 年 月 日
审批部门意见	经审核申请人的有关资料， □ 同意 □ 不同意 审批人（签名）： 审批日期： 年 月 日
受理部门意见	经审核申请人的有关资料， □ 同意 □ 不同意 审批人（签名）： 审批日期： 年 月 日
备注	

说明：申请表中有“□”的栏目，请在相应项画“√” 浙江省公安厅出入境管理局监制

杭州市XX国际旅行社团队旅客操作程序表

<table>
<tr><td>团　号</td><td></td><td>日　期</td><td></td><td>领　队</td><td></td></tr>
<tr><td>行　程</td><td colspan="5">线路：　　海洋：　　迪士尼：</td></tr>
<tr><td>备　注</td><td colspan="5">（1）销售员：
客户来源：　　联系人：
电话：　　传真：
（2）价格：　元/人，老人小童计划上加价
16免1：有　无
（3）付款：A 款到发团
B 出团前　%，余款团队回来　天
（4）其他注意：</td></tr>
<tr><td>1</td><td colspan="5">整理材料、编制团队名单</td></tr>
<tr><td>2</td><td colspan="5">查找、催证件、证件一出即作核对</td></tr>
<tr><td>3</td><td colspan="5">报机票计划，订票点：
港去广回（　）港进港回（　）港进澳回（　）
深去广回（　）广进广回（　）澳进港回（　）</td></tr>
<tr><td>4</td><td colspan="5">报港澳段计划
住宿标准：香港：　　澳门：
香港地接社：　　价格：　　已作确认：
澳门地接社：　　价格：　　已作确认：</td></tr>
<tr><td>5</td><td colspan="5">报国内段计划
地接社：　　价格：　　住宿标准：　　确认：</td></tr>
<tr><td>6</td><td colspan="5">发成团通知、团款确认书</td></tr>
<tr><td>7</td><td colspan="5">无领队证报告，旅游局名单资料—做出境名单—旅游局盖章</td></tr>
<tr><td>8</td><td colspan="5">核对证件，证件一出即作核对</td></tr>
<tr><td>9</td><td colspan="5">订车、确认车号、司机电话</td></tr>
<tr><td>10</td><td colspan="5">开票取票</td></tr>
<tr><td>11</td><td colspan="5">报港澳段证号：边防/境外</td></tr>
<tr><td>12</td><td colspan="5">催账并登记代理社往来款项，非常重要！</td></tr>
<tr><td>13</td><td colspan="5">交接：领队须知、出团资料一览表、合同、领队反馈表等</td></tr>
<tr><td>14</td><td colspan="5">收回机票交财务，并注明团号</td></tr>
<tr><td>15</td><td colspan="5">做账</td></tr>
</table>

杭州市XX国际旅行社出境旅游中心
团费确认单

No 0702901

致：____

<table>
<tr><td>团　　号：</td><td>线　　路：</td><td>出团起止日期：年　月　日— 月　日</td></tr>
<tr><td>人　　数：</td><td colspan="2">客人名单：</td></tr>
<tr><td colspan="3">团费核算：</td></tr>
<tr><td colspan="3">总计人民币（大写）　拾　万　仟　佰　拾　元整　¥　　元</td></tr>
<tr><td colspan="2">公司名称：杭州市中国旅行社有限公司
开 户 行：农行湖墅分理处
账　号：310010601040002738</td><td>收到账单后请速回传予以确认,（0571-88390977）并在出团前将团款汇至我社。谢谢合作与支持!
签字（必须盖章）：</td></tr>
<tr><td colspan="3">汇款凭证传真到我社时，请务必注明团号、收件人!
1.______年______月______日确认开机票，一经确认，不可取消，如取消团费全损。
2. 请提供客人联系方式，方便机场联络。

操作人：
TEL：</td></tr>
</table>

欠款确认证明

NO 0702901

兹______________________（旅行社名）参加杭州 ×× 旅行社__________________________（团号），

已付金额__________________________（大小写），尚欠金额__________________________（大小写）

经商议于　　年　　月　　日前付清欠款。

杭州××国际旅行社出境中心　　　　　　欠款单位
年　月　日（盖章）　　　　　　　　　年　月　日（盖章）

杭州市XX国际旅行社出境旅游中心
团费确认单

电话：0571-88390988　　传真：0571-88390977

致：________　　______年______月______日　　单位：元

<table>
<tr><td>团　号</td><td colspan="2">线　路</td><td>起止日期：　月　日—　月　日</td></tr>
<tr><td>人　数</td><td colspan="3">客人名单</td></tr>
<tr><td colspan="4">团费核算</td></tr>
<tr><td colspan="4">总计　拾　万　仟　佰　拾　元　角　分　¥</td></tr>
<tr><td colspan="2">公司名称：杭州市 ×× 国际旅行社有限公司
账　号：310010601040002738
开户行：农行湖墅分理处</td><td colspan="2">收到账单后，请速回传予确认，并在出团前将团款汇至我社。谢谢合作与支持！
签字（盖章）：</td></tr>
<tr><td colspan="4">附言：

操作人：</td></tr>
</table>

报　销　单

年　月　日　　记账凭证附件

<table>
<tr><td colspan="2">发生日期</td><td rowspan="2">报销内容</td><td rowspan="2">单据张数</td><td colspan="9">金　额</td><td rowspan="2">备注</td></tr>
<tr><td>月</td><td>日</td><td>百</td><td>十</td><td>万</td><td>千</td><td>百</td><td>十</td><td>元</td><td>角</td><td>分</td></tr>
<tr><td></td><td></td><td></td><td></td><td></td><td></td><td></td><td></td><td></td><td></td><td></td><td></td><td></td><td></td></tr>
<tr><td></td><td></td><td></td><td></td><td></td><td></td><td></td><td></td><td></td><td></td><td></td><td></td><td></td><td></td></tr>
<tr><td></td><td></td><td></td><td></td><td></td><td></td><td></td><td></td><td></td><td></td><td></td><td></td><td></td><td></td></tr>
<tr><td></td><td></td><td></td><td></td><td></td><td></td><td></td><td></td><td></td><td></td><td></td><td></td><td></td><td></td></tr>
<tr><td colspan="4">合计人民币（大写）</td><td></td><td></td><td></td><td></td><td></td><td></td><td></td><td></td><td></td><td></td></tr>
<tr><td colspan="2">主管意见</td><td colspan="2"></td><td colspan="9">报销人盖章</td><td></td></tr>
</table>

附件　　张

复核　　出纳　　报销人

杭州市XX国际旅行社出境中心

团队用车确认单

定车人		团　号		确认人	
出团地点		时间、航班	人　数	车型车号	
接团地点		时间、航班	人　数	车型车号	
备　注					

第一联存根

此表共3联（第一联 存根；第二联 财务支付；第三联 业务结算）

杭州市XX国际旅行社出境中心

团领队出团通知单

线　路	抵返日期　月　日至　月　日		天　数
出发地	返回地	人　数	包团（　）/散团（　）
交表日期　月　日	出证日期　月　日	互补费	
开会时间　月　日　时　分	开会地点		
特殊要求			
操作员	审核人	审核日期	
派遣领队	领队电话	派遣人	派遣日期
领队签名			
注：领队在接到此通知后，即与操作员联系，了解团队具体情况，并在出团前交清互补费。			

一存根

此表共4联（第一联　存根；第二联　领队销售部；第三联　财务部；第四联　操作部）

杭州市XX国际旅行社
计划销售结算单
计 划 单

<table>
<tr><td>线路：</td><td>天数： 天</td><td>出团日期： 年 月 日</td><td>团号：</td></tr>
<tr><td colspan="4">人数： 人［其中成人： 人 儿童：人（不占床位： 人、占床位：人）］</td></tr>
<tr><td>门市价格： 元／人</td><td>优惠金额： 元／人</td><td colspan="2">实收金额： 元／人</td></tr>
<tr><td>交表／送交公安日期： 月 日</td><td colspan="3">证件类型：护照（团队旅游□因私首次□因私多次□）／通行证□</td></tr>
<tr><td colspan="2">客源情况：代理社： ／直客：</td><td colspan="2">联系电话：</td></tr>
<tr><td colspan="4">备注：</td></tr>
</table>

销售员： 部门审核人： 作业部操作员： 交接日期：

结 算 单

<table>
<tr><td rowspan="2">序 号</td><td rowspan="2">客人姓名</td><td colspan="2">交费情况</td><td rowspan="2">发票号码</td><td rowspan="2">退款情况</td><td rowspan="2">实收团费</td><td rowspan="2">成本核算</td><td rowspan="2">毛利核算</td></tr>
<tr><td>团费</td><td>其他费用</td></tr>
<tr><td>01</td><td></td><td></td><td></td><td></td><td></td><td></td><td></td><td></td></tr>
<tr><td>02</td><td></td><td></td><td></td><td></td><td></td><td></td><td></td><td></td></tr>
<tr><td>03</td><td></td><td></td><td></td><td></td><td></td><td></td><td></td><td></td></tr>
<tr><td>04</td><td></td><td></td><td></td><td></td><td></td><td></td><td></td><td></td></tr>
<tr><td>05</td><td></td><td></td><td></td><td></td><td></td><td></td><td></td><td></td></tr>
<tr><td>06</td><td></td><td></td><td></td><td></td><td></td><td></td><td></td><td></td></tr>
<tr><td colspan="9">毛利总计：</td></tr>
</table>

第一联 作业部留用

销售员： 作业部操作员： 部门经理： 日期：

此表共2联（第一联 作业部留用；第二联 销售留用）

退团费用申请表

年　月　日

团　　名				退款人姓名	
线　　路				退款原因	
人　　数		人均退款		退款总额 ¥	
退款总额（大写）	万　仟　佰　拾　元　角　分				
原收款金额				原发票号码	
退款形式	现金：□		其他：□		
退款人签名				代理社名称	

业务员：　部门经理：　财务审核：　财务经理：　总经理：

杭州市 XX 国际旅行社用款申请单

支　票	汇　款

部门：　年　月　日

费用项目		单位名称			
		开户银行			
		账　　户			
金　　额	¥				
备　　注：					
经 办 人	部门经理	财务审核	财务经理	分管副总	总 经 理

①

财务联

此表共 2 联（第一联　财务联；第二联　操作部门）

船票及接送预订单

致：澳门环宇集团控股有限公司 — 机票部
抄送：环宇团体部

自___________________
行程：
请代订_____________月_____________日_____________共_____________人澳门—香港单程船票，船班时间为早上/下午_____________。
另请安排_____________月_____________日，于早上/下午_____________由澳门机场送车至澳门港澳码头。

● 抵澳航班编号_______________________
● 抵澳日期_______________________
● 抵澳时间_______________________

注：香港地接社_____________领队姓名_____________

计调姓名_________________________________

旅行社：_____________ 环宇控股机票部联络人：_____________

港澳游领队反馈表
（要求必须带回澳门出入境卡及海关入境申报单）

敬爱的领队，您好！
请填写本次地接社的综合评价和意见：
我司团号：__________________________ 人数：_________________________
国内接待社：_________________________
香港接待社：_________________________
澳门接待社：_________________________

接待社综合评价		不满意	较满意	满　意	备　　注
香　　港	住　宿				酒店名称：
	用　餐				
	车　辆				
	导　游				姓　　名：

续表

接待社综合评价		不满意	较满意	满　意	备　　注
澳　　门	住　宿				酒店名称：
	用　餐				
	车　辆				
	导　游				姓　　名：
珠　　海	住　宿				酒店名称：
	用　餐				
	车　辆				
	导　游				姓　　名：
领　　队　　佣　　金					
香　　港	珠宝购买 HKD　佣金 HKD　特价品散石 HKD　佣金 HKD 手表购买 HKD　佣金 HKD　百货购买 HKD　佣金 HKD				
	其他购买 HKD　佣金 HKD 游船夜游参加人数：　人妖表演观看人数： 领队签名：____________　导游签名：____________				
澳　　门	盈昌（珠宝/表/足金）佣金 HKD 丰达（香水）购买 HKD 佣金 HKD 享达（百货）购买 HKD 佣金 HKD 满香园（手信店）购买 HKD　佣金 HKD				
	其他购买 HKD　佣金 HKD 环岛游参加人数：　赛狗或赛马参加人数：　看表演人数： 领队签名：____________　导游签名：____________				

此表团队回程 3 天内返回至部门计调人员　　年　月　日

出境旅游服务质量调查表

尊敬的游客：

根据国家旅游局和省旅游局有关规定，为了维护客人的合法权益，监督旅行社的服务质量，帮助我们不断改进工作，请您如实填写此表并提出宝贵意见。谢谢您的合作！

领队姓名：____________________　出团线路：____________________

1. 出发前您是否签过出境旅游合同？ □有　　□没有 2. 在境外旅游期间是否有削减景点的现象？ □有　　□没有 3. 您对餐饮的评价？ 好　一般　不好 4. 您对住宿酒店的评价？ 好　一般　不好 5. 您对导游服务的评价？ 好　一般　不好	您对领队工作的评价： 1. 领队的服务意识？ 好　一般　不好 2. 领队的业务水平？ 好　一般　不好 3. 在带团过程中领队的诚信度？ 好　一般　不好

您的宝贵意见和建议或对领队予以评语：

填写人姓名：______________ 联系电话：______________

公司名称：杭州市 ×× 国际旅行社出境旅游中心
地址：杭州市湖墅南路 186 号丽阳国际 5 楼 501 ~ 502 座
质监电话：(0571) 88390988 转 7183 88397183
E-mail：ctshz@sina.com

购物情况表

团号________________ 人数________________ 地接旅行社________________

购物金额超 3000 元的客人名单：

姓　　名	性　　别	联系电话	购物情况（物品、金额）

团队购物总金额（RMB）______________

商品名称________________ 总金额（RMB）________________

商品名称________________ 总金额（RMB）________________

商品名称________________ 总金额（RMB）________________

商品名称________________ 总金额（RMB）________________

导游姓名________________ 领队________________

内地居民赴香港、澳门特别行政区旅游团队名单表

组团社序号 / 团队编号 / 年份

领队姓名：　　领队证号：

<table>
<tr><td colspan="4">年　月　日由　经　至</td><td colspan="4">年　月　日由　经　至</td><td rowspan="13">第一联
内地边防检查站出境验收</td></tr>
<tr><td colspan="4">年　月　日由　至</td><td colspan="4"></td></tr>
<tr><td>编号</td><td>中文姓名</td><td>汉语拼音姓名</td><td>性　别</td><td>出生日期</td><td>出生地</td><td>证件号码</td><td>签发地</td></tr>
<tr><td>1</td><td></td><td></td><td></td><td></td><td></td><td></td><td></td></tr>
<tr><td>2</td><td></td><td></td><td></td><td></td><td></td><td></td><td></td></tr>
<tr><td>3</td><td></td><td></td><td></td><td></td><td></td><td></td><td></td></tr>
<tr><td>4</td><td></td><td></td><td></td><td></td><td></td><td></td><td></td></tr>
<tr><td>5</td><td></td><td></td><td></td><td></td><td></td><td></td><td></td></tr>
<tr><td>6</td><td></td><td></td><td></td><td></td><td></td><td></td><td></td></tr>
<tr><td>7</td><td></td><td></td><td></td><td></td><td></td><td></td><td></td></tr>
<tr><td>8</td><td></td><td></td><td></td><td></td><td></td><td></td><td></td></tr>
<tr><td colspan="3">授权人签字：
组团社盖章</td><td colspan="3">旅游行政管理部门：
审验章
年　月　日</td><td colspan="2">内地边防检查站：
加注（实际出境　人）出境验讫章</td></tr>
</table>

月　日　时	月　日　时	单男　　人
交通	交通	单女　　人
月　日　时	月　日　时	小童　　人
交通	交通	合计　　人

内地组团社名称：　　　　　　　　联络人员姓名及电话：
香港接待社名称：　　　　　　　　联络人员姓名及电话：
澳门接待社名称：　　　　　　　　联络人员姓名及电话：
此表共 4 联（第一联 内地边防检查站出境验收；第二联 内地边防检查站入境验收；第三联 香港入境事务处入境验收；第四联 澳门出入境事务厅入境验收）

港澳____________团领队出团交接单

此交接单是业务人员与领队共同负责，在出团前务必完成的文件。它是防止疏漏、预防事故及保证团队在外顺利运行的明细规则，以便清楚责任的归属。双方逐项核对无误，在每项后打"√"，然后双方签名方可出团。不按上述要求进行，质检办将追查责任并作团队的档案记录。

（一）在您出团前请确认以下工作：

1. 向财务部交互补费
2. 收到_______本通行证，并核对。自带机场的证件_______________
   与出境名单进行核对
   A 是否有公安厅红色印章
   B 核对相片：1. 相片与性别是否相符　2. 如有相片表需核对
   C 核对签注：1. 核对签注（签注上不可有盖章）：先进澳须有香港、澳门两个签注
   2. 核对签注时间
   3. 旅游签注统一为：L
3. 出境名单：须盖有出境旅游专用章及旅游局盖章，授权人李慧签字
   除 L 签注均需上出境名单外，G 签、S 签、T 签等不用上名单表
4. 收到去程机票_______张，回程机票_______张，并核对
   A 核对航班：机票上的日期、航班、起飞时间与行程单核对
   B 核对名字：机票名单与名单核对
   C 核对数量：实际人数及机票数量清点
5. 领队证或领队证报告
6. 合同（签合同务必落实到每人，须贴上境外旅游须知）是否交质检办
7. 游客意见反馈表、领队日志
8. DFS 礼券、旅游须知、行程表、备用名单
9. 领队是否已熟悉旅游意外伤害保险
10. 旅游包、胸牌、旗
11. 团队出发前一天请与司机确认团队集合时间、地点、人数
12. 明确客人的联系方式或相关送客旅行社的联系方式（计划人员须提供相关资料）
13. 说明会是否开过（代理点开，去机场的路上开，电话沟通）
14. 领队必须收回以下资料：往返机票、游客意见反馈表、领队日志
    地址：杭州市湖墅南路 186 号丽阳国际商务中心 501 室港澳部，邮编：310003
    本部领队请将机票交回计调员，游客意见反馈表及领队日志交质检办
15. 领队报销逢每周一三五，上午 09:00 至 11:00，下午 14:00 至 16:00 之间，谢谢理解

（二）计划人员需交代领队事宜：

1. 交代：A 进出关事宜 B 提供领队须知
2. 未签合同人员：________________________
3. 关于住宿：团队用房：__________间__________床
   香港住宿：__________澳门住宿：__________国内段：__________
4. 小费自费：
5. 团队中的特殊情况：如哪些是重要客户，有无客人离团等
6. 回程如有订车，计调需要提前将车号报给领队
7. 其他补充：________________________

领队签名：__________ 计调签名：__________ 年 月 日

20XX 年 XX 月份合同、领队反馈表、账单登记

计调：__________

	团 号	人 数	线 路	领 队	反馈表	合 同
1						
2						
3						
…						
6						

浙江省 XX 国际旅行社费用报销单

团体名称： 年 月 日

科 目	金 额	单 据	备 注
合 计（大写）		￥：	

请勿超出本表。凭证请整齐粘贴于后，

审 批　　财务核准　　报销人

出差旅费报销单

报销部门：　　　　　　　　　　　　报销日期：　年　月　日　　　　　　　　编号：

出差人								出差事由							
出发			到达			天数	单据张数	火车费	汽车费	轮船费	其他舟车费	途中伙食补贴	旅馆费	住勤费	合计
月	日	地点	月	日	地点										
							报销金额								
人民币（大写）												￥______			

核准　　　　　　　　　　主管　　　　　　　　　　报销人

浙江省 XX 国际旅行社用款申请单

支票	汇款

①财务联

部门：　　　　　　　　年　月　日

费用项目		单位名称			
		开户银行			
		账　号			
金额	￥				
备注：					
经办人	部门经理	财务审核	财务经理	分管副总	总经理

浙江省 XX 国际旅行社用款申请单

支票	汇款

②部门留存

部门：　　　　　　　　年　月　日

费用项目		单位名称			
		开户银行			
		账　号			
金额	￥				
备注：					
经办人	部门经理	财务审核	财务经理	分管副总	总经理

浙江省 XX 国际旅行社　组团结算账单

STATEMENT OF ACCOUNTS OF CTS ZHEJIANG

<table>
<tr><td colspan="6">年　月　日　Year Month Day　　编号 Serial No.</td></tr>
<tr><td colspan="6">TO：</td></tr>
<tr><td colspan="2">旅行团（者）名称 TOUR CODE</td><td colspan="4"></td></tr>
<tr><td colspan="2">总人数 TOTAL PAX</td><td></td><td colspan="2">等级 CLASS</td><td></td></tr>
<tr><td colspan="2">入境时间、地点、航班、车次 ENTRY DATE/CITY/FLIGHT/TRAIN</td><td></td><td colspan="2">出境时间、地点、航班、车次 EXIT DATE/CITY/FLIGHT/TRAIN</td><td></td></tr>
<tr><td colspan="6">费用内容　　DESCRIPTION OF TOUR FARE</td></tr>
<tr><td colspan="2">团费（每人）A.TOUR COST（P.P.）</td><td></td><td colspan="2">小计 SUB-TOTAL</td><td></td></tr>
<tr><td colspan="2">单人房差 B.SGL SUPPLEMENT</td><td></td><td colspan="2">小计 SUB-TOTAL</td><td></td></tr>
<tr><td colspan="2">第十六位 C.COST FOR 16TH PAX</td><td></td><td colspan="2">小计 SUB-TOTAL</td><td></td></tr>
<tr><td colspan="2">D.</td><td></td><td colspan="2">小计 SUB-TOTAL</td><td></td></tr>
<tr><td colspan="2">E.</td><td></td><td colspan="2">小计 SUB-TOTAL</td><td></td></tr>
<tr><td colspan="2">F.</td><td></td><td colspan="2">小计 SUB-TOTAL</td><td></td></tr>
<tr><td colspan="3">应付我公司旅行费总计
TOTAL AMOUNTPAYABLE</td><td colspan="3">HKD
OR USD</td></tr>
<tr><td colspan="6">银行账号 BANK A/C NO.　USD 4518241140001 Bank of China,Zhejiang Branch
RMB 4518100010791 中国银行浙江省分行</td></tr>
<tr><td>报价人
QUOTED</td><td></td><td>审核人
CHECKED BY</td><td colspan="2"></td><td rowspan="2">（单位盖章）
OFFICIAL SEAL</td></tr>
<tr><td>备　注
REMARKS</td><td colspan="4">E.& .O.E</td></tr>
</table>

自组团单团核算表

团队信息	部门	业务员		团号		组团社		出入境时间		人数	其他信息
计划收入	报价币种	美元		港币		人民币		其他货币		收入合计	
	结算情况	现收		汇款		抵扣		香港账号		实际收入	
计划应付成本	单位	综费			房费	门票	交通	司陪	其他	计划	实际
	合计										
其他备注								全部报销			
								保险费			
编制人： 审核人：				日期：				计划毛利		%	%
								人均毛利		%	%

浙江省XX国际旅行社旅行团费用结算通知书

____________________旅行社（台核）　　　　　　　　　　　　　　编号：

旅行团名称		编　码		来自国家或地区		实有人数	
应收综合服务费标准	成人　　人，每人每天　　元，　　等级						
	儿童：4周岁内　　人，　　4~12周岁　　人						

结算项目			结算金额	核定金额
综合服务费	月　日　时　分乘　　抵达用　餐按　%			
	月　日至　日共　天　按　%			
	月　日　时　分乘　　离开用　餐按　%			
附加费	住　　饭店	房费　　元×　　天×　　间		
		加床费　　元×　　天×　　床		
	住　　饭店	单列早餐费　　元×　　餐×　　人		
	增收单列正餐费　　元/餐×　　正餐数×　　人			
	增收风味餐费　　元×　　人			
	增收游湖费　　元×　　人			
	增收去　　　的超里程车费			
	单列门票：灵隐飞来峰、灵隐寺、岳庙、花港、虎跑、曲院风荷、动物园、金庸书屋、植物园、三潭印月、孤山、六和塔（上塔）、花圃、黄龙洞、玉泉、郭庄、净慈寺、太子湾、茶博馆、丝博馆、胡庆余堂、宋城。上述景点共计　　元×　　人			
	增收观潮费：　元×　　人、赏月费　　元×　　人			
	说明			
垫付费	旅客赴　　　飞机、火车、船等级　　张　元			
	旅客赴　　飞机、火车、船等级　张　元　儿童　张　元			
	全陪赴　　　飞机、火车、船票　　　张　　　元			
	民航、铁路送票服务费　　元/张×　　张（票）			
	代垫机场建设费　　　元/人×　　人			
	乘火车行李托运费（元）			
	全陪房费（元）			
合计	人民币	结算金额（元）		
		核定金额（元）		
	大写金额　　　　　　　　　　万　　仟　　佰　　拾　　元　　角　　分			
备注				

汇款账号：人民币：4518100010791 中行浙江分行　　　　复核　　　　制表　　　　地陪

Tel：0571-87080888-3038　　　　　　　　　　　　年　　月　　日（公章）

浙江省XX国际旅行社地接团营业成本表

年　月　日

团　名			编　号		人数　大　小		
房　　费							
饭店名称	房　费	间　元		间	天　数	房费合计	
	加床费	床　元		加　床			
	全陪费						
餐　　费							
餐馆名称	餐　标	人　数	金　额	餐馆名称	餐　标	人　数	金　额
餐费合计							
门　　票							
景点名称	价　格	人　数	金　额	景点名称	价　格	人　数	金　额
飞来峰				金庸书屋			
灵隐寺				虎　跑			
岳　庙				宋　城			
花　港				六和塔（上塔）			
三潭印月				郭　庄			
门票合计							
游船（游湖）				游船（外事）			
车　　费							
用车单位	车　型	车　费		超公里车费	车费合计		
其他费用							
项　目	人　数	金　额		项　目	人　数	金　额	
其他应收费用							合　计
	旅客赴		飞机、火车、船等	张	元		
	旅客赴		飞机、火车、船等	张	元		
总　计							

审核人：　　　　　　　　　　　　　　　　　　　　　　　　　　制表人：

说明：已经用现金支付的各项费用，请务必注明，不计人成本表总额

浙江省 XX 国际旅行社团队收费情况汇总表

团号：　　　　　线路：　　　　　　领队：　　　　　　部门：　　　　　　业务员：

20×× 年 03 月 17 日由　　　　　经上海　至　　　20×× 年 03 月 22 日由　　　　　经上海　至

代理社销售清单

编　号	中文姓名	应收金额	收款金额	发票号	开票日期	代理社	人　数	销售员	备　注
	合计								

各部门销售统计

部　　门	人　　数	团　　价	已 收 款	代理社团款
市场销售部				
合　　计				

费用清单

项　目	摘　要	发生日期	汇　率	单　价	人　数	天　数	金　额	供　应　商
地接费	地接费							上海航空国际旅游公司
其　他	旅行包							
	合　计							

销售员销售统计

部　　门	销售员	人　　数	收　　入	成　　本	备　　注
市场销售部					
合　　计					

模块四
旅行社的网上运营

1. 了解计算机与网络技术在旅游企业中的应用。
2. 能正确运用网络信息技术解决企业运营业务操作。
3. 能正确运用网络信息技术解决企业对外营销。
4. 能正确运用网络信息技术解决旅游企业间的业务操作。

任务一　旅行社内部的网上运营

一、任务引入

旅行社的生产并不是物质产品的实体生产，其内部的各种业务实际上都表现为各种信息的处理和整合。本任务要求学生掌握旅行社内部的网上运营过程，能利用网络信息技术完成采购策划与供应商管理、线路与团队计划管理、前台销售与游客报名处理等。

二、任务分析

实现旅行社内部的网上运营，就应在对旅行社内部主要业务环节实行信息化，并建立内部管理信息系统的基础上，根据旅行社业务处理流程，首先要将采购到的供应商资料输入系统，并按线路需求将相关的供应商产品整合起来，形成线路“产品”，再根据线路特点、市场需求和季节规律等制订团队计划，这样前台就可以按团队计划进行销售，接受游客报名了，因此应首先学习以下相关知识。

三、相关知识

（一）旅行社的信息化

许多旅行社在创办之初，就是几个员工、几张桌椅、一部电话、一部传真。但是，随着旅行社的发展，市场在不断扩展，业务量在不断提升，旅行社的人员需要增加，部门也会逐渐增多。这时，各部门信息不通，利益交错，出现的问题也会越来越多：有不同部门重复采购，价钱不一的；有为了部门利益，互相挖墙脚，争夺客户的；而计调人员忙中出错的频率也逐渐在增大；与此同时，员工多了，流动性也在增大，有时一个业务人员跳槽，就会带走一批客户，给旅行社造成很大的损失。面对这些发展中出现的问题，旅行社除加强管理外，还应该引入信息技术，将各岗位的业务处理信息化，把业务流转化为信息流，把由业务人员掌握的业务资料转化为旅行社的企业财富；通过内部网络，借助信息流，实现各部门间的信息整合，并在程序和网络的支持下快速、规范地完成各种业务的操作处理，帮助旅行社实现预期的管理任务和经营目标。

旅行社信息化是指使用计算机等电子设备将旅行社原来以纸制介质保存的数据、文档等数字化，同时通过电子化的手段取代人工方式来完成旅行社业务的处理，即旅行社运用电子化的方式来进行业务信息的存储、传输和处理等的过程。

（二）旅行社管理信息系统

广义的旅行社管理信息系统是一个由人、计算机等信息设备以及系统软件和旅行社应用软件等组成的对旅行社经营管理过程中产生的信息进行收集、录入、存储、传输、处理、维护、管理和使用的综合系统。而狭义的旅行社管理信息系统专指用于旅行社经营管理的应用软件，简称旅行社管理系统。

旅行社内部的网上运营是一个涉及计算机及其网络的应用于旅行社内部经营管理的人机系统。整个系统由旅行社内部办公人员、各种旅行社业务及其处理方式、计算机及其网络系统硬件、计算机及其网络系统软件和针对旅行社经营管理的专门应用软件等部分组成。其中，计算机及其网络系统是旅行社搭建内部整个网上运营系统的基础，而针对旅行社经营管理的应用软件则是旅行社实施内部网上运营的操作平台。由于旅行社的经营管理往往自成体系，缺乏统一的模式和共同的标准，所以旅行社内部的网上运营通常需要根据旅行社自身的机构设置实际和业务流程特点量身定制。具体而言，旅行社应当根据自己的经济实力、现实规模和发展需求来确定计算机等硬件设施的购买档次和布局规划，应当根据自己的业务特点、业务流程和可能承受的管理改革来开发或购买针对本企业经营管理的专门应用软件。

（三）常用的旅游管理系统与软件

1. “金棕榈”旅行社业务流程重组信息管理系统

“旅行社业务流程重组信息管理系统”是上海棕榈计算机信息服务公司推出的旅行社系列管理软件中较为突出的一款。通过该系统，可实现信息共享，做到外部信息内部化、内部信息一体化、业务流程电脑化、营销体系网络化、财务结算电子化、统计数据一致化；实现四个统一：采购策划统一、销售统一、团控统一、财务结算统一。

该系统分为采购策划、销售收银、团控、报表、结算等模块，主要包括供应商管理、线路设计策划、团队计划管理、批量生成团队计划、网点收客、收银开票、发票处理、单项服务、团队结算、用户权限管理等功能。本任务讲解过程中使用的旅行社管理软件就是“金棕榈”旅行社业务流程重组信息管理系统。

2.“旅管家”旅行社管理系统

“旅管家”是由苏州大途网络科技有限公司开发的一款专为中小型旅行社设计的集办公管理与业务操作于一体的旅行社管理系统。可将旅行社业务流程、成本控制、客户关系、销售管理、计调管理、财务结算等方面通过业务信息流贯通和集成起来，建立完整的企业信息数据链。该系统使得旅行社管理层可以对企业运作的各个主要环节进行管理、跟踪、分析，以低成本、高效率地完成日常经营活动，同时，数据智能分析可为旅行社的长期发展提供决策支持，从而让企业可以最大限度地捕捉发展契机，提高工作效率。该系统的旅行社业务处理模块主要有资源管理、客户管理、计调管理、产品管理、报价管理、销售管理、财务管理和统计报表等。该系统有网上免费测试版供客户体验。

（四）旅行社管理信息系统的特点

1. 信息量大、处理迅速

旅行社管理涉及大量信息，特别是旅行社制定的旅游产品实际上就是某条线路上饭店、景点、旅游交通、餐饮、旅游购物等众多旅游信息的一个有序集合。面对大量相似的数据，人工处理速度慢，差错率高；而由计算机支持的旅行社管理信息系统则能利用计算机系统存储量大、计算速度快的特点，集数据保存和快速处理为一体，将大大提高旅行社的信息处理数量和处理速度，最终提高旅行社的整体工作效率。

2. 交互性好、实时性强

旅行社管理信息系统可以根据需要设计友好的输入界面，计算机处理的结果也能及时反馈给操作者，保持良好的交互性。此外，旅行社所需的信息经常都处在不断的变化之中，时效性较短。每逢旅游旺季，有的几天一变，有的甚至一天几变，遇到突发事件更可能突然变化。这些都要求旅行社信息处理具有及时性，而旅行社管理信息系统的实时性恰好能满足这种需求。例如，有的旅行社管理信息系统可以和机票销售公司的系统对接，机票价格的变化能马上在旅行社的系统中反映出来。

3. 保密性高、共享性强

旅行社管理信息系统可以为每个人员设置用户名、密码和操作权限，不同权限的操作者能够使用的系统功能不同，能够查看的数据范围也不同，这使得数据具有较好的保密性。同时，数据输入系统后，不再为个人所拥有，成了公司的无形资产，可以在授权范围内实现共享。因此，旅行社管理信息系统能够将保密性和共享性很好地结合起来。

4. 流程规范、功能强大

人工处理系统容易受到情绪影响，处理流程难以稳定。而旅行社管理信息系统可以依据科学的管理原理和旅行社行业的业务特点，设置合理高效的业务处理程序，系统将严格按照设定的程序进行，规范而稳定。而且，系统具有统计分析和图表制作等功能，能够为旅行社正确决策提供更多的信息支持。

5. 准确可靠、维护方便

计算机精确度高，发生差错的概率极低，能够确保数据处理的可靠性。同时，由于系统的支持，数据的保存、更新、初始化以及人员的增减，密码的更改、权限的设定等维护操作都可以很方便地进行。

四、任务实施

旅行社内部网上运营分为三个基本环节：采购策划与供应商管理、线路与团队计划管理、前台销售与游客报名。

（一）采购策划与供应商管理

运用信息化手段能方便地录入、保存和修改供应商资料，及时对供应商的供应价格进行调整，更好地维护供应商信息资源，将分散在各个部门的供应商信息整合在一起，使之也成为企业的无形资产。

1. 进入资源采购管理窗口

供应商资源采购管理是旅行社采购策划部门在线路总体策划部门的指导下所进行的第一步实质性经营活动。使用计算机辅助的管理系统后就可以对供应商资料录入和审核进行方便快捷的电子化处理（图 4–1）。

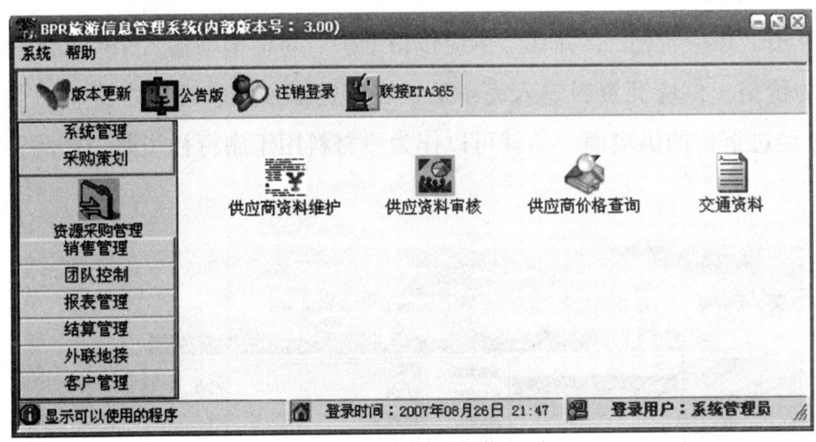

图 4–1 资源采购管理窗口

2. 打开供应商资料维护窗口

供应商资料维护是对供应商基本信息、供应价格、供应合同等进行管理和维护的模块（图 4–2）。

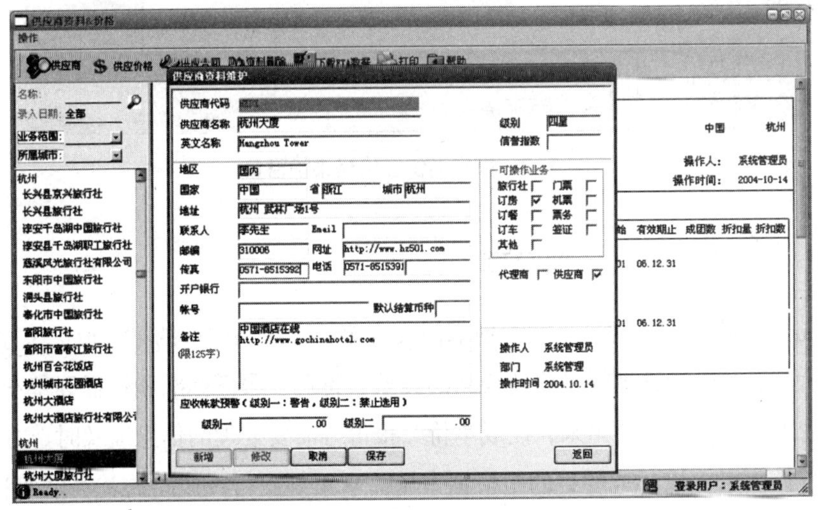

图 4–2 供应商资料维护窗口

3. 输入供应商信息

在“供应商资料 & 价格”窗口，点击“供应商”，打开“供应商资料维护”对话框，并在其中输入供应商的相关信息，完成即可保存并返回。

4. 供应商供应价格维护

再点击“供应价格”，并在“供应价格维护”对话框中输入采购来的供应商各种产品的价格。供应商资料输入完毕后，在“资源采购管理”中进行“供应资料审核”，经过审核的供应商产品就可以作为原材料用于旅行社线路“产品”的组装（图 4-3）。

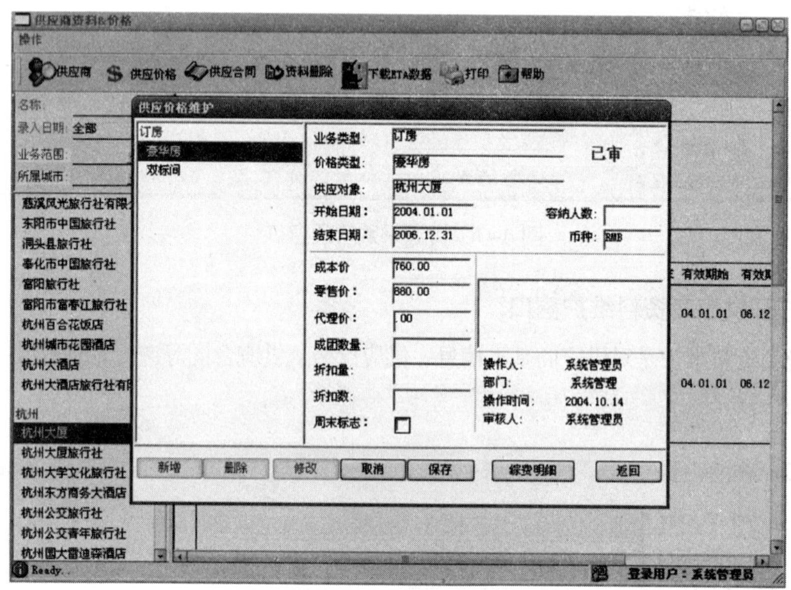

图 4-3　供应商供应价格维护窗口

（二）线路与团队计划管理

线路与团队计划管理是采购策划部门实现旅行社产品生产的第一道“工序”，通过管理信息系统进行管理就是要使线路的类型、特色、服务标准和行程等基本信息能准确、清晰、规范地描述出来，使成本价、报价等需要处理的信息能及时、方便地被计算和统计出来。该环节的目的是根据市场需求策划旅行社线路的基本框架和行程；同时利用采购的旅游供应商产品，核算此旅游线路的标准成本及最后报价等。

1. 进入“线路设计”界面

线路设计一般包括线路设计与管理—线路报送与审核（图 4–4）。

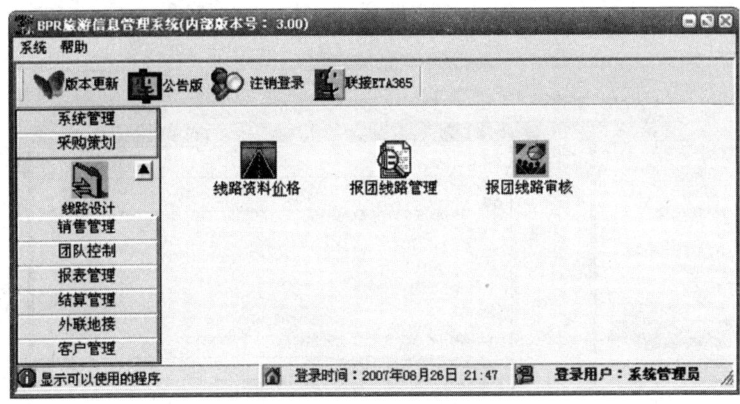

图 4–4　线路设计窗口

2. 点击“线路资料价格”，进入“线路资料管理”窗口

3. 线路基本资料录入

点击“线路资料”，打开“线路资料”对话框，输入线路的基本资料，包括线路代码、线路特色、服务标准等。输入完毕，即可保存、返回（图 4–5）。

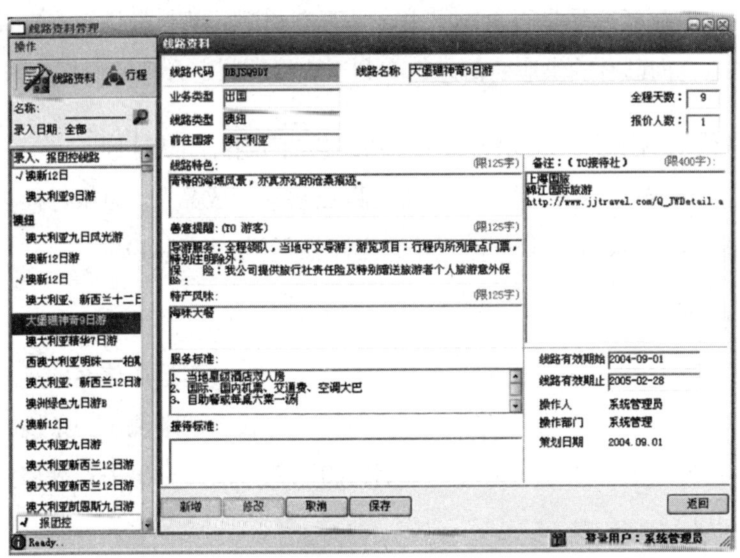

图 4–5　线路基本资料录入对话框

4. 确定线路行程

在“线路资料管理”窗口点击“行程”，打开“线路行程”对话框（图 4–6），按日期顺序输入每日行程及其旅游构成要素。

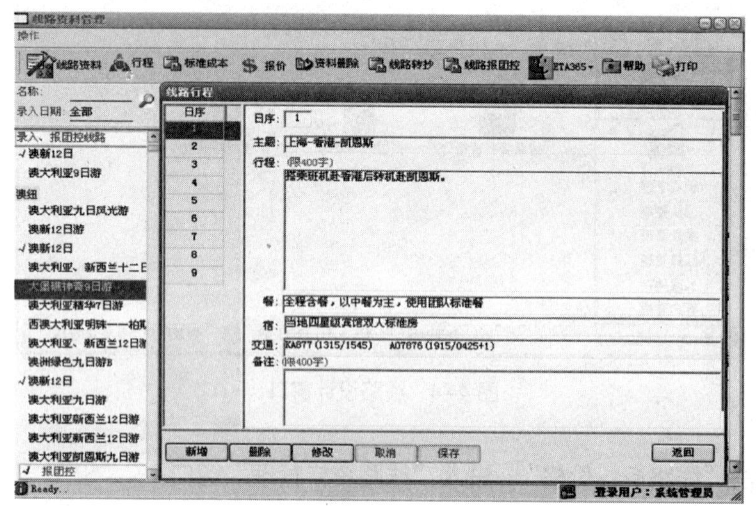

图 4–6　线路行程制定对话框

5. 制定线路成本价格和对外报价

这个环节是线路策划过程中的关键，有了标准成本和对外报价的线路才具备出售的条件，而旅行社产品是否卖得出去、是否有利润，都与价格策略有关。计算机系统能方便地查询已有的供应商信息，有利于旅行社制定合理的价格（图 4–7）。

6. 定好价格的线路报送团控部门，由团控部门制订团队计划

在制定完价格的旅游线路终于变成可以出售的“成品”，但旅行社真正销售的成品是团队。因此，要把策划好的线路报送团控部门（图 4–8）。

7. 制订团队计划

制订好线路，犹如铺好了北京到上海的铁路，而真正运送旅客的是列车。一天该发几趟车呢？这是铁路部门必须认真计划的。对旅行社来说，一条线路一个月该发几个团也需要周密计划。而确定下日期的团队就可以发布出去，等待接受游客报名了（图 4–9）。

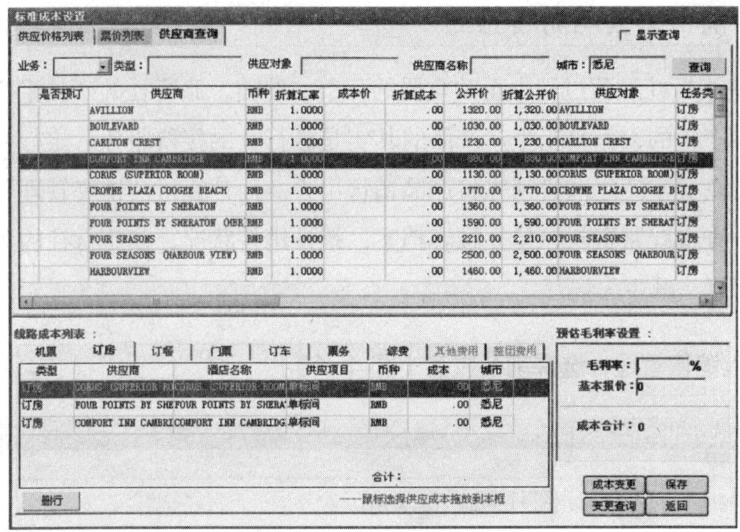

图 4-7　线路供应商选择与标准成本预算窗口

图 4-8　线路报送团控按钮

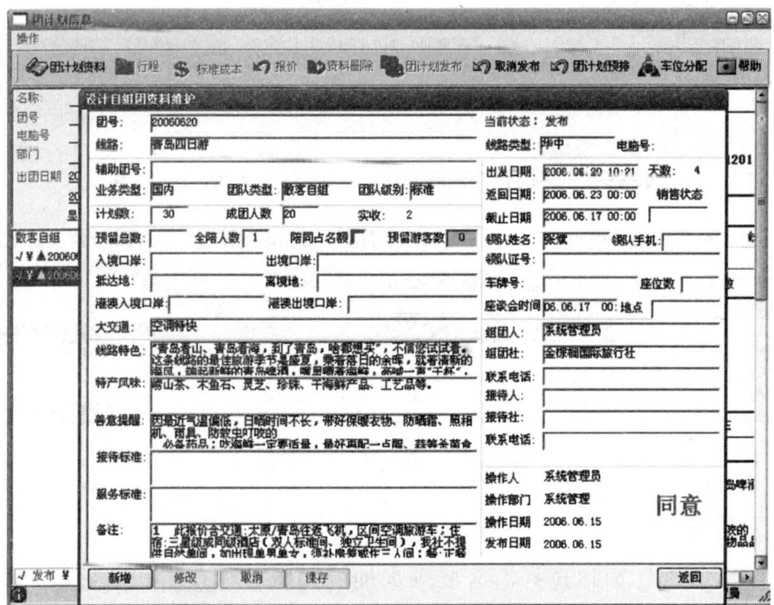

图 4-9　制订团队计划窗口

（三）前台销售与游客报名

销售是旅行社经营过程中至关重要的环节。此前，旅行社的产品生产是在“虚拟”状态中产生的，而真正生产产品的其实是旅行社的接待服务。旅行社的经营特点就是：在真实生产之前必须先将产品销售出去。而计算机“销售管理”能方便地挑选团队，查询线路资料，建立顾客档案，统计销售状况，使旅行社的各门市电脑终端互通信息，减少失误。

1. 进入销售管理，选择前台收客（图 4–10）

图 4–10　前台收客系统

2. 点击“团队收客”，打开“团队收客”对话框（图 4–11）

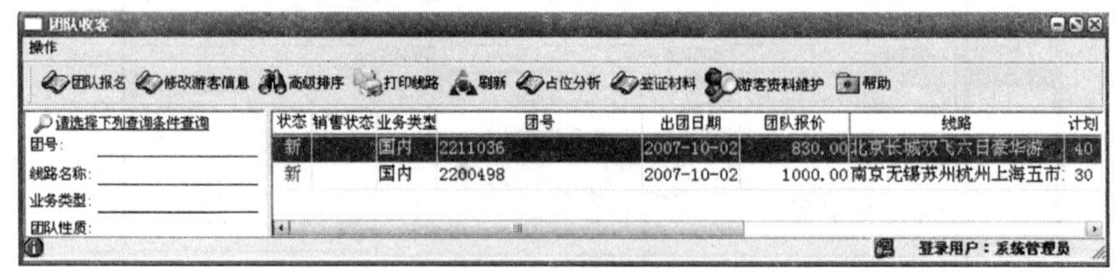

图 4–11　团队收客对话框

3. 接受报名

在“团队收客”窗口选择游客要求参加的团队，再点击团队报名（图 4–12），这样就可以接受游客的报名了。

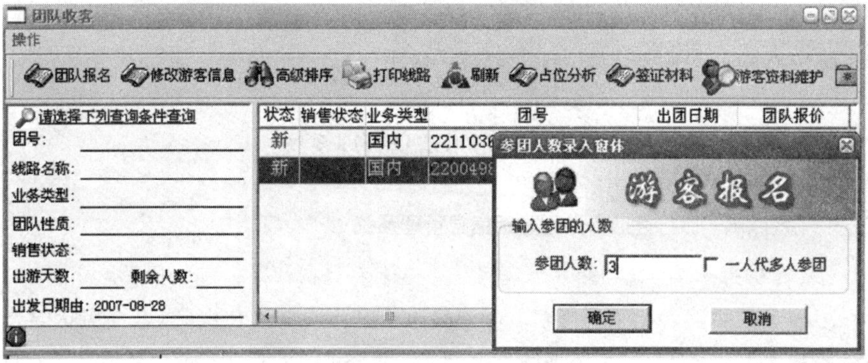

图 4-12　游客报名

4. 录入游客信息

在确定本次参团报名的人数后，就进入游客登记窗口，录入游客信息（图 4-13）。

旅行社管理信息系统是旅行社内部办公和业务处理的电子化平台。由于旅行社内部办公和业务处理并不涉及产品的实体加工，因此，一个旅行社内部的办公和业务运营基本上都可以信息化，通过软件系统平台来进行和完成。这里仅选取了其中有代表性的三个关键环节，大家通过这三个环节也能切实地感受到信息化给旅行社内部业务运营带来的变革，感受到它的方便、快捷和强大功能。

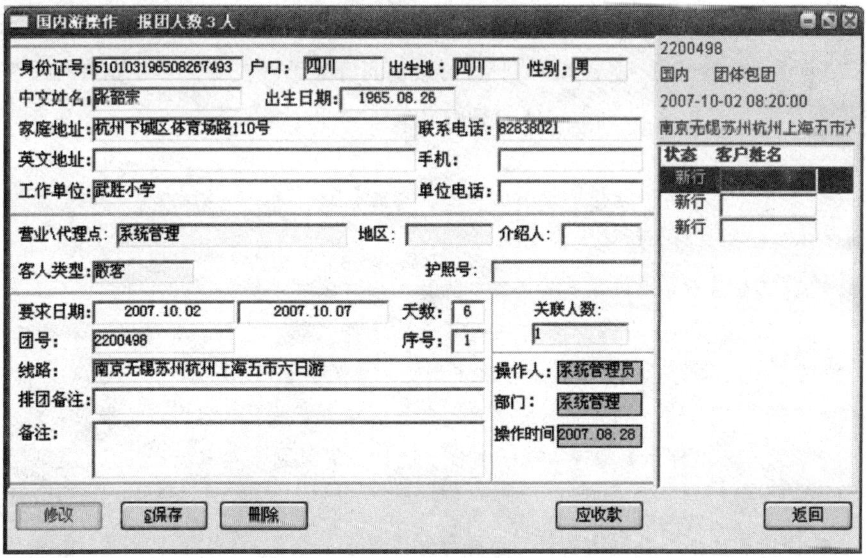

图 4-13　游客信息录入

知识链接 搜索

旅行社常用信息管理系统

（一）“金棕榈”旅行社业务流程重组信息管理系统

“旅行社业务流程重组信息管理系统”是上海棕榈计算机信息服务公司推出的国际旅行社和国内旅行社系列管理软件中较为突出的一款。它基于美国哈佛大学米西尔·哈默博士的BPR理论（业务流程重组），结合中国旅行社行业的经营特点，引入先进的信息技术平台，对旅行社的业务流程进行根本性的重新思考和彻底性的重新设计，再造新的业务流程系统。通过该系统，可以实现信息共享，做到外部信息内部化、内部信息一体化、业务流程电脑化、营销体系网络化、财务结算电子化、统计数据一致化；实现四个统一：采购策划统一、销售统一、团控统一、财务结算统一。

该系统分为采购策划、销售收银、团控、报表、结算等模块，主要功能包括供应商管理、线路设计策划、团队计划管理、批量生成团队计划、网点收客、收银开票、发票处理、单项服务、团队结算、用户权限管理等功能。前文任务讲解过程中使用的旅行社管理软件就是“金棕榈”旅行社业务流程重组信息管理系统。

（二）“旅管家”旅行社管理系统

“旅管家”是由苏州大途网络科技有限公司开发的一款专为中小型旅行社设计的集办公管理与业务操作于一体的旅行社管理系统。该系统的主要业务模块功能如下：

- 资源管理：方便快速查找公司所有的资源信息，进行统一采购、统一控制，减小采购的风险，防止飞单；
- 客户管理：可提供客户关怀，如生日祝福、旅行过程短信关怀等，维护客户关系；可进行客户消费管理，通过客户的消费次数、金额，分析客户消费行为，为客户提供更好的个性化服务，并开展会员管理；
- 产品管理：通过系统进行旅游产品策划，编制行程，确定服务标准，并对已策划的产品实行分类管理，便于查找、统计，更有利于在原有产品基础上开发新产品；
- 计调管理：可编制团队计划，进行发团管理，预算、决算团队费用，控制团队成本；

- 销售管理：可通过系统产生订单，进行订单管理，完成收款、开票、退款等操作。

任务二　旅行社产品的网上营销

一、任务引入

据中国互联网络信息中心（cnnic）调查统计，截至 2017 年 6 月，中国网民人数已经达到 7.51 亿，其中，在网上预订旅行产品的网民也已经达 3.34 亿。在网上预订旅行产品的网民中约 10% 的人预订了旅行团推出的旅游度假线路。本任务要求学生进行旅行社产品的网上发布、搜索、预订及处理等网上营销工作。

二、任务分析

要实现旅行社产品的网上营销，首先就需要实现旅行社产品的网上发布和产品信息的及时更新，其次要方便游客进行旅游信息查询和预订，要做到与旅游消费者网上互动，高效、快速、周到地处理游客发出的咨询问题和预订单据，为此应首先学习以下相关知识。

三、相关知识

（一）旅游电子商务

旅游电子商务是旅游企业基于互联网络技术，运用电子手段实现旅游商务活动的过程。狭义地讲，旅游电子商务是在网上进行的旅游产品的电子交易，利用网络进行的各种旅游经营活动和商业活动，如网上宣传与营销推广、市场调查分析、财务核算和计划安排等。

（二）常见旅游电子商务的类型

1. 旅游企业对旅游消费者电子商务（Business to Customer，简称 B2C）

它是旅游企业通过电子手段进行产品与服务电子零售的交易方式或者说是旅游消费者通过旅游网络平台进行网上旅游产品与服务的购买方式。任务二主要是针对这种电子商务方式，并从旅行社角度来进行产品的网上营销。

2. 旅游企业对旅游企业电子商务（Business to Business，简称 B2B）

它是旅游企业间通过电子手段进行销售和采购的交易方式。

3. 旅游企业对政府电子商务（Business to Government，简称 B2G）

它是企业与政府部门间通过电子手段进行的旅游交易或其他联系，如政府部门运用电子手段进行公务旅行采购或咨询。

4. 旅游企业对非旅游企业电子商务（Business to Enterprise，简称 B2E）

它是旅游企业与其他非旅游企业间通过电子手段进行的旅游交易或其他联系。例如，旅游企业运用电子手段代理其他企业的商务差旅服务与管理，或旅游企业通过网络向其他非旅游企业进行采购等。

（三）旅游电子商务的特点

1. 无时空限制

互联网遍布全球，这使旅游企业可以打破地域限制进行产品和服务的全球营销。互联网全年无休，24 小时不间断地运行，使旅游企业能够突破门店经营的时间限制，实现全天候营销。旅游电子商务犹如永不落幕的全球旅游交易会。

2. 虚拟性

在旅游电子商务过程中，任何实体都是以数字化信息的形式在网上出现的，无论它是文字信息、视频信息、音频信息或其他形式的信息，虚拟性是所有电子商务的共同特点。

3. 信息聚合与业务集成

旅游电子商务可以将旅游产业链上各方面的信息——供应商信息、旅游资源信息、游客需求信息等集中起来，形成一张巨大的信息网。同时，它使传统方式下分散的部门分割在信息流的贯穿中整合起来，形成一条业务自动化处理链，大大提高业务在不同处理阶段的关联性和协调性。

4. 个性化服务与客户关系的网络化管理

由于网络汇聚了极其丰富的旅游信息，旅游消费者的选择余地变得十分广阔，旅游消费已经进入了个性化时代。此外，旅游电子商务不再依赖面对面的交流和交易，网络化、智能化也将成为旅游企业进行客户关系管理的主要特点。

四、任务实施

将旅行社产品的网上营销分为四个基本环节：旅行社产品的网上发布、游客网上查询信息、游客网上预订和支付、旅行社订单处理与确认。如果能够在网上实现在线支付，游客网上预订和旅行社订单处理与确认可以一次完成；如果支付需要离线进行，则在游客提交预订单据后，旅行社订单处理与确认就需要至少两次才能完成。

（一）旅行社产品的网上发布

首先，旅行社的计划或计调部门需要将近期推出的旅游产品及其行程单、服务标准等详细资料按线路类型进行整理、归类。如果旅行社已经运用了管理信息系统，实现了内部网上运营，则可以非常方便地从内部系统中调出已经排好的成团计划。其次，旅行社市场营销或负责宣传的部门根据整理好的近期产品清单，为重点产品配备相应的景点图片和旅游目的地风土人情资料。再次，旅行社网站制作与管理部门或外包公司根据产品资料和相应的宣传材料制作各类线路及产品的具体网页。最后，由网站管理人员将做好的网页上传到服务器，进行发布。

旅行社在网上发布旅游产品一定要注重时效性与美观性。图 4–14 是一家旅行社为国庆节推出的旅游专版。

图 4–14　旅行社在网上发布的旅游产品

（资料来源：浙江省中青国际旅游有限公司，http://www.zjcyts.com/）

（二）游客网上查询信息

此环节的目的是让游客在网上查询旅游信息，寻找满意的旅游产品。让游客通过在线的方式发现符合自己旅游意愿的旅游产品是旅行社实现网上销售的开始。这一般可以分为两个步骤，首先让游客找到预想的旅游产品，然后让其进一步了解该旅游产品。

1. 旅游产品的快速搜索

旅行社在网站上发布产品，应该按照线路的类型，如长线、短线、特定区域等进行分类展示，使前来访问的游客比较容易地确定想要浏览的范围。同时，网上还应该提供方便快捷的查询方式，让游客可以在不大量浏览网页的情况下直接查找需要的旅游产品。中国互联网络信息中心的调查表明，有 73% 的网络旅游预订者选择网上预订就是因为能节约时间，大大超过看重价格优惠这一原因的 44.4% 的网上预订者比例。因此，一个旅行社的网站能否在尽量短的时间内让游客查找到满意的旅游产品，是该旅行社网站能否抓住这个游客的关键因素之一。同样的调查还显示，有 27.4% 的网上预订者抱怨查询信息烦琐，有 25.1% 的网上预订者抱怨查询速度慢，这说明还有不少旅行社或其他旅游网站这些方面的工作需要改进。图 4–15 是某旅行社网站提供的快速查询功能，图 4–16 是在该旅行社网站按线路名称对含云南的线路产品快速查询的结果。

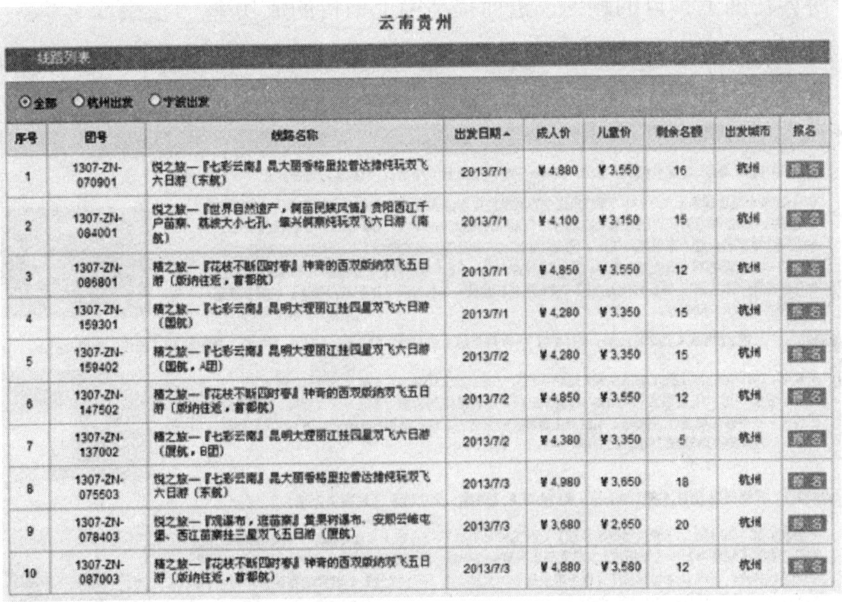

云南贵州

线路列表

⊙全部 ○杭州出发 ○宁波出发

序号	团号	线路名称	出发日期▲	成人价	儿童价	剩余名额	出发城市	报名
1	1307-ZN-070901	悦之旅—『七彩云南』昆大丽香格里拉普达措纯玩双飞六日游（东航）	2013/7/1	¥4,880	¥3,550	16	杭州	
2	1307-ZN-084001	悦之旅—『世界自然遗产，侗苗民族风情』贵阳西江千户苗寨、荔波大小七孔、镇兴侗寨纯玩双飞六日游（南航）	2013/7/1	¥4,100	¥3,150	15	杭州	
3	1307-ZN-086801	精之旅—『花枝不断四时春』神奇的西双版纳双飞五日游（版纳往返，首都航）	2013/7/1	¥4,850	¥3,550	12	杭州	
4	1307-ZN-159301	精之旅—『七彩云南』昆明大理丽江挂四星双飞六日游（国航）	2013/7/1	¥4,280	¥3,350	15	杭州	
5	1307-ZN-159402	精之旅—『七彩云南』昆明大理丽江挂四星双飞六日游（国航，A团）	2013/7/2	¥4,280	¥3,350	15	杭州	
6	1307-ZN-147502	精之旅—『花枝不断四时春』神奇的西双版纳双飞五日游（版纳往返，首都航）	2013/7/2	¥4,850	¥3,550	12	杭州	
7	1307-ZN-137002	精之旅—『七彩云南』昆明大理丽江挂四星双飞六日游（厦航，B团）	2013/7/2	¥4,380	¥3,350	5	杭州	
8	1307-ZN-075503	悦之旅—『七彩云南』昆大丽香格里拉普达措纯玩双飞六日游（东航）	2013/7/3	¥4,980	¥3,650	18	杭州	
9	1307-ZN-078403	悦之旅—『观瀑布，逛苗寨』黄果树瀑布、安顺云峰屯堡、西江苗寨挂三星双飞五日游（厦航）	2013/7/3	¥3,680	¥2,650	20	杭州	
10	1307-ZN-087003	精之旅—『花枝不断四时春』神奇的西双版纳双飞五日游（版纳往返，首都航）	2013/7/3	¥4,880	¥3,580	12	杭州	

图 4–15 旅行社网站提供的快速搜索

（资料来源：浙江省中青国际旅游有限公司，http://www.zjcyts.com/）

出境游 国内游

出发日期：

013-7-3 至 13-7-10

出发地：杭州

目的地：云南贵州

天数：

预算：

搜索

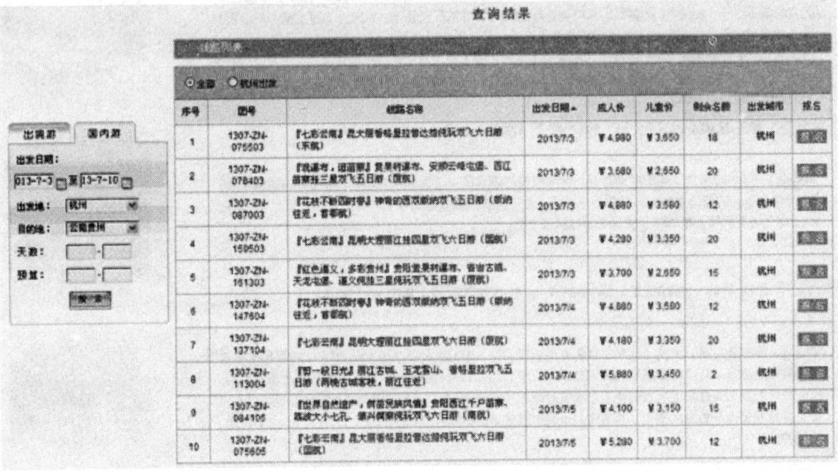

查询结果

线路列表

⊙全部 ○杭州出发

序号	团号	线路名称	出发日期▲	成人价	儿童价	剩余名额	出发城市	报名
1	1307-ZN-075503	『七彩云南』昆大丽香格里拉普达措纯玩双飞六日游（东航）	2013/7/3	¥4,980	¥3,650	18	杭州	
2	1307-ZN-078403	『观瀑布，逛苗寨』黄果树瀑布、安顺云峰屯堡、西江苗寨挂三星双飞五日游（厦航）	2013/7/3	¥3,680	¥2,650	20	杭州	
3	1307-ZN-087003	『花枝不断四时春』神奇的西双版纳双飞五日游（版纳往返，首都航）	2013/7/3	¥4,880	¥3,580	12	杭州	
4	1307-ZN-159503	『七彩云南』昆明大理丽江挂四星双飞六日游（国航）	2013/7/3	¥4,280	¥3,350	20	杭州	
5	1307-ZN-161303	『红色遵义，多彩贵州』贵阳黄果树瀑布、青岩古镇、天龙屯堡、遵义纯挂三星纯玩双飞五日游（厦航）	2013/7/3	¥3,700	¥2,650	15	杭州	
6	1307-ZN-147604	『花枝不断四时春』神奇的西双版纳双飞五日游（版纳往返，首都航）	2013/7/4	¥4,880	¥3,580	12	杭州	
7	1307-ZN-137104	『七彩云南』昆明大理丽江挂四星双飞六日游（厦航）	2013/7/4	¥4,180	¥3,350	20	杭州	
8	1307-ZN-113004	『那一缕日光』丽江古城、玉龙雪山、香格里拉双飞五日游（两晚古城客栈，丽江往返）	2013/7/4	¥5,880	¥3,450	2	杭州	
9	1307-ZN-084105	『世界自然遗产，侗苗民族风情』贵阳西江千户苗寨、荔波大小七孔、镇兴侗寨纯玩双飞六日游（南航）	2013/7/5	¥4,100	¥3,150	15	杭州	
10	1307-ZN-075605	『七彩云南』昆大丽香格里拉普达措纯玩双飞六日游（国航）	2013/7/5	¥5,280	¥3,700	12	杭州	

图 4–16　游客通过快速搜索获得的结果

（资料来源：浙江省中青国际旅游有限公司，http://www.zjcyts.com/）

2. 旅游产品的详细信息

旅行社网站不仅需要向游客提供方便快捷的旅游信息查询，而且，应该针对游客满意的旅游产品给予尽量详细的产品介绍。给游客提供的相关信息越详细，就越能减少游客在网上预订的顾虑，进而提高网上销售的成功率。

图 4–17 是某旅行社昆明、大理、香格里拉、普达措纯玩双飞六日游的详细介绍。

行程说明　Top

第1天　杭州-昆明-大理（约380公里，约4.5小时）（用餐：中晚）（住宿：大理）

06：30萧山机场国内出发厅9号门旁边浙江中青旅柜台集合(所有出港的国内、国际及地区航班旅客办理登机手续的截止时间为航班起飞前40分钟)，乘飞机MU5655（08：00/10：55）前往四季如春的昆明。乘车至大理，车观洱海风光，远观大理标志—崇圣寺三塔的雄威，苍山十三峰静静矗立在洱海边，为大理的湖光山色凭添秀美。后游览"文献名邦"—【大理古城】，漫步于中外驰名的外国人旅居的家园--"洋人街"，体会独特的异国风情（电瓶车自理，参观时间不少于30分钟）。晚餐品味正宗大理白族风味—砂锅鱼。

第2天　大理-虎跳峡（约280公里，约4小时）-香格里拉（约100公里，约2小时）（用餐：早中晚）（住宿：香格里拉）

早餐后，08：00出发，乘车前往中甸，远眺长江第一湾，游【虎跳峡】（游览时间不少于40分钟），全长18里，分上虎跳、中虎跳、下虎跳三段，迂迴道路25公里，东面为玉龙雪山，西面为哈巴雪山，峡谷垂直高差达3790米，是世界上最深的峡谷之一。晚可自费参加藏民家访（时间约1小时），欣赏藏族歌舞表演、晚会品尝藏族小吃。

第3天　香格里拉-丽江（约170公里，约5小时）（用餐：早中晚）（住宿：丽江）

早餐后，08：30出发，【普达措国家公园】（游览时间不少于3.5小时）（含环保车）：素有高原明珠之称的【碧塔海】、【属都湖】，这里有水美草丰的牧场、百花盛开的湿地、飞禽走兽时常出没的原始森林。乘车从中甸到丽江，晚上可自费欣赏大型歌舞《丽水金沙》（观赏时间不少于1小时）。

第4天　丽江玉龙雪山（用餐：早中）（住宿：丽江）

早餐后，08：30出发，乘车至【大玉龙雪山风景区】把自己的全部身心投入于丽江的蓝天白云间（含进山费，可根据自身身体状况选择大索道或云杉坪索道、或不上山，索道和环保车费用自理，游览时间不少于3.5小时，人多等因素可能会增加时间）游览东巴胜地—东巴谷；玉水寨—纳西民族文化与自然风景的完美融合；丽江的标志性景点之一的—黑龙潭公园。可自费欣赏张艺谋编导的《印象丽江》（观看时间约1小时）。后游览【束河古镇】在世界文化遗产丽江古城中寻味纳西民族的纯朴文化。晚餐自理，可去丽江古城自费品尝纳西族小吃。餐后在河边的酒吧喝上一杯，在少数民族开阔的歌声中陶醉。

第5天　丽江-昆明（约500公里，约8小时）（用餐：早中）（住宿：昆明）

早餐后，08：30出发，乘车返回昆明。途中游览4A级景区—【银都水乡新华村】（游览时间不少于1.5小时，含门票、电瓶车、游船、三道茶）感受寸氏白族庄园的古老与神秘，品一苦二甜三回味的白族三道茶歌舞。晚餐可自费品尝当地风味小吃。

第6天　昆明-石林（约80公里，约1小时）-昆明-杭州（用餐：早中）（住宿：-）

早餐后，乘车赴石林，游览【路南石林】（电瓶车自理，游览时间不少于1.5小时），观赏那多姿多彩的喀斯特地貌，体味彝族撒尼人的独特风情。中餐品尝云南过桥米线。随后前往集旅游景点和云南特产大蚕草为一体的【七彩云南】（游览时间不少于1小时），七彩云南为昆明特色旅游购物参观点，在此观云南少数民族建筑、品茶艺、土特产品展示。乘机MU5456（22：25/01：00+1）返回可爱的家。

图 4–17　旅行社旅行产品的详细介绍

（资料来源：浙江省中青国际旅游有限公司，http://www.zjcyts.com/）

我们可以看到，网页中列出了该旅行产品的具体行程单和简单介绍，以帮助访问者了解行程及旅游目的地情况。如果游客还有疑问，也可以通过即时通信软件进行在线咨询。游客充分了解了该旅行社产品并乐意接受该产品后，就可以在网上直接报名预订了。

（三）游客网上预订和支付

游客网上直接预订是旅行社获得网上旅游市场、实现网上营销的关键。因此，提供网上预订是旅行社网站需要具备的重要功能。如果能够进一步实现在线支付，将确保网上预订的成功率，大大节约交易费用。为方便游客网上预订，网站一般应当提供网上预订指导，而初次进行网上预订的游客也应该首先阅读相关资料，特别是如何付款、如何签订旅游合同等重要资料，在弄清楚这些问题后再进行预订。

首先，选择预订或报名按钮，进入网上预订。一般旅行社网站为了方便游客预订，都会在产品详细介绍后给出“预订”或“报名”按钮。

其次，游客在预订方式询问窗口中选择预订方式，填入出行人数（图 4–18）。

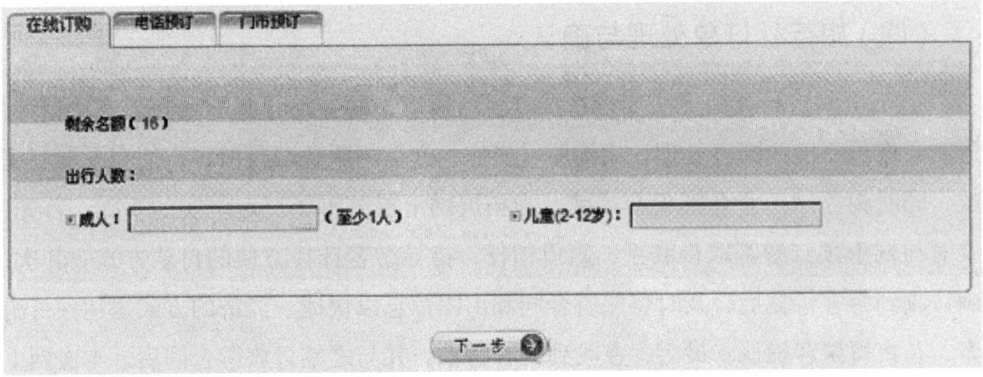

图 4–18　旅行社网站预订方式选择界面

（资料来源：浙江省中青国际旅游有限公司，http://www.zjcyts.com/）

再次，填入姓名、身份证号码、联系方式等相关资料，进行网上报名（图 4–19）。

最后，在完成网上预订报名后，就应该进行付款操作。目前，部分旅行社已经可以通过网上银行或支付宝进行网上付款，否则，将提示到最近的门市付款。

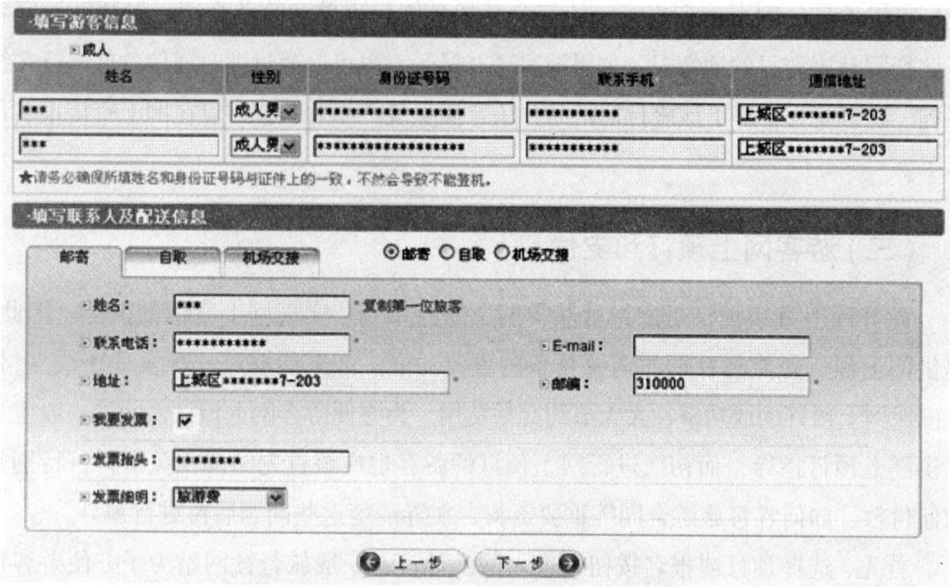

图 4-19　旅行社网站预订成功后的确认界面

（资料来源：浙江省中青国际旅游有限公司，http://www.zjcyts.com/）

（四）旅行社订单处理与确认

由于一些旅行社尚无法实现在线支付，所以，网上预订并不等同于成功预订，还需要进行积极的预订处理，用优质、快速、守信的服务赢得游客，使交易顺利完成，同时树立网上企业形象与品牌，为拓展网上旅游市场奠定坚实的基础。首先，及时与网上预订游客取得联系，赢得信任，指导游客选择方便的付款方式。其次，确认收到游客付款后，及时将旅游合同和出团信息以快捷、经济的方式送达预订游客，并获得游客确认。最后，在收到游客付款，并与之签订旅游合同后，本次网上旅游产品销售才顺利完成。

旅行社进行网上产品营销，即开展旅行社 B2C 电子商务，是旅行社未来发展的大势所趋。由于旅行社并不涉及产品的实体加工，所需的物流也仅限于文本与票据，随着网上支付的进一步普及，旅游产品具有开展电子商务的天然优势。所以，旅行社应当抓住机遇，扬长避短，积极发展网上营销，这样，互联网及其电子商务不但不会成为旅行社发展的天敌，反而将转化为旅行社前进的动力，为其开拓出广阔市场。

推荐网站

考察以下旅游电子商务网站的B2C产品营销：

[1] 携程旅行网，http://www.ctrip.com

[2] 中青旅遨游，http://www.aoyou.com

[3] 芒果网，http://www.mangocity.com

[4] 中国旅行社总社，http://www.ctsho.com

[5] 国旅在线，http://www.cits.com.cn

[6] 康辉旅游，http://www.cits.com.cn

[7] 浙江新世界旅游，http://www.youwan.com

[8] 引力旅行网，http://www.cq66.com

[9] 英国汤姆森旅游，ttp://www.thomson.co.uk/

任务三　旅行社间的网上运营

一、任务引入

越来越多的旅行社开始通过网络来与合作伙伴，开辟新市场，进行无纸化的远程数据交换和业务交易。本任务要求利用网上电子商务平台进行旅行社间的信息交流、业务交易、接洽确认和单据传递等业务操作。

二、任务分析

要实现旅行社间的B2B电子商务，必须寻找一个在业内知名度相对较高的网站作为各方交易的中介平台，利用它实现旅行社间的网上业务运营，为此应首先学习以下相关知识。

三、相关知识

（一）认识旅行社间的电子商务运营

旅行社是最需要合作的旅游企业，一个旅行社的产品生产过程实际上就是在同其他旅行社和其他旅游企业合作的过程。而旅行社间的网上运营可以分为两个层次：一个是已有业务关系的旅行社通过网络进行数字信息交流和数字文本、单据的往来；另一个是原来没有业务交往，甚至彼此陌生的旅行社通过网络进行业务交易，即旅行社间的 B2B 电子商务。

由于互联网的出现和普及，以电子数据的形式实现两个合作旅行社间的信息交换已经十分方便，常用的有 E-mail、网络传真、即时通信软件（QQ、微信）等工具。然而，要实现旅行社间的 B2B 电子商务，并不是旅行社上网就能够轻易实现的。网上的信息浩如烟海，旅行社的网站犹如大海中的孤岛，很难让其他同行广为知晓。此外，陌生的旅行社间进行业务交易，存在资金风险，所以要开展旅行社间的 B2B 电子商务比实现电子数据交换难度更大，需要一个知名度较高的业内网站作为各方交易的中介平台，对网上交易提供一定的信用保障。通过这个交易合作平台，旅行社之间就可以进行自由交易，实现更广泛的网上运营，从而有效地降低了交易成本，并提高了交易效率，寻找新的合作伙伴，开辟新的领域。

（二）了解旅行社 B2B 电子商务的主要功能

1. 虚拟经营

B2B 电子商务对于传统旅游而言是一种崭新的信息手段和经营方式，旅行社与电子商务接轨将从根本上改变旅游企业小作坊式的手工操作模式，借助电子商务软件，旅行社将实现经营和网络上的虚拟经营相结合，从而扩大经营范围、经营领域和经营渠道。

2. 网络采购

旅行社向饭店、旅游交通部门购买产品的传统方式要通过电话、邮递等手续，费时费力。旅游产品消费具有异地性，通过 B2B 电子方式进行采购比传统的采购方式更具优势性。旅行社可以通过网络查询比较产品信息、选择采购单位，网上填写电子订单，采购就可以完成。网络采购节省了大量的时间和费用，而且旅行社能及时变更、修改采购需求，查询采购情况，有利于应付突发情况。

3. 网络营销与网上合作

B2B 电子商务还为旅行社打破了地域、语言等条件的限制，向同业销售成品或半成品，从而为扩大组团和地接业务创造了条件，有利于旅行社开展行业内或行业间的合作。

（三）典型旅游同业平台

要实现旅行社之间以及旅行社与旅游供应商之间的网上交流与交易，就需要一个共同的运营平台，这个平台往往是一个在业内有一定知名度的门户网站。图 4–20 所示是同业 114 的首页。同业 114 为旅游 B2B 同业交易平台，为旅行社、票务、景区、酒店、交通等在内的旅游企业，提供 24 小时在线即时交流和交易服务。同业 114 在 WEB 2.0 网站的基础上，率先在国内推出同业 MQ 即时通信软件，实现了“网站 + 即时通信软件”相结合的新一代应用模式，方便了用户在业务操作过程中即时洽谈，有助于实现旅游业务操作的全程信息化和无纸化，使旅游同行之间能更加高效畅通地交流和交易。

图 4–20　旅游同业 114 首页

（资料来源：同业旅游 114 网站，http://www.tongye114.com/）

四、任务实施

我们可以将旅行社间的网上运营分为三个基本环节：加入某旅游同业网站成为会员；通过该网站平台发布和管理自己的业务信息；通过该网站平台查询其他会员企业发布的业务信息，寻找到合适的交易对象。

下面我们以同业旅游 114 为例，介绍旅行社间实施网上运营的这三个环节。

（一）注册旅游同业网站会员

1. 打开旅游同业 114 网站

在旅游同业 114 点击免费注册就可以注册新会员。图 4-21 是新会员注册的第一个界面。目前，同业 114 为了扩大会员群，增强市场竞争力，仍是会员免费使用系统的策略。打开新会员注册页面后，按指示填写相关注册信息。同业 114 会员先需注册个人信息，然后确定在同业中的角色，再注册企业信息。

2. 填写注册信息

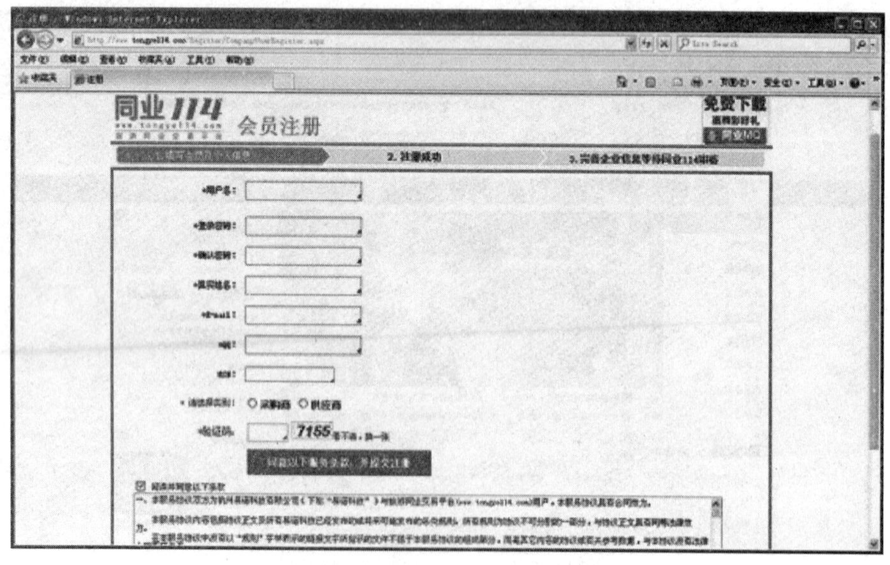

图 4-21　同业 114 的会员注册界面

（资料来源：同业旅游 114 网站，http://www.tongye114.com/）

3. 完成注册以用户身份登录

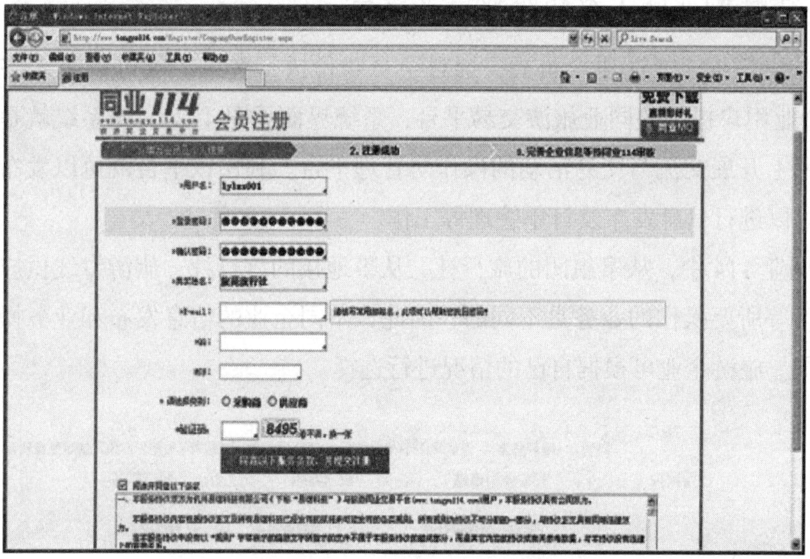

图 4-22　注册会员信息

（资料来源：同业旅游 114 网站，http://www.tongye114.com/）

注册成功后，就成为旅游同业 114 的会员，并可以用户身份进行身份登录（图 4-23）。

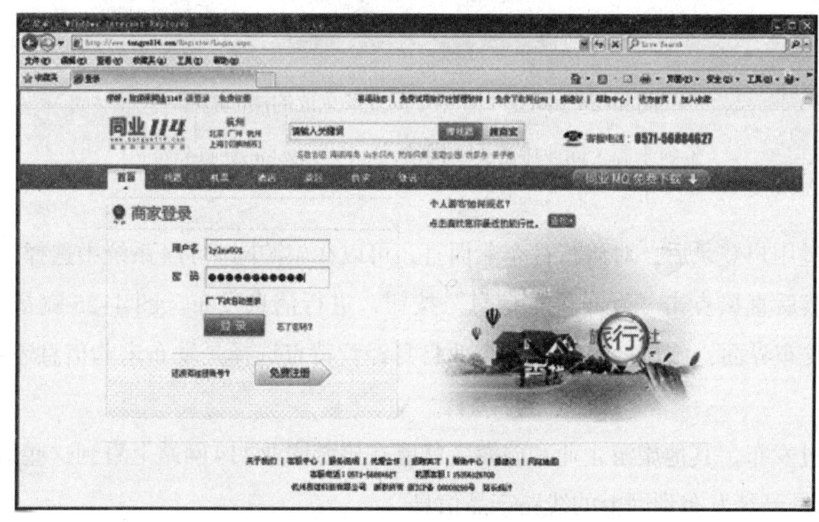

图 4-23　以用户身份登录同业 114

（资料来源：同业旅游 114 网站，http://www.tongye114.com/）

（二）在同业网上发布企业供求信息

在旅游同业 114 注册会员后，通过会员身份进行登录，就可以进入旅游同业 114 为企业用户提供的同业旅游交易平台，系统界面见图 4–24。该系统就是旅行社企业在网上开展交流与交易活动的操作与管理平台。利用该平台既可以发布企业信息，也可以进行信息发布及订单管理等工作。

在同业 114 中，从事组团的旅行社、从事地接的旅行社、旅游专线供应商和酒店、景区等所要操作的业务是不同的，因此，不同企业的信息发布和业务操作的流程也不同。旅游企业可根据自己的情况进行选择。

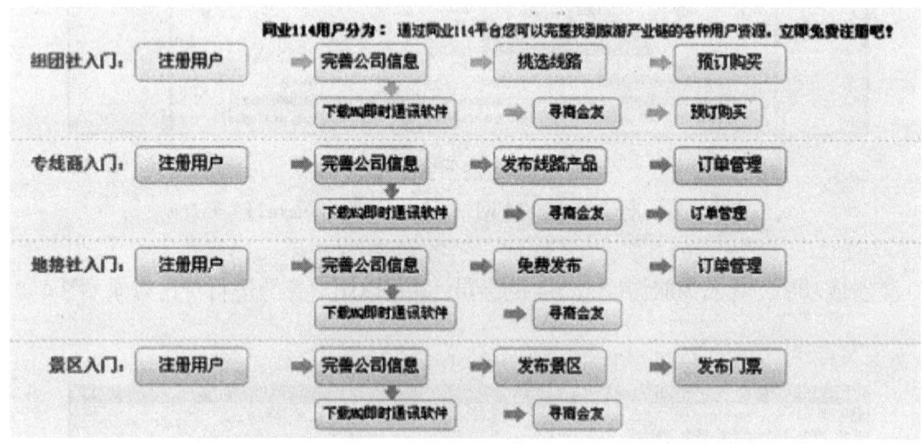

图 4–24 同业 114 中不同业务企业的操作流程

（资料来源：同业旅游 114 网站，http://www.tongye114.com/）

通过用户登录后，对旅行社企业而言，可以在旅游同业 114 系统中选择“供求”模块，然后直接点击“发布供求信息”按钮，进行信息发布。图 4–25 就是选择供求信息发布界面，旅行社需要根据企业自身经营特点选择是发布求购信息还是供应信息。

经过发布，其他旅游企业和旅游者就能在旅游同业 114 网站上看到这些信息了，图 4–26 是已经发布到网上的线路产品信息。

图 4-25　选择发布信息的类型

（资料来源：同业旅游 114 网站，http://www.tongye114.com/）

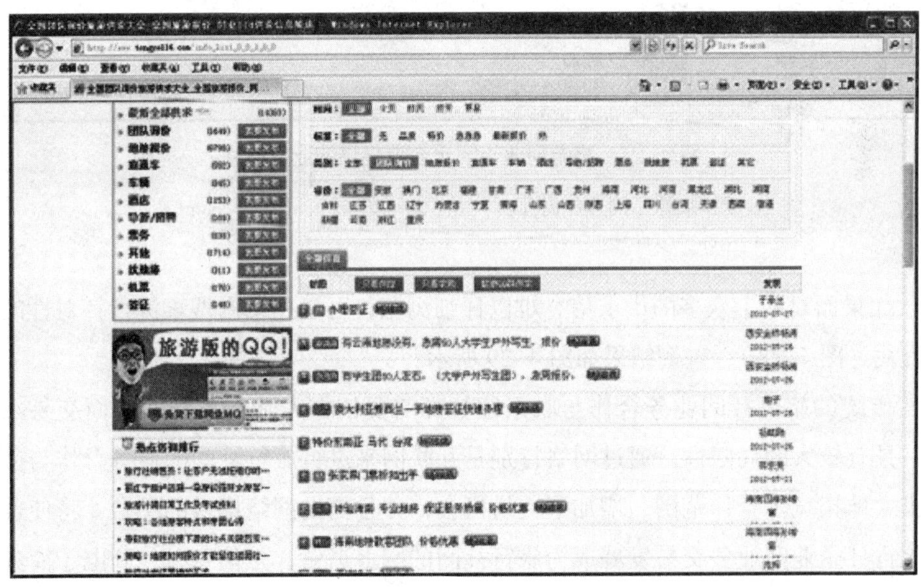

图 4-26　旅游同业 114 上已经发布的线路信息

（资料来源：同业旅游 114 网站，http://www.tongye114.com/）

（三）同业信息查询

在旅游同业 114 交易平台上有众多旅游企业寻价和报价信息，可供会员用户进行查询和比较，并通过网络来寻找和确定自己的交易伙伴。图 4–27 是其中的部分分类信息。

图 4–27　旅游同业 114 上企业提供的业务信息

（资料来源：同业旅游 114 网站，http://www.tongye114.com/）

如果面对网上众多的供求信息难以仔细浏览，可运用站内搜索进行针对性的快速查找（图 4–28），查询结果如图 4–29 所示。

传统的旅行社间业务合作与联系往往都需要依靠人际关系和面对面交易来实现，具有较大的局限性。通过网络特别是互联网来进行旅行社间的业务合作与交易则极大地拓宽了合作范围、增加了交易机会，并且借助网络提供的平台，将使普通的旅行社企业间业务交易发展成为旅行社间的网上运营，是信息时代和电子商务环境中旅行社现代经营的新方式。

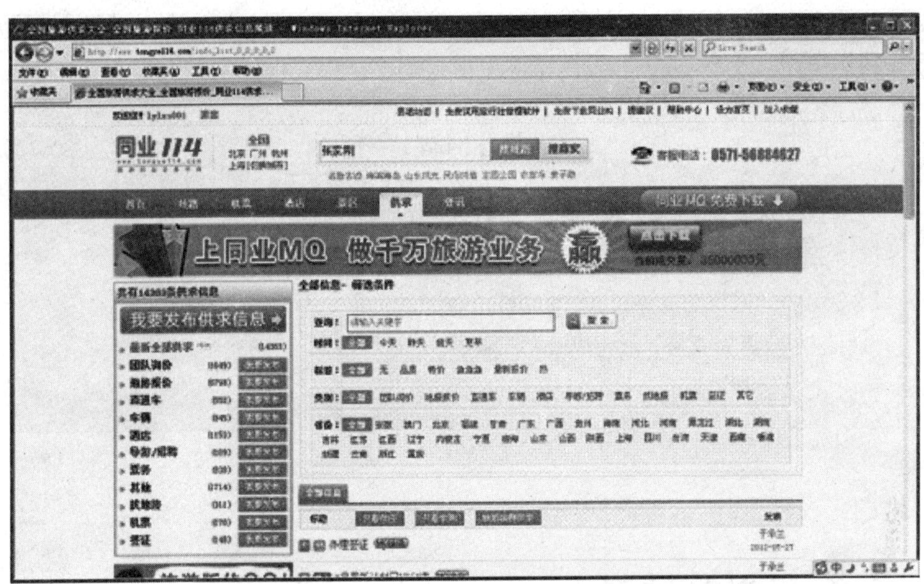

图 4-28　同业网上的快速搜索

（资料来源：同业旅游 114 网站，http://www.tongye114.com/）

图 4-29　同业网上的快速查询结果

（资料来源：同业旅游 114 网站，http://www.tongye114.com/）

推荐网站

考察以下旅游同业电子商务网站的B2B网上运营：

[1] 同程网，http://www.17u.net

[2] 国旅游网同业商务版，http://b2b.yahtour.com

[3] 263旅游同业网，http://www.263world.com

[4] 北京旅游同业信息网，http://www.tyxxw.cn

思考与练习

1. 将下列供应商资料录入旅行社管理信息系统的“供应商资料管理”；没有旅行社管理信息系统的，在Excel工作表中建立供应商资料档案。

供应商标志		供应商地址			联系人及联系方式			供应品名及价格	
名　称	代码	省	市	县	姓　名	电　话	传　真	品　名	价　格
丽景酒店	LJJD	浙　江	杭　州		文　芳	87624933	87624934	双标间	130元/间
西子餐厅	XZCT	浙　江	杭　州		刘小华	57426631	57426633	标配餐	80元/桌
千岛渔村	QDYC	浙　江	杭　州	淳　安	赵建平	65016868	65016869	风味餐	320元/桌

2. 根据下列资料，在旅行社管理信息系统中完成“天柱山精华二日游”线路设计；没有旅行社管理信息系统的，在Excel工作表中设计一张能体现“天柱山精华二日游”主要旅游环节及其费用的线路行程单。

天柱山精华二日游行程		
第 1 天	早武汉乘车（4 小时左右）赴安徽，午餐后游览天柱峡谷风景区：全长 3.5 千米，落差 200 多米。大小瀑布跌落成群，分布密集，数量众多，形态万千，堪称华东一绝。置身其中尽情领略山水之雄壮奔放和柔美缠绵。通天瀑落差百米，崖面嶙峋，河水腾空飞落，喷珠溅玉，气势恢宏。峡谷内河水空明澄澈，溪流淙淙；两岸青山相峙，云缠雾绕，似若仙境。晚上入住酒店。	住　宿 山　上
第 2 天	早餐后上山游览西关主峰景区天柱奇景六月雪，海拔 1000 米的天柱名松双掌承露，吸取天柱山日月之精华的象鼻石、天下第一花岗岩秘府——神秘谷、天柱山第二高峰天池峰、渡仙桥、试心崖、第一高峰天柱峰、汉武帝拜岳遗志、全国第三高山、人工平湖等景点，步行下山。午餐后乘车返武汉，结束愉快旅程！	住　宿 无

单项消费明细						
服　务	标　准	单　价	单　位	数　量	合　计	相关服务选项及明细
去程交通	国产空调巴士	50	人　次	1	50	
返程交通	国产空调巴士	50	人　次	1	50	
区间交通	国产空调巴士	30	人　次	1	30	
住宿标准	2~3 人标准间	30	人　天	1	30	
早　餐	中式桌餐	5	人　餐	1	5	
正　餐	桌餐八菜一汤	15	人　餐	3	45	
景点门票	各景点第一道门票	110	人　次	1	110	天柱山大门票 100 元、大峡谷 10 元
导　游	全程导游	0	人　天	2	5	
管理费＋税收			人	1	2+2	旅行社营业税费≈毛利×5.8%
特别提示	各单项服务价为本公司与相关单位协议价，我公司保证各单项收费标准均低于或不高于相关单位门市收费。					
计划毛利	29 元	毛利率设定：8%				
成人价	358 元 / 人					
儿童价	218 元 / 人	住宿、门票不含，其余同成人				

资料来源：根据武汉春秋国际旅行社资料改编

3. 访问携程旅行网，并在网上进行机票、酒店预订。

4. 了解常见旅行社管理信息系统的功能，谈谈你对旅行社运用管理信息系统的看法。

5. 根据信息化的特点，浅析信息化后旅行社业务流程可能产生的改变。

6. 简要分析携程旅行网的 B2C 和 B2E 产品类型与营销方式，并谈谈自己对旅行社电子商务的理解和开展旅行社电子商务的设想。

7. 比较传统旅行社合作与旅行社间网上运营的异同。

模块五
旅行社团体、散客接待业务

1. 了解团体旅游的接待业务与管理程序，掌握入境、出境、国内旅游的特点和接待业务的过程管理。
2. 掌握散客旅游的多元特点，为提供多元化、个性化服务储备技能。

任务一　入境团体旅游接待业务与管理

一、任务引入

中青旅入境旅游产品导入：

接待 ×× 中青旅 0709—ZAA—0115 团计划书：

我社自联澳大利亚客人，行程如下，请各地酒店及接待社严格按照计划认真接待，谢谢！国籍：澳大利亚　全陪：梅×× 139××××1842　导游：各地请派优秀英文导游。

人数：10 人 +1 全陪　用房：2 间双人房 +2 间大床 +2 间单人房 +1 全陪床（全陪要求无烟房）。行程单与团员名单见表 5–1 和表 5–2。

发：	TEL	FAX	联系人地址：
北京西西友谊饭店	010–66125599		北京西城区西单北大街 109 号
西安锦苑富润酒店	029–87336666		西安北大街 388 号
桂林桂湖大酒店	0773–2558899	2827209	桂林螺狮山 1 号
杭州中山国际大酒店	0571–87068899	87066591	杭州平海路 15 号
无锡锦仑大酒店	0510–82715858	82712048	无锡五爱北路 528 号
上海新协通酒店	021–63522888	63610188	上海市北京东路 398 号

Xixi Youyi Hotel Beijing　Add：No. 109 Xidan Beida Road, Beijing

Jinyuan Furun Hotel Xian　Add：No388 North Avenue，Xian

Park Hotel Gulin　Add：No 1 Luoshishan Road，Gulin

Zhongshan International Hotel Hangzhou　Add：No 15 Pinghai Road，Hangzhou

Jinlun Hotel Wuxi　Add：No528 North Wuai Road，Wuxi

The Bund River Side Hotel Shanghai　Add：No 398 East Beijing Road, Shanghai

苏州职工旅行社	0512–65165152	67488303	沈××
北京康辉旅行社	010–65940892	65940892	宁××
西安金桥旅行社	029–88213716	88278643	胡××

无锡海外旅行社　　0510-2728412 82750917　　胡××
桂林榕湖国旅　　0773-2885022 2885038　　覃××
武汉南方国旅　　027-85856661 85856660　　李××

表 5-1　XX 中青旅 0709—ZAA—0915 团计划行程

日　期	周	行　程	交　通	景　点	酒　店
9月15日	六	抵达上海	CX832（1030抵）2人 MH388（1410抵）2人 CX868（1830抵）3人 SQ836（2215抵）2人	分别派面包车接机送酒店休息，活动自理。	（自） 新协通
9月16日	日	上海 (BLD)		游览豫园、外滩、法租界、南京路，晚餐后观看杂技表演。	（自） 新协通
9月17日	一	上海 (BLD)		城市规划馆，上海博物馆，东方明珠塔，浦东新区。	（自） 新协通
9月18日	二	上海—苏州—无锡 (BLD)	BUS	早餐后前往苏州，游览留园、虎丘、寒山寺，参观丝绸厂，随后前往无锡。	（代） 锦仑
9月19日	三	无锡（BLD）		早餐后游览蠡园、鼋头渚，观太湖。	（代） 锦仑
9月20日	四	无锡—乌镇—杭州（BLD）	BUS	早餐后前往乌镇，乘船游览江南水乡后前往杭州。	（自） 中山国际
9月21日	五	杭州（BLD）		早餐后船游西湖，游览花港观鱼、灵隐寺，下午龙井问茶，宋城千古情，足浴。	（自） 中山国际
9月22日	六	杭州—北京（BLD）	CA1707（1520/1740）	早餐后，游览六和塔（含上塔），观钱塘江，下午乘机飞往北京，导游接机安排晚餐后观看京剧表演。	（代） 西西友谊
9月23日	日	北京（BLD）		游览天安门广场、故宫、颐和园。	（代） 西西友谊
9月24日	一	北京（BLD）		游览居庸关长城、定陵，晚餐吃北京烤鸭。	（代） 西西友谊
9月25日	二	北京（BLD）		早餐后游天坛，乘三轮车游览胡同，午餐在北京四合院享用，下午在北京雅秀市场自由购物。	（代） 西西友谊
9月26日	三	北京—西安（BLD）	CA1225（1535/1725）	早餐后自由活动，下午乘机赴西安。	（代） 锦苑富润
9月27日	四	西安（BLD）		早餐后游览兵马俑、穆斯林市场，晚餐品饺子宴，随后观看歌舞表演。	（代） 锦苑富润
9月28日	五	西安—宜昌—三峡（BLD）	HU7597（1730/1850）	游览大雁塔（含登塔）、古城墙，下午乘机赴宜昌，晚上上船。	（代） 总统二号

续表

日　期	周	行　程	交　通	景　点	酒　店
9月29日	六	三峡（BLD）		三峡大坝水利枢纽。	（代） 总统二号
9月30日	日	三峡（BLD）		换乘小游艇和扁舟在神农溪漂流游览。	（代） 总统二号
10月1号	一	三峡（BLD）		游览鬼城。	（代） 总统二号
10月2号	二	重庆—桂林（BLD）	MF8404（1120/1225）	从重庆下船后转乘车送机场，乘机赴桂林，抵达后接机，安排午餐，游览象鼻山、芦笛岩。	（代） 桂林
10月3号	三	桂林—阳朔—桂林（BLD）	BUS	早餐后船游漓江，游览阳朔，返回桂林。	（代） 桂林
10月4号	四	桂林—广州（B）	CA3231（0805/0900） 2人 CA4381（1355/1440） 2人	早餐后自由活动，指定时间集合送机。	
		桂林—香港—SYDNEY（B）	KA701（2125/2255） 6人	早餐后自由活动，指定时间集合送机。	

备注：1. 出入境机票境外处理。导游代为确认机位。

2. 各地购物：北京同仁堂 / 景泰蓝 / 玉器、西安地毯 / 复制兵马俑、桂林字画、杭州茶叶、无锡珍珠、苏州丝绸、上海貔貅。

3. 境外处理杭州 / 北京、北京 / 西安、桂林 / 广州的机位，其他各段内陆机位请各地旅行社代订。团队中 Denis Birt 和 Jennifer Birt 客人 10 月 4 日桂林 / 广州 CA4381（1355/1400），VOHLAND/KEITHMR 和 VOHLAND/ANNETTE MRS 客人 10 月 4 日桂林 / 广州 CA3231（0805/0900）。

4. 此团中有一位客人 MS FRIEDLAND HELENE 于 9 月 14 日乘 CX6868（18:30 抵）提前抵达上海，安排住新协通酒店 1 晚 1 间单人大床房，我社派车接机送酒店。

5. 旅游团队成员名单

6. 接机牌：New Asia Pacific Travel——China In Depth Tour

表 5–2　XX 中青旅 0709–2A0–0515 团员名单

姓　名	房　间		护　照　号
BRASSINGTON/SIDNEY MR	TWIN	CID0915 重庆 / 桂林	M5331677
BRASSINGTON/MOLLY MRS	TWIN	CID0915 重庆 / 桂林	M5331724
PURCELL/HELEN MRS	TWIN	CHT0915 重庆 / 桂林	M1297434
ANTONAS/IRENE MRS	TWIN	CHT0915 重庆 / 桂林	L3470258
BIRT/DENNIS MR	DOUBLE	CID0915 重庆 / 桂林	M7283057
BIRT/JENNIFER MRS	DOUBLE	CID0915 重庆 / 桂林	M7283054

续表

姓　名	房 间		护 照 号
GLANVILLE/CLIFFORD MR	SINGLE	CID0915 重庆 / 桂林	M231499
FRIEDLAND/HELENE MRS	SINGLE	CID0915 重庆 / 桂林	L1425330
VOHLAND/KEITH MR	DOUBLE	CID0915 重庆 / 桂林	L7380255
VOHLAND/ANNETTE MRS	DOUBLE	CID0915 重庆 / 桂林	L7300665
梅益铭	陪　床	全　陪	331022198601120043

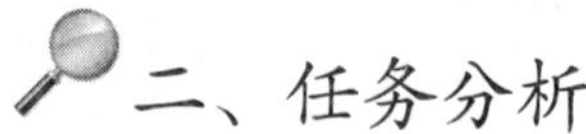

二、任务分析

0709—ZAA—0915 团是 ×× 中青旅的自联团队。该团队在华历时 20 天，各地酒店的住宿有自订房也有代订房，由于游客有中途加入者，且对各地的住宿、房间和床位有特殊要求，对各地的游览、餐饮、风味餐、购物安排计划性强，组团社要求各地选派优秀英语导游员担当地接导游员。该团体旅游具有典型的入境团体旅游特征，操作时要格外仔细，对每项任务的预订和落实做到保质保量。为确保入境团体旅游的接待质量，选派合适、优秀的导游员尤为重要。

三、相关知识

（一）入境团队旅游的特点

入境旅游团体的特点是在旅游目的地停留的时间比较长。以中国的旅游市场为例，除了部分港澳台同胞来内地旅游外，多数入境旅游团体在中国内地旅游时，通常在几个城市停留。由于在旅游目的地停留时间较长，所以入境旅游团体在旅游期间的消费较多，能够给旅游目的地带来比较多的经济收益。

入境旅游团体以外国人为主体，其使用语言、宗教信仰、生活习惯、文化传统、价值观念、审美情趣等均与目的地国家有较大差异。因此，选派优秀的语种导游员尤为重要。导游员是团体旅游的“灵魂”，是民间的“友好大使”，是旅游者的“主心骨”。

入境旅游团体的预订时间一般比较长，从旅游中间商向旅游目的地的接待旅行社提出接团要求起到旅游团体实际抵达旅游目的地时止，旅行社计调人员同旅游中间商之间需要进行多次的通信联系，不断对旅游团体的活动日程、人员构成、旅游者的特殊要求等事项进行反复磋商和调整，这给旅行社计调人员的工作增加了难度，提出了更高的素质要求。

1. 团体旅游的特色

- 参加旅行团，享受团体价格，食住行游购娱全包，并有领队全程服务；
- 由旅行社负责策划、促销旅行，行程固定；
- 人数 10~40 人。

2. 团体旅游的优点

- 轻松愉快，不需花时间去办理手续与做计划；
- 内容丰富，行程紧凑且充满乐趣；
- 产品成熟，品质稳定；
- 物超所值，短时间内可享受旅游手册所描述的观光行程；
- 价格经济实惠，更易掌控预算；
- 食住行游购娱各方面，都有专业导游与领队讲解、照顾、服务；
- 一到机场，每站便有专车接送，可省去不少时间；
- 行程中遇突发事件有随团的专业导游及领队处理，游客不用担心；
- 无须担心语言的障碍。

3. 团体旅游的缺点

- 必须团体行动，只能走马观花，玩的时间受限制，不能尽兴；
- 必须遵守个人对团体的义务，包括合群、配合度高、不迟到、不早退；
- 必须牺牲个人的部分自由或需要，容易产生拘束感；
- 旅行团全是既定行程，每日三餐也是固定的菜单，无法自己选择；
- 因为是团体行动，若是和自己合不来的人在饭店同房住宿，难免尴尬；
- 外地旅游或海外旅游时，旅游感受比较肤浅，吃不到当地特色餐。

4. 团体旅游适合的对象

- 初次出国者；
- 无法单独出国者；

- 怕麻烦者，不喜欢自己安排的人；
- 年纪较大、体弱、语言能力差者。

（二）旅游类型

除了交通方式的不同外，行业内不同种类的旅游需要不同的方法和程序。下面是不同的旅游独有的特点。

1. 线路考察旅游

全国旅游协会对线路考察旅游的定义是“为把本地区现有服务和设施介绍给客户而设计的促销项目，通过组织旅游团让他们直接体验”。线路考察旅游可由政府机构（如会议及旅游局、地区促进办公室、政府旅游局或城市）或私人机构（如旅游代理商、旅游经销商、旅游景点或航空公司）组成。搬新址的公司有时也让其员工进行考察旅游。在这种情况下，旅游的重点在于日常生活便利条件而不是旅游景点和设施。

考察旅游团游客的人数可以是 1~40 人，可能是旅行专家、购买或销售旅游的旅游专业人士，也可能是接受培训的导游员和领队，他们需要了解一个地区的景点。由于考察旅游的目的是培训或展示一个地区，通常由熟悉各方面业务的、经验比较丰富的导游员带领，这些导游员不会害怕提问题，也不会害怕旅游专业人士的审查。

由于线路考察旅游是销售手段，所以导游员就是销售员。通过设计，考察旅游的导游工作包括挑选专门的景点和资料，接待考察旅游团的导游员必须特别注意他/她的职责。例如，如果 ABC 国际饭店集团组织了一次考察旅游，他们希望导游员评价他们的饭店而不是其他饭店，并且不允许提到任何对公司或公司服务不利的事情。当然，由于考察旅游具有教育意义并且与行业有关，游客常常会询问其他饭店的情况，导游员必须能够正确（但要沉着冷静）回答涉及竞争对手的问题。与之相反，如果考察旅游由一座城市、会议或旅游管理局主办，导游员则必须对饭店和餐馆进行广泛描述，尽量避免有任何偏袒。

过去，人们认为考察旅游对旅游代理商来说是度假。最近，行业内竞争日益激烈并且标准不断提高，促使考察旅游朝更加专业、更具教育意义的方向发展。许多旅游代理商和旅游经销商都把考察旅游视为工作旅游和宝贵的研究途径。导游员必须了解同事的需要，完全理解他们究竟在做什么以及他们自己和客户实际体验的旅游景点情况或住宿情况，这样在旅游过程中可以有效地利用时间。

2. 奖励旅游

最近几年，奖励旅游已经成为旅游业很有吸引力的大市场。根据奖励旅游高级主管学会（The Society of Incentive Travel Executives, SITE）的统计，每年有 300 多万美国人参加奖励旅游，主办公司平均为每一个获奖者花费近 1700 美元。喜欢成为注意焦点的导游员常常感到陪同奖励旅游团比较困难，因为总是要以客户为中心。不像大多数旅游团都由导游员负责，奖励旅游团的导游员完全听从奖励公司的旅游主管或其他公司代表的指挥。不同的奖励旅游团的导游员的工作差别很大。由于奖励旅游的主要目的是奖励参加者，因此旅游重点是聚会、特殊活动以及自由活动，而不是观光游览。通常要求导游员尽量不要太引人注目，只为参加者提供信息和帮助即可。

美国 Hosts 公司营销总监唐·麦克费尔（Don Mc Phail）说："人们希望奖励旅游方案很完善，旅行社也希望如此，主办公司的高层主管更希望如此，因此公司奖励旅游的组织者必须努力达到要求。"他继续说道："没有任何旅游比奖励旅游对差错更加敏感。"

由于每一次奖励旅游都是独一无二的，因此导游工作没有标准程序。重要原则是导游员应当准备接受旅游主管的指挥，对计划进行大量变动，受到比平时更严格的监督检查。

3. 会议旅游

会议旅游分为两类：会前旅游与会后旅游，通常分一天至一周；以及短途旅游，通常安排在会议期间，时间为三至八小时。这些旅游形式供出席会议者和客人选择。与奖励旅游一样，会议旅游被目的地管理公司和旅游经销商严密监控，导游员比接待观光旅游团受到更严格的监督和更详细的指示。关键是导游员必须准备好完全听从现场主管的指示。

4. 临时旅游团

临时旅游团是指导游员只陪同较长旅游段中的其中一小部分的旅游。在多数情况下，这些旅游团由领队带领，他们全程陪同旅游团，导游员只是在旅游团到达某一地方时才加入旅游并进行解说。由于“临时”旅游时间比较短，游客通常只是希望对一个地方有个大致了解。尽管一般都有基本旅行安排，中途加入旅游的导游员一般听从领队的指挥，因为领队更能协调旅游团的不同兴趣和需要。

5. 公众旅游团

这里所讲的公众旅游团是指向公众推出的旅游团。与上述旅游团不同，公众旅游团经常吸引彼此不认识或没有特殊关系的个人。为公众旅游团做导游员的问题之一是如何在彼此没有关系的人之间形成凝聚力。

公众旅游团的销售和旅游有不同的形式。导游员都必须按照公司提供的线路和旅行安排进行导游。在有的机构，导游员在解说时一般更自由，责任也更大。

四、任务实施

以接待 ×× 中青旅 0709—ZAA—0115 团为例进行任务实施。入境旅游团体的形成时间早，旅游团队的计划应尽可能详尽，特别是对入住的各地酒店必须在计划中标明酒店名称、地址、电话、传真、旅行社联系人等。同时，旅游中间商也向组团旅行社提供详细的旅游者的信息和资料，如旅游者的名单、旅游者的航班号、具体抵达时间、旅游者在中国境内旅行的要求和景区游览、购物城市、购物次数和购物内容等。这是入境旅游团体的显著特征，要求信息尽可能的准确和详细，以确保计划安排的高效。

该旅游团队的计划书中明确表明团队住宿是自订房。这意味着，是组团旅行社自订房间，无须接待旅行社预订房间，但是接待旅行社必须予以确认，以保证该旅游团队在各地酒店的住宿落实。同时意味着组团旅行社不直接预订该城市的酒店住宿，由接待旅行社预订安排该团队在该城市的酒店住宿。实施见表 5–3，详细情况见浙江 × 旅行社 0709—ZAA—0115 团队计划。

表 5–3　酒店预订情况

酒　店	酒　店	酒　店	酒　店
（自）新协通	（代）锦仑	（代）锦仑	（自）中山国际

入境旅游团体的活动往往涉及旅游目的地的各种有关的旅游服务供应部门和企业，制订出缜密的活动日程，并逐项落实整个旅行过程中的每一个环节，避免在接待过程中出现重大人为事故是旅行社计调人员重中之重的工作。

以接待 ×× 中青旅 0709—ZAA—0115 团为例，对 9 月 22 日、9 月 25 日、9 月 27 日在杭州、北京、西安的旅游行程进行分析。入境旅游团体的计划十分细致，具体到游览六和塔是否登塔，因为旅游者已经支付了登六和塔的费用，如果旅游者愿意登塔，导游就应该陪同游客登上六和塔。地陪不可以再另外收取费用，详细的计划保证了接待旅行社与旅游者之间在旅游期间不会产生矛盾和纠纷，大家都按照旅游团队计划执行。再如，25 日在北京的游览是早餐后游天坛，而后乘三轮车游览北京的胡同，对外国人而言，这是一项十分有意义的活动，他们可以乘坐三轮车目睹北京老百姓的生活场景和老北京的胡同文化，当然费用也不低。但是计划上已经明确表明此项费用已经收取，导游在旅行社计调安排好三轮车之后，陪同旅游者一同游览即可。27 日的西安行程，晚餐品饺子宴，这也是计划内的安排，导游只需按照计划要求在旅行社计调的安排下，到指定的餐馆陪同旅游者品尝西安的风味——饺子宴。具体计划见表 5–4。

表 5–4 团队计划表

9 月 22 日	六	杭州－北京（BLD）	CA1707（1520/1740）	早餐后，游览六和塔（含上塔），观钱塘江，下午乘机飞往北京，导游接机安排晚餐后观看京剧表演。	（代）西西友谊
9 月 25 日	二	北京（BLD）	—	早餐后游天坛，乘三轮车游览胡同，午餐在北京四合院享用，下午在北京雅秀市场自由购物，乘机飞往西安。	（代）西西友谊
9 月 27 日	四	西安（BLD）	—	早餐后游览兵马俑、穆斯林市场，晚餐品饺子宴，随后观看歌舞表演。	（代）锦苑富润

以××中青旅 0709—ZAA—0115 团为例，入境旅游团队的计划进一步实施如下：

（一）流水操作法

流水操作法就是由一个或几个业务员专职负责一项工作，其操作流程是：计调人员从事入境旅游业务工作的，在接到旅游团队计划书或境外中间商交给的接待任务后，就着手进行：计划编制→订票→订房→市内交通→安排游览活动（包括订餐、购物商店预订等）→订文艺节目票→向接待部下达接团通知。

（二）专人负责到底的操作法

这种方法是计调人员将与本社有往来的旅行社（客户）分成几块，每个业务员各负责一块，从自己主管客户发来的接待计划起，一直到向接待部发接待通知止，中间所有的各类委托、变更、联络均由一人负责。具体操作流程同上。

（三）环节落实与情况变化

在实施入境旅游团队的任务时，除我们在任务分析中提及的停留时间长、外籍人员多和预订期长等特点外，困难还体现在落实环节多和活动日程变化多这两点上。

在各种团体旅游接待工作中，入境旅游团队接待业务要求接团旅行社负责落实的环节最多。入境旅游团在旅游目的地停留的时间和地点比较多，其旅游活动往往涉及旅游目的地的各种有关的旅游服务供应部门和企业。为了安排好入境旅游团的生活和参观游览，接待旅行社必须认真研究旅游接待计划，制订出缜密的活动日程，并逐项落实整个旅行过程中的每一个环节，避免在接待中出现重大人为事件。

在旅游团队的接待过程中，特别要注意旅游者的行李，因为行李是不会说话的“游客”。在旅行社的入境旅游团队行程安排中，各旅行社对旅游者的行李接送有严格的规定和制度保障。

1. 民航部门行李托运

（1）国内航线的行李托运：乘坐飞机在国内航线旅行的多为入境旅游团在旅游目的地旅游期间的城市间旅行、国内旅游团在境内的旅行和出境旅游团从居住地前往出境口岸或从入境口岸返回居住地的旅行。旅行社行李员在为这些旅游团办理行李托运手续时应注意以下几点。

- 持头等舱票的旅游者，每人可随身携带两件物品；持公务舱、经济舱票的旅游者每人可随身携带一件物品。每件物品的体积不得超 20 厘米 ×40 厘米 ×55 厘米，总重量不得超过 5 千克；
- 旅游者携带的物品超过上述规定的件数、重量或体积限制的，应按照规定作为交运行李委托所乘航班的民航公司托运；

- 持头等舱成人票或儿童票的旅游者，每人可免费交运行李 40 千克；
- 持公务舱成人票或儿童票的旅游者，每人可免费交运行李 30 千克；
- 持经济舱成人票或儿童票的旅游者，每人可免费交运行李 20 千克；
- 持婴儿票的旅游者不享受免费托运行李的待遇；
- 交运的行李必须包装完善、锁扣完好、捆扎牢固，并能承受一定的压力。对包装不符合要求的行李，民航部门有权拒运或不承担行李损坏的赔偿责任；
- 交运的行李中不得夹带易燃、爆炸、腐蚀、有毒、放射性物品，可聚合物质，磁性物质及其他危险物品；
- 交运的行李中不得夹带机密文件、资料、外交信袋、有价证券、货币、汇票、贵重物品、易碎易腐物品，以及其他需要专人照管的物品。

（2）国际航线的行李托运：旅行社组织和接待出境旅游团时，其行李员还要负责为乘坐国际航线航班的旅游团代办行李托运手续。国际航线对行李托运的规定是：

- 持一等票价客票的旅游者，每人可享受免费交运行李额 40 千克；
- 持公务票价客票的旅游者，每人可享受免费交运行李额 30 千克；
- 持经济客票的旅游者，每人可享受免费交运行李额 20 千克；
- 按成人票价 10% 付费的婴儿，不享受免费交运行李；
- 在中美、中加国际航线上飞行的民航公司实行计件免费行李托运；
- 随机交运的行李应有能承受一定压力的包装，应封装完整，锁扣完善，捆扎牢固。对包装不符合要求的行李，民航部门有权拒运或不承担行李损坏的赔偿责任；
- 交运的行李中不得夹带易燃、易爆、腐蚀、有毒、放射性物品，可聚合物质，磁性物质及其他危险物品；
- 交运的行李中不得夹带中华人民共和国和运输过程中有关国家法律、政府命令和规定禁止出境、入境或过境的物品及其他限制运输的物品；
- 交运行李中不得装有货币、珠宝、金银制品、票证、有价证券和其他贵重物品。

2. 铁路部门行李托运的相关要求

- 向火车站行李托运处的有关人员出示旅游团的火车票并提出托运行李的

申请；

- 经同意后，将交运的行李交行李托运处人员过磅；
- 按照交运处有关人员过磅后行李重量，到托运处交纳托运费；
- 向行李托运处有关人员索取行李托运票据。

3. 旅游团行李的交接程序

（1）接受入境旅游团行李：旅行社行李员在接受乘坐国际航班入境的旅游团行李时，应等旅游者将行李取出，集中摆放后，与领队、全程导游员和地方导游员一起清点行李件数。地方导游员在行李卡上签字后，由行李员将行李装上行李车，及时送到旅游团下榻的饭店或旅馆。

（2）接受国内航班旅游团行李：在接受乘坐国内航班抵达的旅游团行李时，行李员应主动向陪同该旅游团的领队或全程导游员索要行李卡，并持行李卡向机场行李处领取行李。取出行李后，行李员对照行李卡认真清点行李。清点无误后，行李员应将全部行李装上行李车，并及时送到旅游团下榻的饭店或旅馆。

旅行社行李员在将旅游团行李送到饭店、旅馆后，必须与饭店、旅馆的行李员办理行李清点和交接手续。正常情况下行李员应在 2 小时内将行李运送到旅游团队下榻的饭店和旅馆。

（3）运送行李程序：第一，旅行社行李员到接待部或计调部领取工作任务单。第二，行李员按照任务单上规定的时间乘行李车到达旅游团下榻的饭店或旅馆。第三，同饭店、旅馆的行李员或总服务台有关人员办理行李交接手续，并在行李清点无误后，在行李卡上签名。第四，将行李全部装上行李车，运往飞机场（火车站或码头）。第五，如果运送乘坐国内航班旅行的旅游团行李，行李员应在飞机预定起飞时间前一个半小时将行李运到飞机场，办理行李托运手续。第六，如果运送乘坐国际航班旅行的旅游团行李，行李员应在飞机预定起飞时间前 3 小时将行李运到飞机场，并协助旅游者办理系行李牌和称重事宜。

4. 行李差错的处理

旅行社行李员应协助接待旅游团的导游员妥善处理旅游接待过程中发生的行李差错。这是提高旅行社接待工作质量的一个重要方面，也是行李员义不容辞的责任。行李差错主要包括行李丢失、行李漏接或错送和行李破损等情况。

（1）行李丢失的处理：行李丢失是指旅游团托运的行李和在运输途中或交接过程中出现的丢失现象。造成行李丢失的原因主要是：

- 承运旅游团行李的航空公司、铁路、公路、水运等部门未能将行李及时运到目的地或在途中将行李丢失；
- 旅行社行李员在运送行李时将行李丢失；
- 饭店行李员在把行李送往旅游者下榻的房间途中将行李丢失。

在上述三种情况中，第二种情况属于旅行社方面的责任。如果无法将丢失的行李找回，则应由旅行社负责赔偿旅游者的损失。第三种情况极少发生。较为常见的是第一种情况。无论旅游者行李丢失的原因如何，旅行社行李员都应该积极主动协助旅行社的接待人员和有关部门进行查找。

（2）行李漏接或错送的处理：造成旅游团行李漏接或错送的原因有三个。旅行社行李员因工作疏忽，未能按时接送行李或未按有关规定进行行李交接而造成行李漏接或错送；由于航班、车次等发生变化造成行李漏接；由于行李车发生意外事故造成行李漏接。

行李漏接或错送会给旅游者的旅游活动造成极大不便。因此，无论事故是由哪一种原因造成的，旅行社行李员都应该积极设法找回行李，并向旅游者致歉以取得旅游者的谅解。

（3）行李破损的处理：旅行社行李员在交接行李或运送行李时如果发现破损的行李，应立即设法予以解决。如果由于交通部门或饭店方面在托运或搬运行李的过程中造成行李破损，旅行社行李员应协助旅游者和导游人员及时同这些部门交涉，要求予以修理或赔偿。如果由于旅行社方面在运送行李时的不慎造成行李破损，则应向旅游者道歉并负责修理或赔偿。入境团体旅游的活动日程变化比较多，如出发时间的变化、旅游团人数的变化、乘坐交通工具的变化等。因此，接团旅行社在接待过程中应密切关注旅游团活动日程可能出现的变化，及时采取调整措施，保证旅游活动的顺利进行。

（四）国内旅游团队与出境旅游团队的特点

在了解入境旅游团队的特点之后，我们对旅游团队的国内旅游团队和出境旅游团队的特点，也做相应的介绍，以指导大家更加全面地了解和掌握不同类型的旅游团队的业务操作。

1. 国内旅游团队的特点

（1）预订时间短：国内旅游团的预订期一般比较短，而且由于不需要办理护照、签证等手续，所以国内旅游团的成团时间较短。有时，从旅游者提出旅游咨询到旅游团成团出发，只需要一周的时间，使得旅游客源地的组团旅行社来不及用书面形式及时通知旅游目的地接待旅行社，只好先用电话通知，然后补发书面旅游计划。旅行社在接待国内旅游团时常会感觉准备时间不像接待入境旅游团或出境旅游团那样充裕。针对这个特点，一方面，旅行社应在平时加强对接待人员的培训，使他们熟悉国内团体旅游接待的特点和要求，以便在接到旅游接待计划后在较短时间内制订出当地的活动日程，做好各项接待准备。另一方面，旅行社应根据当地旅游资源和本旅行社接待人员的特点，设计出针对不同的国内旅游团的接待规范和标准活动日程，使接待人员能够按照接待规范和标准活动日程进行接待准备，提高接待准备工作的效率。

（2）日程变化小：国内旅游者一般对于前往的旅游目的地具有一定程度的了解，并能够在报名参加旅游团时对旅游活动日程做出比较理智的选择，因此他们很少在旅游过程中提出改变活动日程的要求。另外，国内旅游者往往把旅行社是否严格按照事先达成的旅游协议安排旅游目的地及旅行途中的交通看成旅行社是否遵守协议，是否保证服务质量的重要标志。所以，他们对于旅行社更改活动日程的反感较之入境旅游团和出境旅游团更加强烈。旅行社在接待国内旅游团时，必须注意到国内团体旅游接待业务的这一特点，尽量避免修改活动日程。

（3）消费水平差别大：参加国内旅游团的旅游者生活水平参差不齐，既有收入丰厚的个体经营者或企业家、外企高管人员和工作人员、某些经济效益好的企业员工，也有中等收入水平的工薪阶层人士，还有在校的青年学生，甚至还有下岗人员。不同生活水平的旅游者在旅游消费水平方面的差异很大。例如，有些消费水平高的旅游者可能要求在档次较高的星级饭店下榻和就餐、乘坐豪华客车、增加购物时间，而另一些消费水平较低的旅游者则可能对住宿、餐饮、交通工具等要求不高，希望增加参观游览时间、减少购物时间。旅行社在接待不同的国内旅游团时，应根据他们的消费水平和消费特点，在征得旅游团全体成员或绝大多数成员同意的前提下，对活动日程做适当的修改，以满足不同旅游者的需要。

（4）讲解难度小：国内旅游团在游览各地旅游景点时，一般对这些景点事先有所了解。另外，除了少数年龄较大的旅游者外，多数国内旅游者具有一定的文化水平，能够听懂导游员的普通话讲解，对于导游员在讲解过程中所使用的历史典故、成语、谚语、歇后语等比较熟悉，容易产生共鸣。因此，导游员在导游讲解中可以充分运用各种方法，生动地向旅游者介绍景点的情况，而不必像接待入境旅游团那样，因担心文化上的差异和语言方面的困难而不得不放弃一些精彩的历史典故介绍，也不必担心因旅游者无法理解导游讲解中使用的各种成语、谚语、歇后语等而影响导游讲解的效果。

2. 出境旅游团队的特点

（1）活动日程稳定：出境旅游团的活动日程一般比较稳定，除非发生极其特殊的情况，否则它的活动日程很少发生变化。无论是组织出境旅游团的旅行社还是负责在旅游目的地接待的旅行社，都必须严格按照事先同旅游者达成的旅游协议，安排旅游团在境外及境内的各项活动。组织出境旅游的旅行社应委派具有丰富接待经验的导游员担任出境旅游团的领队，负责在整个旅行途中关照旅游者的生活。

（2）消费水平高：出境旅游团的消费水平相对来说比较高，他们一般要求在旅游期间乘坐飞机或豪华客车，下榻在档次比较高的饭店，并往往要求在就餐环境比较好的餐厅用餐。此外，出境旅游团的购物欲望比较强烈，采购量和采购商品的价值均较大。据一些担任过出境旅游团领队的导游员和旅行社经理们反映，我国出境旅游团在旅游目的地的购物消费甚至超过来自某些发达国家的旅游者，深受当地商店的欢迎。因此，旅行社的领队在陪同出境旅游团在境外旅游期间，应在当地接待旅行社导游人员的配合下，组织好旅游者的购物活动，满足他们的需要。

（3）文化差异比较大：出境旅游团队的成员中，有许多人从未到过旅游目的地国家或地区，缺乏对那里的历史、文化、宗教、风俗习惯等的了解，与当地居民之间存在着文化上的较大差异。特别是像我国这样自身文化传统悠久、出境旅游发展时间较短的国家，旅游者除了在文化上与旅游目的地国家有较大的差别外，在语言方面也存在着一定的差异。目前，我国参加出境旅游的旅游者，除个别人外，外语水平一般比较低，许多人根本不懂外语。到达境外后，同当地人交流成为一个严重的问题。有些旅游者由于既不会讲当地语言也不懂英语，结果闹出不少的误会和笑话，甚至发生上当受骗的事情。因此，旅行社应选比较熟悉旅游目的地国家或地区情况的领队，在境外充当翻译，以帮助旅游者克服文化和语言方面的障碍。

旅行社在安排一般团体的接待任务时，在行程设计出来以后，就决定了成败。因为消费者已经十分精明，会对行程安排的好坏进行判断。旅行社本身是推动一般团体的主动者，游客处在被动的地位，行程安排合理与否，往往成为决定游客是否参加该团队的因素。因此，有经验的旅行社会将多年的组团经验融入新的行程之中，设计出融知识性、趣味性、文化性于一体的，能让消费者接受的行程。只有不断改善旅行社的旅游产品，才能招徕更多游客，实现旅行社的赢利。

随着全球化的发展和人们交往的增多，人们旅行、会议、出差、参展、商务旅行的机会增多，旅行社会接受各单位的委托参与一些相关事务的行程安排。此种团体都有一定的行程、一定的目的，因此，旅行社对此类特别团体往往都有一个固定的承办人，根据特定要求开展工作：

- 时间的要求；
- 前往地点；
- 享受等级，包括交通、食宿、游览等相关事宜；
- 对随团导游员的要求；
- 对额外服务的要求，如要求做团徽、团旗、旅游手册等；
- 订立合同的要求；
- 确认团员的人数，男、女及其住宿要求，制订饭店分房表。

旅行社对特别团体的安排，最主要的还是要依据该特别团体所提出的条件来操作。旅行社本身须通过经验及善意的建议，替消费者设计既经济又合理的行程，安排既符合消费者食、住、行需求的，又最公道的价格。因为特别团体成员在其参加特别团体之后，可能成为该承办旅行社最主要的客户来源之一。因此旅行社必须花费更多的精力和财力，使他们成为旅行社日后的回头客。

旅行常用交通工具相关知识

（一）乘坐飞机旅行的相关常识

随着入境旅游团队人数的快速增加，越来越多的外国旅行者、华侨华人和港、澳、台同胞来我国境内旅游，旅游者选择飞机旅行的次数和机会增加，因此有必要了解我国航空旅行的相关常识。

- “选择直飞班机”。统计数据指出，大部分空难都发生在起飞、下降、爬升或在跑道上滑行的时候，减少转机也就能避免遇到飞行意外。
- 在选择飞机机型方面，应该选择至少30个座位以上的飞机。专家指出，飞机机体越大，受到国际安全检测标准也越多、越严，而在发生空难意外时，大型飞机上乘客的生存概率也相对较小飞机来得高。
- 熟记起飞前的安全指示。飞行安全专家表示，各种不同机型的逃生门位置都有出入，乘客上了飞机之后，应该花几分钟时间仔细听清楚空中乘务人员介绍安全指示，如果碰到紧急情况，才不会手足无措。
- 大件行李不要随身带上飞机。近来越来越多乘客为了节省等领行李的时间，喜欢把大件行李随身带上飞机，这却是不符合飞行安全的行为。飞行安全专家说，如果飞机遭遇乱流或在紧急事故发生时，座位上方的置物柜通常承受不住过重物件，许多乘客都是被掉落下来的行李砸伤头部甚至死亡。
- 随时系紧安全带。在飞机颠簸或遭遇不稳定气流时，系紧安全带能提供乘客更多一层的保护，使其不至于在机舱内四处碰撞。
- 意外发生时，一定要听从空中乘务人员的指示。毕竟空中乘务人员在飞机上的首要任务，便是维护安全。
- 不要携带危险物品上飞机。类似汽油罐这些东西，都不应该带上飞机。
- 咖啡、热茶这些高温的饮料，都应该让受过专业训练的空中乘务人员为乘客提供。乘客自己拿这些高温液体的话，经常会发生烫伤意外。
- 不要在飞机上喝太多的酒。由于机舱内的舱压与平地不同，过多酒精将使得乘客在紧急时刻应变能力减缓，丧失逃生的宝贵机会。
- 随时保持警觉。飞行安全专家指出，意外发生时机上乘客应该保持冷静，在空中乘务人员的指示下尽快离开。

（二）关于动车组的详细介绍

- 动车组：MU(Multiple Units)；
- 动车组列车：Multiple Unit Train；
- 电力动车组：EMU (Electric Multiple Units)；
- 内燃动车组：DMU (Diesel Multiple Units)。

把动力装置分散安装在每节车厢上，使其既具有牵引力，又可以载客，这样的客车车辆便称作动车。而动车组就是几节自带动力的车辆加几节不带动力的车辆编成一组。带动力的车辆称动车，不带动力的车辆称拖车组。动车组技术源于地铁，是一种动力分散技术。一般情况下，我们乘坐的普通列车是依靠机车牵引的，车厢本身并不具有动力，是一种动力集中技术。而采用了“动车组”的列车，车厢本身也具有动力，运行时，不光是机车带动，车厢也会“自己跑”，这样把动力分散，更能达到高速的效果。作为一种适合铁路中短途旅客运输的现代化交通工具，动车组的分类有多种：按照传动类型，可分为电力动车组和内燃动车组；按照动力形式，可分为动力集中型和动力分散型；按照传动方式，又可划分为电传动和液力传动两种类型。由于动车组可以根据某条线路的客流量变化进行灵活编组，可以实现高密度小编组发车以及具有安全性能好、运量大、往返不需掉转车头、污染小、节能、自带动力等优点，受到国内外市场的青睐，被誉为21世纪交通运输的“新宠儿”。内燃动车组通常两端是动力车，部分带客室。国内常见的动车组都是这一类的，如神州号，四方厂、唐山、戚厂、长客的动车。电力动车组分为动力集中型和分散型，两年前的DDJ1和蓝箭就是动力集中型。而春城号和中原之星是动力分散型。

铁路第六次大提速后，时速200千米及以上的“和谐号”国产化动车组到2007年年底逐步增加到257对。在环渤海、“长三角”“珠三角”三大区域和主要干线开行时速200千米及以上的“和谐号”国产化动车组，部分区段运行时速达到250千米。这次提速调图实行一次铺图、分步实施，2007年4月18日已经开行“和谐号”动车组140对。

“和谐号”动车组集中体现了当今世界铁路客车的一流技术水平，性能优越，功能齐全，具有安全、快捷、舒适、环保等显著特点，现已进入批量生产，是我国铁路引进消化吸收再创新的重大成果，将成为我国快速客运的主力车型，为广大旅客提供了更加现代化的、高品质的旅行服务。

任务二　散客旅游接待业务与管理

一、任务引入

现在不仅旅游的人多了，而且旅游的目的地更广泛了。和以往一样，人们依旧到吸引他们的地方去旅游。这些地方有意义、刺激，而且可以得到深度体验。

人类早期的旅行是为了满足最基本的需求，而今天，大多数旅游者的这些需求已经得到了满足。由于人们已经有足够的经济条件可以去旅游，他们通常想寻求知识、放松身心，结伴而行，参加探险，寻找那些能够满足他们归属需求，甚至自我实现需求的旅游方式。这样，散客旅游就逐渐被越来越多的年轻旅游者、自驾车旅游者、老年旅游者、初次旅游者们看好。

张先生一家是教师世家，一家五口人有三位是教师。他们一直向往到丽江古城进行深度旅游。暑期来临，他们从 6 月份开始就为他们向往的丽江古城之旅忙开了。一家人对多家旅行社进行了咨询，采用多种方法了解情况：有通过网络询价，也有电话咨询，还有向熟悉的亲朋好友咨询。最后他们决定找一家比较知名的国际旅行社询报价。

他们所选的旅游线路是散客拼团的形式，即以散客的形式进行购买，通过旅行社的运作、多种形式报名参团，利用旅行社的品牌效应，把散客组成团队，使得散客购买的旅游者得到团体旅游的优惠价格。这种形式在网络化普及的今天，是旅行社集中采购、便利旅游者，并向旅游者提供服务的最佳途径，也能够得到散客旅游者的青睐，这种产品既实惠又经济。散客旅游者还能通过旅游结识和广交朋友（见本章附件）。

二、任务分析

旅行社向散客旅游者提供的旅游产品比较详细，不仅提供可选择的交通工具、饭店等级，而且对每天的旅游行程时间都详尽告知。对包括的旅游景点、游览时间一一标明，使旅游者能够明明白白地知道每一天的游览内容、所需时间，一天游览几个景点，旅游行程中有多少次正餐等。这是旅行社提供的散客旅游产品与团队旅游产品的最大不同之处。

旅行社提供的散客旅游产品还需要包括旅游目的地城市的地图、游览景点的位置，旅游目的地城市的注意事项、旅游目的地城市的天气情况及其温馨提示和旅游目的地城市游览景点的详细介绍等。使旅游者能够尽可能地掌握旅游目的地城市的基本情况，有利于旅游者增强旅游时的体验和感悟。因此，旅行社提供的散客旅游产品更能体现旅行社经营的专业化程度，增加旅游产品的竞争力，使旅游消费者能在专业旅游咨询师的指导下进行高质量的旅游，以满足旅游者的需求，扩大旅游消费市场，扩大旅行社的市场份额。

旅行社提供的散客旅游产品具有渠道多元化的特点，一般情况下散客旅游者是通过多种渠道得到旅游信息的，如网络渠道、电话咨询服务、即时通信软件提供信息、上门咨询等。大都市的旅行社还提供加盟店和连锁店的专业化服务。

三、相关知识

（一）散客旅游的特点

1. 批量小

散客旅游多为旅游者本人单独外出或与其家属亲友结伴而行。与团体旅游相比，散客旅游的批量一般比较小。

2. 批次多

散客旅游的批量虽然比较小，但是采用散客旅游方式的旅游者日益增多，加上许多旅行社大力开展散客旅游业务，更促进了散客旅游的发展，所以散客旅游者的总人数在迅速增加。散客市场规模的日益扩大及其批量小的特征使得散客旅游形式呈现批次多的特点。

3. 预订期短

散客旅游者旅游决定的过程比较短，相应地使散客旅游形成了预订期短的特点。散客旅游者往往要求旅行社在较短的时间内为其安排好旅游线路并办妥各种旅行手续。

4. 要求多

散客旅游者当中有大量商务、公务旅游者。他们的旅行费用多由所在的企业、单位全部或部分承担。同时，他们在旅游过程中有很多交际应酬活动和商务、公务活动，再者，他们的旅行经验丰富、旅行要求高，因此，他们的旅游消费水平较高且对旅游服务的要求比较多。

5. 变化多

散客旅游者在旅行前往往缺少周密的安排，而在旅行过程中临时变更旅行计划，提出各种新的要求或在旅行前突然由于某种原因而临时决定取消旅行计划。

（二）散客旅游接待的要求

1. 旅行社产品方面

散客旅游者的文化层次通常比较高，而且旅游经验一般比较丰富。他们对旅行社产品的深层内涵十分重视。旅行社在接待散客旅游者时应针对这一特点，多向他们提供那些具有丰富文化内涵和浓郁地方与民族特色的产品，增加产品的参与性，以满足他们追求个性化和多样化的消费心理。

2. 预订系统方面

散客旅游者的购买方式多为零星购买，随意性较大。因此，散客旅游对高效、便利、准确的预订系统有着强烈的要求。针对这一特点，旅行社应采用以计算机技术为基础的网络化预订系统，保证散客旅游者能够自由、便利地进行旅游活动。

3. 采购方面

散客旅游者多采取自助式的旅游方式，对于旅游目的地各类服务设施要求较高。旅行社应加强旅游服务的采购工作，建立起广泛、高效、优质的旅游服务供应网络，以满足旅游者的需要。

（三）旅行社门市的设立要求

1. 目标市场

旅行社在选择门市部地点时应首先考虑其产品的目标市场，并根据其产品的目标市场来设立门市柜台。例如，以过往客人作为主要目标市场的旅行社应在飞机场、火车站、长途汽车站、水运码头等处设立门市柜台；以商务旅游者为主要目标市场的旅行社则经常把门市柜台设立在商务饭店内或附近地区；以当地居民为主要目标市场时，旅行社可以把门市部建立在人口稠密的居民区，而以大、中学校教师和学生为主要目标市场的旅行社必须设立在学校集中的地方。总之，门市部不可设立在距离其目标市场所在地方较远的地点。

2. 方便顾客

方便顾客是旅行社选择门市部地点时需要考虑的第二个因素。一般来说，旅游者很少愿意到距离自己居所或工作单位较远的旅行社门市部进行旅游咨询，他们也不愿意为了解旅行社产品而爬楼梯。因此，旅行社应该设立在商业区、居民区、机关企业等较为集中的地方，而且一般都设在临街的商铺或楼房的一楼。旅行社一般不将门市柜台设在闹市区或商场里面，因为在那里，人群的流动速度太快，不利于旅游者停下脚步寻找旅行社的门市部。如果旅行社将门市设在饭店里，应设在前厅比较显眼的地方，最好能够有临街的单独出入的门，以方便旅游者进出。

3. 位置醒目

旅行社在选择门市部地点时，还要考虑所选择的地点是否容易被旅游者所找到。通常，旅行社把门市柜台设在主要交通线周边而不会设在偏僻的里弄。即使在交通干线上，也要选择适当的位置，使旅游者能够从较远的地方清楚地看到。

4. 门市集中

有些人主张旅行社不应把门市部的设立地点选取在旅行社较多的地区，认为那样会造成旅行社之间的竞争加剧，使新的旅行社门市部难以开展业务。这种看法有失偏颇。事实上，在旅行社相对集中的地区设立门市部虽然会使其在经营方面经受较大的压力，但是这种压力却往往有利于它的发展。由于地处同行相对集中的地区，旅行社门市可以借鉴同行们的经营经验，变压力为动力，促使旅行社在改善产品内容、降低经营成本、提高服务水平等方面下大力气，以吸引更多的旅游者。另外，旅行社相对集中本身就是吸引旅游者前往咨询和购买旅行社产品的一个重要因素。

（四）加盟店运作

旅行社搞加盟店模式，既方便了当地老百姓购买旅游产品，又提高了旅行社在当地的知名度。旅行社加盟店模式不仅给旅行社带来了品牌效益，又增加了旅行社的市场份额占有率，达到了旅行社规模经营之目的。

广东广之旅旅行社目前拥有 215 家加盟的销售网点，2007 年单是这些网点的营业额就高达 5.3 亿元人民币，占广东旅游市场份额的五分之一。品牌效应带来的巨大收益触动着每一个人的神经。

近年来，广州、上海和北京陆续兴起了“旅游加盟店”的模式，发展势头很猛。到 2016 年年底，在大杭州范围内，浙江省最大的旅行社之一，浙江省中旅、浙江省国旅已开出 39 家加盟门店，通过品牌输出的方式，形成网络优势和规模优势，积极抢占市场份额。加盟店的分布，按照大杭州区域范围划分，将遍及主城区以及余杭和萧山等八大区。他们的计划是，每个区域设置的加盟店不超过 3 家，相隔范围市中心为 2 千米，郊区为 5 千米，特殊情况需增加设置的，需经公司核准后方可增设。据介绍，加盟店每年的加盟费为 2 万元，但每家加盟店全年营业额不能低于 200 万元并实行末位淘汰制。与传统门店不同，所有加盟店都将实现业务经营网络化，由加盟店管理部对各门店经营实行监控。另外，在人员管理上，则实行目前流行的“店长负责制”。

加盟店的经营模式是“独立经营，自负盈亏”，但由于企业字号可能保留了“国旅、青旅、中旅”等字样，因此游客认准这些老品牌，仍优先选择。

为了确保品牌质量，旅行社通常都不允许加盟店自行设计线路、自行组团。旅行社会给出一个相对优惠的代理价和一个建议性的门市价，两者之间的差价就是加盟商的利润。

就目前而言，大型旅行社企业也许能通过输出它的管理理念，兼并一些小的旅行社，从而改变旅行社行业“小、散、弱”的现状。但同时，这是一把“双刃剑”，虽然它可以解决大面积扩张的成本难题，扩大品牌的影响力，但是如果管理不善，也可能会危及自身原有的品牌形象。

但从长远而言，加盟店的经营模式就是通过品牌加盟的方式进行资产重组，整合资源，调整格局，是旅游行业未来发展的趋势。顾客在直营店能享受到的服务，在加盟店也肯定能享受到。由于加盟店在旅行社行业是新型的经营模式，对于加盟店的员工，旅行社应该进行系统培训，进行不定期的抽查，通过一系列严格考核制度，来保证其服务质量。总之，对旅行社加盟店的经营模式我们应该予以高度关注，这可能是旅行社行业新一轮的竞争所形成的大规模、规范化的经营新模式，将对旅行社行业带来新的发展机遇。

四、任务实施

（一）门市接待散客服务

- 上前主动问好或者起身问好，请其坐下（及时送上一杯水）；
- 询问客人的需求，记录在案；
- 根据客人的要求介绍本公司的产品并促成购买；
- 随时注意观察客人，不断调整产品；
- 根据不同游客的喜好和年龄向其介绍本公司产品的亮点和特色；
- 客人如果对某产品产生一定的兴趣后，要马上促成购买；
- 如果客人最后无意购买本公司的产品，也要认真记录客人的信息，在客人临走的时候也要热情相送，对有潜力的游客可以送上公司的小纪念品；
- 如果是因为本公司的产品有限不能满足客人的需求的，门市人员应记录客人的详细信息，向客人道歉，并告知客人待公司有该类产品后一定以优惠价格或者优先请其来参加；
- 客人确定要购买产品后，应该马上请客人填写报名表；
- 与客人签订合同，并向客人发放旅游赠品、旅游凭证、旅游发票；
- 向客人说明有关注意事项和发放旅游行程单；
- 把客人信息输入电脑，转入后台操作。

（二）电话预订散客服务

- 电话铃响 3 声之内接起电话，主动问好并自报家门。例如：您好！这里是

×××国际旅行社；

- 询问客人需要什么帮助，了解客人的需求；
- 认真倾听客人的要求，并尽可能详细地记录资料；
- 根据客人的要求，查看本公司是否有符合客人需求的产品；
- 如果本公司有符合客人需求的产品，向客人说明本公司有其产品，然后简要介绍其产品的亮点（特色）；
- 如果本公司没有符合客人要求的产品，向客人推荐与客人要求比较接近的本公司现成的产品；
- 如果客人对本公司的产品不满意，我们可以介绍有该产品的旅行社（在现在的市场上这种情况通常是以转卖客人的形式存在，很多旅行社都会说有客人要求的产品，然后转卖给其他旅行社，这种情况在旅行社业内属于同业销售的销售形式）；
- 如果客人提出要求购买我们的特种产品，操作的工作流程为记录客人的要求、请示部门经理、设计客人所需产品、待确认之后再与客人取得联系，告知产品情况；
- 认真、耐心地回答客人对产品提出的问题；
- 客人与企业在口头上达成了一定的协议之后，根据双方确定的内容，制作出一份行程单，最后用传真、邮件、即时通信软件等形式以最快的速度发给对方以求确认；
- 双方确认后要求签订合同，可以要求客人到本公司来签订协议，也可以公司派出工作人员到客人的单位（住宿）上门服务；
- 签订合同，双方确认后转入后台操作。

（三）网上预订散客服务

有些旅行社目前还没有网上预订系统，目前在网上有几个工作即时通信软件，它承担一定的网上预订功能，这里简单介绍一下即时通信软件与电话预订的联合使用预订程序：

- 在即时通信软件上了解客人的需求，及时回答客人的问题；
- 根据客人的需求查看本公司的产品，如果有，马上发给客人；

- 如果本公司没有客人要求的产品，积极引导客人购买其他类似的产品；
- 如果客人对本公司的产品不满意，可以推荐其他旅行社的产品（成功后转卖给其他旅行社）；
- 向客人介绍其产品的性价比，促成购买；
- 客人对产品有购买意向后，应问清楚客人的详细信息，并要求通一次电话；
- 与客人确定客人的产品要求、个人信息后，与客人商定签订合同的时间、地点；
- 与客人签订合同后转入后台操作。

（四）会员预订散客服务

浙江×××国际旅行社有自己的夕阳红俱乐部，在这里简单介绍一下会员是如何预订旅游产品的。

- 浙江×××国际旅行社向会员寄送旅游简报和旅游信息；
- 会员根据旅游简报和自己的喜好前去旅行社咨询；
- 一般情况下，会员到公司后会主动上报自己是会员和自己想购买的产品；
- 门市人员接受客人的提问（此时应为客人送上一杯水）；
- 介绍本次活动的优惠措施；
- 接受客人的报名，请客人出示会员证件；
- 向客人发放旅游行程单和旅游凭证；
- 告知旅游的有关注意事项；
- 把客人的有关信息输入电脑，转入后台操作。

票务预订相关知识

散客旅游的特点决定了旅行社预订各种交通票据的难点，旅行社不仅要有强大的票务预订系统，而且要有一定的交通出票能力，特别是在节假日和旅游旺季。对散客旅游的交通保障是旅行社的第一要务。

（一）铁路客票代售业务

1. 国际列车联运客票代售业务

（1）预订：预订、预售车票根据有关部门规定，国际列车客票的预订时间为国际列车开车前2个月内，购票期限在发车前7天，过期不予保留。因此，票务中心一般在国际列车开车前2个月至7天的时间里接受旅游者的代订代购委托。在接受委托时，票务人员应检查乘车人的身份证件。经查验无误后，请旅游者填写《火车票预订单》。

（2）购买铁路客票：票务人员根据旅游者填写的火车票预订单内容，到当地铁路售票处联系订座事宜。经同意后，票务中心可以出票。票务人员应根据旅游者在预订单上所要求的旅行日期、时间、车次、车票数量、座位等级等开出铁路客票，并通知旅游者前来取票。

（3）出票：票务中心根据与当地铁路部门达成的协议，在规定时间内向其结算售票款。票务人员应将售票手续费上缴旅行社财务部门。

2. 国内铁路客运客票代售业务

（1）预订：旅游者可以通过电话预订和人员预订两种方式向旅行社票务中心预订铁路客票。票务人员在接到旅游者的电话预订时，应仔细询问对方的姓名、工作单位、家庭住址、联系电话、旅行日期、旅行目的地、所要求乘坐的车次、座位等级等情况，并告知对方有关票价、手续费和取票手续。经对方同意，可接受其预订委托。

如果旅游者亲自前来票务中心预订，票务人员应热情接待，并请其填写《火车预订单》。票务中心将按照旅游者在《火车票预订单》上填写的购票要求为其代购铁路客票。旅游者同意委托票务中心为其代购铁路客票后，票务人员应向其预收全部票款及购票手续费，并开出预收收据交旅游者保存，作为取票凭证。

（2）代购：票务人员根据旅游者的委托，派人与铁路客运部门联系，代购火车票。购票时，应认真核对车票的发车日期、车次、去向、票价。经核实无误后，将车票取回，并通知旅游者前来取票。

（3）出票：旅游者根据票务中心的通知前来取票时，票务人员应认真核对旅游者出示的预收收据。经核实无误后，将旅游者预订的铁路客票交给旅游者查验。经旅游者确认了其所预订的车票后，票务人员将预收收据收回，将车票交旅游者，并祝其旅行愉快。

（4）结算：票务中心每月月底编制代购铁路客票报表并连同所收的代购手续费上缴旅行社财务部门。

（二）水运客票代售业务

1. 预订

水运客票的预订分为电话预订和人员预订两种方式。电话预订是指旅游者通过电话向旅行社票务中心预订水运客票。票务人员在接待电话预订时，应仔细询问对方的姓名、工作单位、家庭住址、联系电话、旅行日期、旅行目的地、所要求乘坐的船次、舱位等级情况，并告知对方有关票价、手续费和取票手续。经对方同意，可接受其预订委托。

如果旅游者亲自前来票务中心预订，票务人员应热情接待，并请其填写《轮船客票预订单》。票务中心将按照旅游者在《轮船客票预订单》上填写的购票要求为其代购水运客票。

旅游者同意委托票务中心为其代购水运客票后，票务人员应向其预收全部票款及购票手续费，并开出预收收据，交旅游者保存，作为取票凭证。

2. 代购

票务人员根据旅游者的委托，派人与轮船公司船票预订处联系，代购水运客票。购票时，应认真核对客票的开船时间、航次、目的地城市，并仔细计算船票金额。经核实无误后，将水运客票取回，并通知旅游者前来取票。

3. 出票

旅游者根据票务中心的通知前来取票时，票务人员应认真核对旅游者出示的预收收据。经核实无误后，将旅游者预订的水运客票交给旅游者查验。经旅游者确认后，票务人员将预收收据收回，将船票交旅游者，并祝其旅行愉快。

4. 结算

票务中心应定期编制代购水运客票报表并连同所收的代购手续费上缴旅行社财务部门。财务部门按照要求与有业务联系的相关部门及时进行结算。

（三）飞机票预订

飞机票的预订可参考团队旅游的飞机票预订。对于旅行社来说，预订散客的飞机票相对简单，因为人数少就容易安排落实。但是散客的预订时间会比较短，对于旅行社散客的操作人员来说，要注意的是仔细，要进行核实，切忌发生不必要的失误。

（四）联号运作是实现旅行社快速扩张的有效途径

现阶段，不少旅行社为追求快速发展，把构建电子商务平台，实现网络营销放在经营发展的首位。实际上，搭建有形销售渠道，规范经营管理更是当前旅行社快速发展亟待解决的问题。

销售旅游产品，只能实现旅行社短期经营目标；销售管理模式，才能真正实现旅行社的快速扩张。

传统旅行社内经营机构的设置，一般由旅行社总部加几个门市部构成。由于近年来旅游业飞速发展，旅游消费需求迅速膨胀，这种旅行社经营机构设置的传统格局，已经不适应当前旅游市场发展的需要。

1. 增设“门市部及分支机构”是实现旅行社快速扩张的关键环节

旅行社经理都明白：价格竞争是旅行社生存与发展的核心内容；有批量，才有批发价；谁降低旅游企业经营成本，谁就能抢占市场先机。

第一，方便旅行社组团和接待，提高成团率；第二，产生旅游产品批零效应，提高竞争力；第三，方便游客报名参团旅游，降低购买成本；第四，完善旅游产品直销网络，健全营销体系。

由于门市部挂靠经营是新事物，大多数旅行社又缺乏相应规章制度和门市部运行管理经验，还因为旅行社法制经营的意识本身就不强，只收取挂靠费，不提供管理服务的现象普遍存在，致使旅行社经营风险急剧放大，相关经济纠纷也纷至沓来。

守着传统经营之道的旅行社，依靠“老招牌、老客户、小规模、低利润”艰难经营，市场占有率开始下降。

拥有众多“门市部及分支机构”的旅行社，在鱼龙混杂的环境中，出现两极分化。那些善于研究市场、注重规范、精心管理的旅行社，在这场较量中既赢得了客户，又赢得了市场，同时，扩大了经营规模及市场份额，实现了快速扩张。尽管其经营形式当初招致同行强烈抵制，但终得大家争相效仿。

2. 运作资本和管理模式是实现旅行社快速扩张的主要手段

纵观世界企业发展史，由初级阶段到高级阶段，大致经历了自主经营、租赁承包、企业兼并、资本与管理模式运作四个发展过程。作为低利润率行业的旅行社来说，靠自有资金扩大再生产，只能加大成本，限制发展速度。

增设“门市部及分支机构”进行资本运作，拓宽旅行社融资渠道，重新配置旅游资源，使旅行社利用社会资源，迅速扩张经营规模成为现实。

进行资本运作只是实现融资功能，而旅行社要快速发展，必须依靠先进的管理模式，实质上先进的管理模式就是技术资本。

旅行社管理模式主要包括：经济管理模式、市场营销模式、人力资源模式、特许经营模式和企业融资模式五个方面。

3. 联号经营，规范运作“管理模式”是实现旅行社快速扩张的核心内容

增设门市部及分支机构，只是搭建旅行社有形的销售网点。只有联号运作门市部，实现规模经营，才能真正实现旅行社的融资功能，产生规模经济效应。

联号运作门市是指：在行政区划内，选择重要旅游客源网点，采取多种经济合作形式增设旅行社门市部，从而扩大经营规模，实现快速扩张。在行政区划外，通过设置分社、办事处，扩大同业营销渠道。

（1）横向联合：选择与国内旅行社合作，通过参股等多种融资形式，建立资金纽带，以国内旅行社资产作为担保，统一销售品牌，统一经营管理。

（2）纵向联合：选择与相关房产商合作，以房产作为股权或资产担保，委派专业技术人才，运作旅行社管理模式，共同实现经营目标。选择与销售相关的机关及企事业单位合作，采取“信用”等多种担保途径，充分利用社会资源，注入标准化管理模式，联合经营。

（3）战略联合：重点战略网点采取直接投资的方式，设立直属营业部；对那些诚信度高的核心旅游经营商，实施委托经营战略；对普通旅游经营商，实行目标责任租赁承包经营战略；对具有强经济实力的旅游经营商，实施特许权品牌使用战略。

旅行社设立的门市部实际上是旅行社的内设机构。当前，众多挂靠门市部的旅行社合作协议，看似一份旅游经营合同，实质上是旅行社内部经营管理行为，门市部承包挂靠经营，加大了旅行社的经营风险。

规避门市部经营风险，应慎重选择合作伙伴，规范门市部合作协议，实施有效担保。通过统一管理、统一财务、统一招徕、统一接待，开展旅游经济活动。

首先是要规范门市部名称和商标使用，统一建筑风格的接待服务环境；其次是规范服务内容，制定服务标准，统一接待程序，实现信息共享；再次是要建立诚信体系，完善员工信用机制，培养员工忠诚度；最后是实施客户满意度战略，注重旅行社内在服务质量，运用激励机制，实现人本管理。

为使各联号经营成员都能为旅游者提供令人满意的规范化、标准化服务，旅行社还应注重构建紧密型门市部业务经营管理机制，并对各经营部门，统一实施检查考评制度。考评制度主要包括各经营部门常规性月度考评、旅行社总部定期检查考评、不定期抽查三方面的内容。通过考评监控，检查旅行社各项规章制度落实情况。

由此可见，增设门市部及分支机构是旅行社进行融资，运作社会资本扩大再生产的关键环节；联号经营，运作标准化管理模式，实施品牌战略，是实现旅行社快速扩张的核心内容。联号运作是实现旅行社快速扩张的有效途径。

思考与练习

1. 旅行社旅游团队的接待业务特点有哪些？

2. 入境旅游团队的接待工作应注意哪些方面？

3. 了解和掌握散客旅游的新需求、新特点、新动向。

4. 网上查询国旅、中旅、中青旅、上海春秋国旅、广之旅、港中旅以及芒果网的旅游产品并进行比较，找出产品之间的差异性和核心竞争力。

附件 昆明、大理、丽江、玉龙雪山双飞深度六日游行程单

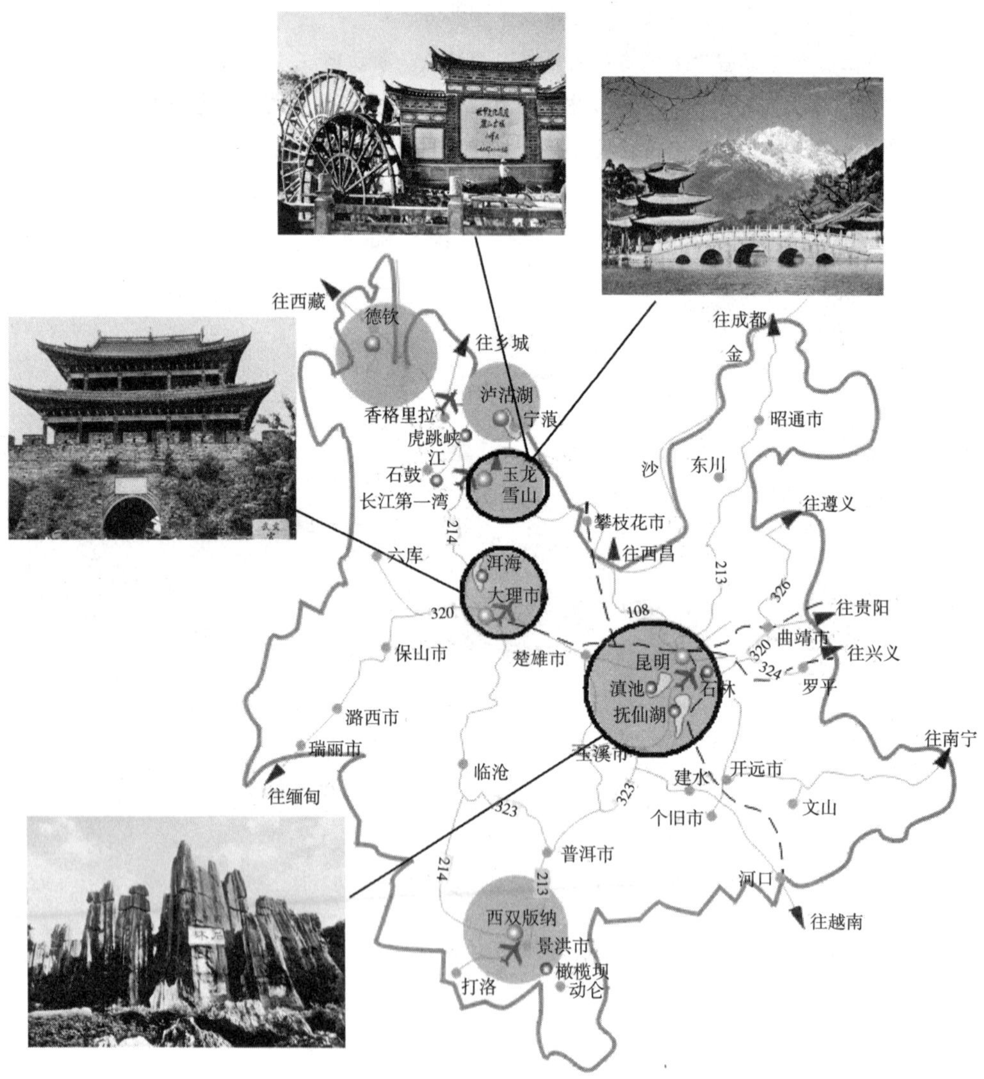

昆明 大理 丽江 玉龙雪山双飞六天

日期	行　　程	用餐			酒店
		早	中	晚	
D1	杭州大厦购物中心 A、B 通道口集合，乘专车前往杭州萧山机场（杭州市区以外的客人可以在杭州萧山机场国内出发 1 号门处集合），乘坐飞机飞往春城昆明（JD562 10:50 ~ 13:50）。导游鲜花接团，乘车赴风花雪月的故乡——大理（车程约 5 小时，途中行驶约 2.5 小时，在高速公路休息站休息 15 分钟）。晚上可以随意逛古城，体验洋人街酒吧文化。	×	×	√	大理
D2	酒店内早餐，9:00 点出发（让您休息充足，有好的精神和身体开始游览），在大理抬头就能望见金庸先生《天龙八部》中的点苍山（又名苍山），共有雄峙嵯峨的 19 峰，海拔一般都在 3500 米以上，最高的为 4122 米。每两座山峰之间都有一条溪水，顺东流淌注入洱海。 游览文献名邦——【大理古城】（大理古城简称叶榆，又称紫城），由南城门进城，一条直通北门的复兴路，成了繁华的街市，沿街店铺比肩而设，出售大理石、扎染等民族工艺品。饵块、乳扇、梅子是大理有名的小吃，喜欢的就可以买点尝尝。漫步于中外驰名的外国人旅居的家园——“洋人街”，感受浓郁的异国风情（游览约 1 小时）。前往游览典型的白族风格的【严家大院】（途中车览大理三塔），“三坊一照壁、四合五天井、走马转脚楼”，品尝“一苦、二甜、三回味”的【白族三道茶】，欣赏【白族婚嫁歌舞表演】（游览约 40 分钟）。在白族民居内用中餐，品尝“白族特色菜——砂锅鱼”。中餐后乘车往丽江（车程约 3.5 小时），欣赏沿途高原风光。到丽江，先入住酒店，放好行李后，我们一起去体会“高原姑苏”——【丽江古城】，看看别具一格的纳西建筑——四方街，欣赏“家家流水，户户垂柳”的独特高原水城风貌，晚餐自费品尝纳西风味小吃（晚餐自理）。	√	√	×	丽江
D3	酒店内早餐，乘车前往游览气势磅礴的世界峡谷之最——【虎跳峡】（车程单程约 2 小时，游览约 1.5 小时），远观长江第一湾（长江的干流金沙江顺流而下突然向北转向 180 度而形成；蔚为大观），游览虎跳峡之后乘车至香格里拉（车程约 2 小时），沿途欣赏雪山对峙、草原广阔的高原风光，晚上可自费参加藏民家访活动，品尝酥油茶和青稞酒，欣赏藏族歌舞表演（费用自理 80 元 / 人）。	√	√	√	香格里拉
D4	早餐后游览【普达措国家森林公园】（车程约 30 分钟，游览约 4 小时）（碧塔海、属都湖、霞给民族文化村）明镜般的高山湖泊、水美草丰的牧场、百花盛开的湿地、飞禽走兽时常出没的原始森林，两个美丽的淡水湖泊素有高原明珠之称，湖中盛产裂腹鱼、重唇鱼；秋冬季节大量的黄鸭等飞禽在湖边嬉戏，天然成趣。漫步在林间的牧场上，马儿叮咚的脖铃声、远处牧棚里悠悠冒起的炊烟，显得与周围的自然环境是那么和谐，下午乘车返丽江（车程 4 小时左右）。抵达后安排在环境幽雅的【束河古镇】，感受原汁原味的丽江时光。	√	×	√	丽江
D5	酒店内早餐，7:30 出发，前往具有“东方瑞士”之称的【玉龙雪山风景区】（车程约 30 分钟），乘索道游览（索道费用自理，游览约 90 分钟，不包括排队及索道运行时间；大索道会因为天气临时封闭，属于不可抗力，大索道无法预计，可改上“玉龙第三国”——牦牛坪索道或芳草萋萋、山花烂漫的云杉坪索道，可观雪山全景，沿途欣赏原始森林），游“高原牧场”——甘海子，白水河（游览约 30 分钟）。游览大玉龙景区内的【东巴谷】（游览约 40 分钟）；【玉峰寺】（游览约 30 分钟）；观著名的万朵茶花王，【玉水寨】（游览约 40 分钟）；观纳西民俗表演，聆听纳西古乐。乘车赴楚雄（车程约 6 小时）。入住酒店休息。	√	√	√	楚雄
D6	酒店内早餐，乘车赴昆明（约 2 小时）。抵达后，观昆明市徽——金马碧鸡坊、东西寺塔，逛鲜花市场，体验精油芳香。中餐安排在环境幽雅的雅苑餐厅享用美食。送机场，乘机返回杭州，结束愉快旅程。	√	√	×	

具体说明

<table>
<tr><td>交　　通</td><td colspan="2">· 当地空调旅游车，不足 24 人请补车费。</td></tr>
<tr><td>机　　票</td><td colspan="2">· 杭州—昆明 JD562 10:50 ~ 13:50 昆明—杭州 JD563 14:30 ~ 17:30 2780 元（来回 6.5 折）。</td></tr>
<tr><td rowspan="3">住　　宿</td><td>昆明四星
希桥酒店</td><td>昆明江滨西路 1 号　0871-51166666（早餐为自助餐）
位于昆明的商业繁华中心，至昆明最有文化氛围的翠湖公园步行 10 分钟。</td></tr>
<tr><td>丽江四星
金泉大酒店</td><td>0888-5152888
云南省丽江市香格里拉大道中段。</td></tr>
<tr><td>大理四星
兰林阁酒店</td><td>大理古城玉洱路 96 号　0872-2666318
距离古城最热闹的洋人街，步行 2 分钟即到，属于庭院式的特色酒店（早餐是自助早餐）。</td></tr>
<tr><td></td><td>楚雄四星
彝人古镇</td><td>楚雄开发区彝人古镇内　0878-3379999
在古镇内环境非常好，早餐是自助早餐。</td></tr>
<tr><td>用　　餐</td><td colspan="2">5 早 8 正；正餐：10 人围桌，8 菜 1 汤；酒店住宿均含有早餐。</td></tr>
<tr><td>景　　点
（包含）</td><td colspan="2">·【玉龙雪山】 含：雪山进山费、东巴神园、东巴谷、东巴王国、玉峰寺、玉水寨、甘海子、白水河
·【丽江古城维护费】（儿童不占床无须支付）
·【虎跳峡】
·【严家大院——白族民居 】
· 牦牛坪索道（雪山半山腰）</td></tr>
<tr><td>保　　险</td><td colspan="2">· 旅游意外险</td></tr>
<tr><td>导　　服</td><td colspan="2">云南省内全程导游陪同，丽江当地优秀导游（二年以上专职带团经验）讲解服务。</td></tr>
<tr><td>购 物 店</td><td colspan="2">· 花市为特色参观点</td></tr>
<tr><td>不含项目</td><td colspan="2">· 索道（上雪山山顶）152 元 / 人 +20 元 / 往返景区交通。
· 云杉坪索道（雪山半山腰）57 元 / 人 +20 元 / 往返景区交通。</td></tr>
<tr><td>加点项目</td><td colspan="2">·《云南映象》地点：昆明　票价：180 元 / 张
著名舞蹈艺术家杨丽萍出任艺术总监和总编导，将原生的原创乡土歌舞精髓和民族舞经典全新整合重构，展现了云南浓郁的民族风情。
·《吉鑫宴舞》地点：昆明　票价：208 元 / 张
宴席上的大型歌舞，自古为帝王将相独有的奢侈，边品云南美味，边欣赏多姿多彩的民族歌舞。
·《丽水金沙》地点：丽江　票价：180 元 / 张
大型民族舞蹈，择取丽江各民族最具代表性的文化意象，以舞蹈诗画的形式加以表现。</td></tr>
<tr><td>赠送项目</td><td colspan="2">1. 束河古镇（古老茶马古道）。
2. 每人每天一瓶矿泉水。
赠送项目如自愿放弃，不退还任何费用。</td></tr>
</table>

云南游注意事项

1. 儿童含半价餐及车位，不占床位，门票自理。（特殊情况，另附说明）

2. 在不减少景点、不降低标准的情况下，我社保留对行程调整的权利。

3. 若因不可抗因素造成行程更改或费用增加，由客人承担，我社有义务协助解决。

4. 此为散拼价格，如有外宾在此基础上加 500 元 / 人。

5. 因本行程报价为品质团队，行程中如果有老年证请随身携带。如有门票减免，严格执行退费标准。立下书面证明，回到组团社退下此笔费用，提倡明明白白消费。

6. 团队若出现单男单女的，我社按拼房或加钢丝床操作；客人不愿拼、加床的请补房差。

7. 我们的接待品质是以大部分的游客合理签字反馈意见为据，为维护游客和旅行社利益，请客人认真填写，行程结束后如有客人投诉与所签意见单不符，我社以所签意见单为准。

云南游温馨提示

1. 每天早晚温差较大（5℃ ~18℃），请注意着装，预防感冒。

2. 地处云贵高原，室外紫外线照射较强，注意防晒，带好防晒用品。

3. 山下缆车站旁，备有防寒服装及氧气包出租，客人可根据自身的需要租用；在缆车站排队时，则请注意跟紧前面的人员，杜绝被别的旅游团或游客插队，造成自己和全团久等，耽误行程。

4. 自费骑马或骑牦牛拍照时，亦请注意安全，听从主人安排指导，切勿做出惊吓牲口的行为，以免给自己造成伤害。

5. 旅游摄影时，请注意安全，不要到有危险的地区拍摄或攀爬。

6. 选购旅游纪念商品、当地土特产时，请注意货比三家；同时注意不要随意去动摆设的样品，以防意外损坏。

7. 请注意准备一些个人用的常用药品，以备不时之需。

8. 游客请注意妥善保管个人的贵重物品，照顾好随身物件。

9. 在旅游时，注意环境保护、尊重当地少数民族的风俗习惯。

10. 在旅游过程中，听从当地导游和全陪的安排，遵守时间，以便顺利完成整个行程。

11. 云南是一个少数民族聚居的地区，所以尊重地方的民族习惯是我们必须做到的。因此要求您在旅游中一定要认真听从导游的讲解，不但能够让您了解到和少数民居交流的注意事项，而且对于增长您的知识也是一个很大的乐趣。

12. 云南特殊的气候适宜于很多品种花卉的生存，所以鲜花、干花是您从来没有见过的便宜，建议您可以多看一饱眼福，但是因为鲜花的保质期限不长，所以提醒您不要购买太多的鲜花。

13. 因目前少数民族聚居区（如大理、西双版纳等）在旅游购物市场管理不是太规范，所以旅游途中在这些地方一定不要盲目买东西，否则您在旅游途中产生不好的情绪是我们特别不愿意的。

14. 天气：云南属高原型西南季风气候，气温偏低，昼夜温差也很大。随身携带品：短袖 T 恤、毛衣、外套、防晒品、雨具。

住 宿

希桥酒店位于昆明市中心商业繁华地段，酒店附近是昆明市金融中心与商业购物中心。酒店与穿越市中心的母亲河——盘龙江近在咫尺；雄壮挺拔的圆通县拉桥与酒店建筑交相辉映。酒店占地面积 8 亩，共有 19 层，总建筑面积为 25000 平方米，有各类客房。设有中西餐厅、健身娱乐中心、会议中心、商务中心。

美　食（以下均为参考价格，以实地价格为准）

古城中心的四方街是有名的小吃一条街，短短窄窄的街道两侧排列了数十家小餐馆，基本上每家餐馆都有云南特有的米线，种类有砂锅米线、煮米线，因此这条街又有“丽江米线街”之称。

如果游客在山内，正巧遇上当地彝族人摆摊出售鸡枞，价格便宜，约 15 元 / 袋，建议你买些回去，可在附近的饭店，让老板为你炒一盘鸡枞肉片，非常好吃。这种鸡枞可是菌类的珍品，在昆明市区购买，得花上百元。

纳西阁餐厅

位于四方街新华街街口，五华书苑旁，因为早年间这里出了 3 位举人，所以原名叫作“科贡坊”。远远地就可以看见街面上黄底红字的店幌子“纳西阁”，外观古旧扎实，大门两侧是长长的一串红灯笼。餐厅内的摆设也很细致，从小处可以看出店主人的用心：木雕封面的菜谱、柔软的内页、插在倒挂的牛仔裤中的杂志……

纳西阁的菜肴很可口，价格也能接受，四个菜价钱为五六十元。

四方小吃一条街

位于古城大石桥于四方街，以经营小锅米线、砂锅饭、火腿炒饭等民间小吃为主，是丽江最集中的饮食街之一。

福龙小吃

七一街崇仁巷 55 号，他家的小锅米线是古城里最实在的了，大碗 3 元，小碗 2 元，肉多汤浓，味道相当好。

东巴豪斯

是古城内一家比较西化的饭店，提供中、西餐，住宿，网吧（20 元 / 小时），给人总体印象不错。汉堡套餐 12 元 / 份，汉堡 6 元 / 个。

勤云纳西风味小吃第一店

古城东大街口，供应纳西风味小吃，按人头上菜算钱，25 元 / 人，好处是可以把纳西特色小吃一网打尽。

吉利铺小吃

百岁坊中段，老大老大的一碗凉面，加上只卤鸡翅，5 元，在古城很难找到这么可口又实惠的搭配。

妈妈付

新义街密士巷四方街口，纳西三明治极有特色，供应中餐和西餐，但以西餐见长，老板很有个性。

景　点

【玉龙雪山】

位于丽江的西北部，距离县城约 15 千米。在丽江古城中可以看到玉龙雪山的主峰——海拔 5596 米的扇子陡，雪山上植物资源非常丰富，有“植物王国”之称。种类繁多的植物，按不同的气候带生长在山体的不同高度上，成为滇西北横断山脉植物区的缩影。

玉龙雪山主峰还是一座处女峰，尚未被人类征服。山上经常云遮雾罩，只有太阳很好的时候，才能一睹真容。

门票：190 元 / 人（70 岁以上老人免门票），包括雪山进山费；玉水寨；东巴谷；玉峰寺；东巴神园；东巴王国；白水河等景点。大索道（又叫“冰川索道”），票价 152 元 / 人 +20 环保车（来回双程），可抵达海拔 4500 米的高度；小索道（也叫“云杉坪索道”），票价 57 元 / 人 +20 环保车（来回双程），可抵达海拔 3200 米的云杉坪；牦牛坪索道，62 元 / 人 +20 环保车（来回双程），可抵达海拔 3700 多米的牦牛坪。

小贴士：山上可以租羽绒服，也可租到氧气袋，20 元，要先交 100 元押金（不过，其实多数游人并不需要接氧气，请依据自己的实际情况定夺）。玉龙雪山顶的医务室内，有一种叫“红景天”的药，可以预防高原反应，50 元一瓶。

【束河古镇】

一个古老宁静的小镇，位于丽江以北 8 千米处，又称龙泉村。早在明代，这里就已经是滇西北的重要集镇，南来北往的商人们在此交易。束河中心的集市广场与丽江四方街非常类似，青石铺就的街面，周围店铺顺次排开，门口摆放着各种手工艺品。沿街往北走不远，可以看到有神泉之称的“九鼎龙潭”。

门票：（白天）30 元 / 人，（晚上）免费。

【严家大院】

严家院位于喜洲镇喜洲办事处中部四方街西南角，西方富春里巷。严家院由自北而南的两院“三坊一照壁”、两院“四合五天井”二层楼房和一院独立的三层西式楼房共五院组成，占地面积 2478 平方米，建筑面积 3066 平方米。严家院为喜洲严子贞于 20 世纪 20 年代建。

1953 年土地改革中没收为公有，划归喜洲镇镇政府和喜洲办事处使用，现开设为喜洲白族民俗风情旅游点。1987 年公布为云南省第三批重点文物保护单位。

门票：15 元 / 人。

【丽江古城】

1997 年 12 月 4 日在意大利那不勒斯召开的联合国教科文组织世界遗产委员会第 21 次全体会议上根据文化遗产遴选标准 C(II)(IV) 被列入《世界遗产名录》。

丽江古城又名大研镇，坐落在丽江坝中部，是中国历史文化名城中唯一没有城墙的古城，据说是因为丽江世袭统治者姓木，筑城势必如木字加框而成“困”字之故。丽江古城的纳西名称叫“巩本知”，“巩本”为仓廪，“知”即集市，可知丽江古城曾是仓廪集散之地。丽江古城始建于宋末元初（13 世纪后期）。古城地处云贵高原，海拔 2400 余米，全城面积达 3.8 平方千米，自古就是远近闻名的集市和重镇。

门票：免费。

【大理古城】

大理古城简称叶榆，又称紫城，其历史可追溯至唐天宝年间，南诏王阁逻凤筑的羊苴咩城（今城之西三塔附近），为其新都。现在的古城始建于明洪武十五年（1382 年），方圆十二里，城墙高二丈五尺，厚二丈东西南北 各设一门，均有城楼，四角还有角楼。新中国成立之初，城墙均被拆毁。1982 年，重修南城门，门头“大理”二字是集郭沫若书法而成。

由南城门进城，一条直通北门的复兴路，成了繁华的街市，沿街店铺比肩而设，出售大理石、扎染等民族工艺品及珠宝玉石。街巷间一些老宅，也仍可寻昔日风貌，庭院里花木扶疏，鸟鸣声声，户外溪渠流水淙淙。“三家一眼井，一户几盆花”的景象依然。古城内东西走向的护国路，被称为“洋人街”。这里一家接一家的中西餐馆、咖啡馆、茶馆及工艺品商店，招牌、广告多用洋文书写，吸引着金发碧眼的“老外”，在这里流连踯躅，寻找东方古韵，渐成一道别致的风景。

1982 年 2 月 8 日，国务院公布大理古城为中国首批 24 个历史文化名城之一。

门票：免费。

【拉市海】

拉市海位于丽江县城西面 8 公里处的拉市坝中部，是云南省第一个以“湿地”命名的自然保护区。“拉市”为古纳西语译名，“拉”为荒坝，“市”为新，意为新的荒坝。这里原为滇西北古地槽的一部分，中生代燕山运动时褶皱隆起成陆，至中新世成为一个准平原，随着横断山脉造山运动的发展，到上新世末至更新世初，这个准平原又分割成三个相对高差在 100 米至 200 米的高原山间盆地，即拉市坝、丽江坝、七河坝。拉市坝是其中最高的坝子，坝中至今仍有一片水域，便称拉市海，湖面海拔 2437 米。

门票：20 元 / 人。

模块六
旅行社财务运营

1. 了解和掌握旅行社企业业务核算及其报销流程。
2. 了解旅行社企业财务管理的基本内容、成本费用管理及其财务规章制度。

任务一　旅行社团队业务核算及报销

一、任务引入

导游员小梅经过20天的辛勤工作，完成了0709—ZAA—0915自联团队的带团导游服务工作。虽然身体疲劳，但是按照公司的规章制度她必须在3天内（72小时内）完成该自联团队的结算工作。导游员需上交计调人员的资料包括：全陪记录表、各地发生业务的有效发票、单据凭证、各地地陪导游员的确认签单，导游员各地发生的费用等。以上所有费用、单据、全陪记录表经有关人员审核后，方可到公司财务部报销。该旅行社的财务制度采用单团核算法，即每一个旅游团由计调部门人员及时进行审核，做到一团一结，使财务部能够准确掌握各部门团队接待和自联团队的赢利状况。

二、任务分析

导游员小梅按照公司的财务制度要求，填写全陪记录表时应做到：

- 填写内容完整、准确；
- 文字工整、清楚；
- 数字核实无误；
- 手续完整、齐全。

旅行社对外联自组团采用的是实际成本核算法，时间上控制在团队出团后的下一个月结算。如团队账单列齐，财务部不受时间制约，应及时核算外联团账单，以便当月进账。为了准确核算，要求各业务员配合财务部催要各地账单（包括旅行社、饭店账单）。建议在做计划时，打印上“请各地速将财务结算账单寄我公司财务部”这一项，以便单团核算。每一个外联团，均建立财务档案。

三、相关知识

（一）结算业务

旅行社企业是为旅游者提供服务的中介机构，在开展旅游业务的过程中，必然与提供旅游产品的旅游服务单位、招徕旅游者的客源地旅行社、接待旅游者的目的地旅行社发生结算业务。

结算业务按旅游季节及旅游过程中发生的不同情况，可以分为正常情况的结算业务和特殊情况的结算业务；按地区的不同，可以分为国际结算业务和国内结算业务。

1. 正常情况下的结算业务

（1）综合服务费的结算。综合服务费的结算包括审核结算内容和确定结算方式两方面的内容。审核结算内容：旅行社企业财务人员对照旅游计划和陪同导游员填写的结算通知单，对所需结算的各项费用进行认真审核。综合服务费一般包括市内交通费、杂费、领队减免费、地方导游费、接待后续费和接待宣传费等。结算方法是：

综合服务费 = 实际接待人数 × 实际接待天数 × 每人每天综合服务价格

根据年龄的不同，旅游团综合服务费对成年人实行 16 免 1 的措施；对于 2~12 周岁（不含 12 周岁）的儿童按 50% 收取；对于 2 周岁以下的儿童则不收取。确定结算方式：目前我国旅行社企业采用的结算方式主要有中国国际旅行社的结算标准（国旅标准）（表 6–1）、中国旅行社的结算标准（中旅标准）（表 6–2）和中国青年旅行社的结算标准（中青旅标准）（表 6–3）。

表 6–1　国旅综合服务费结算标准

地　　点	综合服务费（扣除餐费）
用早餐（7 时）地点	33%
用午餐（12 时）地点	34%
用晚餐（18 时）地点	33%

表 6–2　中旅综合服务费结算标准

抵达当地时间	百分比	离开当地时间	百分比
0:01~9:00	100%	0:01~9:00	20%
9:01~11:00	85%	9:01~11:00	30%
11:01~13:30	70%	11:01~13:30	60%
13:31~17:00	45%	13:31~17:00	80%
17:01~19:30	35%	17:01~24:00	100%
19:31~24:00	15%	/	/

表 6–3　青旅综合服务费结算标准

停留小时数	综合服务费（扣除餐费）
4 小时以内	按 10 小时结算
4~10 小时	按 15 小时结算
11~18 小时	按 18 小时结算
18 小时以上	按实际停留小时结算
去外地一日游当天返回住地的外地接待旅行社企业	按 16 小时结算

（2）其他旅游费用的结算，主要包括房费的结算和餐费的结算。房费的结算：房费分自订房房费和代订房房费两种。自订房房费由订房单位或旅游者本人直接向饭店结算；代订房房费由接待旅行社企业结算。其结算公式为：

房费 = 实用房间数 × 实际过夜数 × 房价

餐费的结算：餐费的结算有两种形式。一种是将餐费（午、晚餐）纳入综合服务费一起结算；另一种是将餐费单列，根据用餐人数、次数和用餐标准结算。餐费的计算公式为：

餐费 = 用餐人数 × 用餐次数 × 用餐标准

（3）具体的结算方式：企业在收付款项时直接运用货币进行结算的称为现金结算，不直接运用现金而利用票据等结算工具（如汇票、支票、本票等）核销债务称为非现金结算或转结算。非现金结算主要有汇付、托收、信用证 3 种结算方式。

2. 国内结算业务的核算

旅行社企业国内结算是指旅行社企业与国内有关旅游服务单位、旅行社企业之间因销售商品或者提供劳务所发生的货币收付行为。

（1）旅行社企业与各旅游服务单位之间结算业务的核算：旅行社企业将饭店、餐馆、交通部门、旅游景点、文化娱乐等单位生产的单项旅游产品统一采购进来，然后把这些产品进行优化组合，再出售给旅游者，作为自己的收入。

（2）旅行社企业之间结算业务的核算：旅行社企业之间结算业务的核算涉及组团社与接团社之间的旅费的拨付结算业务、旅行社企业之间代收款和代垫款的结算业务。其中，应付（收）国内结算款是指组团旅行社按接团社实际接待情况应付未付的款项，以及接团社按组团旅行社下达的接待计划为旅行社企业提供服务应向组团旅行社收取的未收款项。应收（付）联社结算款是指旅行社企业之间互相代收、代付、暂付等款项，一般不包括综合服务费拨款，如导游暂借款、代付机场建设费等结算款。

（二）旅行社企业营业收入的管理

在旅行社企业的经营收入中，代收代支的款项占很大比重，这也是其在业务经营中区别于其他企业的一个重要特点。

1. 确认营业收入的原则

旅行社企业在确认营业收入时遵循权责发生制原则，即在符合以下两种条件时，可确认其获得了营业收入：旅行社企业劳务或商品已发出；旅行社企业已收到价款或取得了收取价款权利的证据。

2. 确定营业收入实现时间的原则

入境旅游以旅游者历经或离开本地的时间作为确认其营业收入实现的时间；出境旅游以旅游者返回原出发地的时间作为确认其营业收入实现的时间；国内旅游接团社以旅游者离开本地的时间作为确认其营业收入实现的时间；组团旅行社以旅游者旅行结束返回原出发地的时间作为确认其营业收入实现的时间。

（三）旅行社企业利润的管理

旅行社企业利润管理的主要内容是确定目标利润和进行利润分配。

1. 确定目标利润

旅行社企业在营业之初，往往会先确定本营业期的目标利润，在营业期结束时将实现的利润同目标利润进行对比，以加强对利润的管理。

目标利润 = 预计营业收入 – 目标营业成本 – 预计营业税金 – 预计费用

一般情况下，可采用量、本、利分析法，确定业务量、成本、利润，这是较普遍使用的方法。

$$保本销售量=\frac{固定成本费用总额}{[单位销售价格\times(1-税率)-单位变动成本]}$$

2. 进行利润分配

按照国家有关规定，股份制旅行社企业在依法纳税后，首先提取公益金，然后按以下顺序分配其剩余利润：支付优先股股利；提取盈余公积金；支付普通股股利。

非股份制旅行社企业在纳税之后，按以下顺序分配利润：支付被没收的财物损失和各项税收的滞纳金、罚款；弥补上年度的亏损；提取法定盈余公积金；提取公益金；向投资者分配利润。

（四）旅行社企业应收账款的管理

目前我国旅行社企业之间三角债的问题已经影响到了旅行社企业的发展。对 60 位来自全国各地的旅行社企业的总经理所做的一项调查显示，每年被拖欠的旅行社之间的团款在 5 万元以上的企业竟然达到了 80%，也就是说大部分企业都不同程度地被对方以各种各样的理由拖欠团款。不管是组团旅行社还是接团旅行社，都不主张欠款，这是企业信誉的体现。

在国民素质有待提高、法治环境有待完善的社会大背景之下，许多人不按商业规则办事，旅行社企业要发展，需要业绩、需要客户，一方面应该尽量避免陷入“沼泽地”，另一方面要坚守商誉。在本地，你必须付清酒店、车队、景点的费用，否则你的生意没法往下做。

“因为别人欠我们的，所以我们要欠别人的”，旅行社企业一旦陷入这个怪圈，就进入了恶性循环，资金链一旦断裂，问题就显现出来了。目前旅行社企业的毛利润不到10%，营业收入利润率不到2%，若一次欠款处理不好，就要赔钱，所以旅行社企业应宁愿少赚钱，也不能冒风险去垫付大量的团款。对于已经欠款的，要逐步收回，而且应该将其提升到更高的层面来认识。

第一，垫付团款是一种缺乏自信心的短期行为。要实现企业的最大利益，必须首先为用户创造更多的价值，在帮助用户获得利益的过程中，企业自然也会得到发展。企业竞争的手段有很多种，有以品牌取胜的，也有以垄断资源取胜的；有以新产品取胜的，也有以规模经济、靠价格战取胜的，但还没有听说哪个企业是靠为别人垫付款项而发展起来的。旅行社企业之所以为别人垫付团款，是因为没有可竞争的手段。

第二，不搞垫付团款是一个“筛子”，可以使我们筛选到真正优秀的合作伙伴。急于求成往往会留下很多隐患。不少企业大搞垫付团款行为，甚至已经到了零利润还垫付，使得一些组团旅行社养成了拖欠款的毛病。这种短期行为最终将既害客户，又害自己。致使整个行业的信誉受到严重影响。真正有眼光的合作商会选择长远而稳定的利益，不会只顾眼前的利益，应看重的是企业的实力、信誉和文化，注重的是接待质量、产品开发、服务环节等方面。如果长期拖欠团款，双方很容易产生矛盾，不利于长期合作。

第三，不搞拖欠，可以确保企业的接待质量，使企业的发展建立在稳定可靠的基础之上。

（五）旅行社企业收款实践操作

在旅行社企业经营中，没有什么工作比催收欠款这项工作更难了。旅行社企业应对资金回收做出明确的要求和规定，对组团旅行社和合作单位的商誉、偿债能力、支付能力做出调查与评估。旅行社企业应当统一制定合同样本，合同条款不经许可不可以随意变更。

旅行社企业催收欠款的方法如下：

1. 培训

在对企业进行了全面的了解后，将所有外联人员、财务经理、副总经理、总经理组织起来学习一周，授课的主要内容为：

- 催欠要有正确的心态，即怀着志在必得的心态上阵。此外，在催欠中要注意运用各种技巧；
- 聘请律师为大家讲解相应的民法以及关于债权合同的知识，大家懂得了法律的基本常识，可以避免犯错误，如本来自己很主动的事情，最后反而被别人抓住了把柄；
- 在催欠中的准备阶段对重点欠款户，要设法摸清欠款人的历史、信誉、目前企业的运转状况，弥补以前证据不足和对公司不利的漏洞；
- 外联人员先制订出催欠计划，再找合作商制订出还款计划。对债务进行管理，分清重点、难点，对每笔债务进行事前规划。每个催款人员应与公司相关部门上下密切配合，保持协调，对可能出现的意外问题及时处理。

2. 计划实施

培训到位后，就开始实施计划。

（1）制定目标、制订催款计划和期限。制定目标时，不是公司制定目标，大家去执行，而是和大家商议制定。

（2）制定催欠制度。制定催欠团款与收入挂钩的分配奖励制度，对有特殊贡献者还要进行个人奖励。

（3）确定催欠纪律，不该对外说的绝对不说。不允许对客户乱表态，对外的承诺，一律以总经理的批示为依据，其他形式无效。现金只能打入信用卡，不准随身携带或私存等。

（4）商议对“特殊户”采取“特殊”处理的方案。用合理的方法对一些“特殊”的欠款户进行“特殊”处理。

（六）旅行社企业催收欠款的要点

旅行社企业在催收欠款时需要掌握以下要点：

- 调整心态，坚定催欠信心；
- 做好欠款的风险等级评估，对不同类型的团款，采取不同的催收方法，施以不同的催收力度；
- 做好催收欠款的全面策划工作，制订出一个划分轻重缓急的回收计划；

- 在催收欠款的过程中还需归纳整理账目，做到胸有成竹，自己做到心中有数后还得与客户对清账，并留下其签字凭证，以防在今后收欠款时发生纠纷；
- 在收到欠款后，要做到有礼有节，在填单、签字、销账、登记、领款等每一个结款的细节上，都要向具体的经办人真诚地表示谢意，以免下一次他故意刁难你，如客户的确发生了天灾人祸，在理解客户难处的同时，让客户也理解自己的难处。

企业只有建立了有效的预警系统，资金链才能实现良性循环。

四、任务实施

担任自联团队的全陪导游员每到一地都要按照旅游团的计划与当地实际发生的旅游团队的游览行程、住宿酒店、餐饮标准、景区（点）的情况、是否有娱乐活动等进行认真逐栏填写。在旅游团队离开当地之前，请地陪导游员确认并签字。以下是 0709—ZAA—0915×× 中青旅自联团在杭州发生的费用记录单，请模拟按照团队的实际情况填写表 6–4。

表 6–4　浙江省 ×× 旅行社旅行团陪同人员记录表

编号：

<table>
<tr><td>城　市</td><td colspan="2">杭　州</td><td colspan="2">旅行团名称</td><td colspan="2">0709–ZAA–0915</td><td>来自国家或地区</td><td></td><td colspan="2">接待标准</td><td rowspan="4"></td></tr>
<tr><td>旅行团人数</td><td colspan="2">其　中</td><td colspan="2">成　人</td><td colspan="2">2 周岁内</td><td>2~5 岁</td><td colspan="3">5~12 岁</td></tr>
<tr><td rowspan="2"></td><td colspan="2">四种人</td><td colspan="2"></td><td colspan="2"></td><td></td><td colspan="3"></td></tr>
<tr><td colspan="2">外国人</td><td colspan="2"></td><td colspan="2"></td><td></td><td colspan="3"></td></tr>
<tr><td colspan="3">旅行团所属社</td><td colspan="3"></td><td>其　中</td><td>单人房</td><td colspan="2">双人房</td><td>三人房</td><td>加床</td></tr>
<tr><td rowspan="3">旅行团住房</td><td colspan="2">饭　店</td><td colspan="3"></td><td>旅　客</td><td></td><td colspan="2"></td><td></td><td></td></tr>
<tr><td colspan="2" rowspan="2">订　房</td><td>自 订</td><td colspan="2">代 订</td><td>全　陪</td><td></td><td colspan="2"></td><td></td><td></td></tr>
<tr><td></td><td colspan="2"></td><td>地　陪</td><td></td><td colspan="2"></td><td></td><td></td></tr>
<tr><td colspan="2">旅行团抵达</td><td colspan="10">月　日　时　分乘坐　次机、车（浙 × 旅汽车自 接）、船抵达，用餐</td></tr>
<tr><td colspan="2">旅行团离开</td><td colspan="10">月　日　时　分乘坐　次机、车（浙 × 旅汽车）、船赴　，用餐</td></tr>
<tr><td colspan="2" rowspan="3">长途交通</td><td colspan="10">旅客赴　机、车、船票　张价　元，旅客赴　机、车、船票　张价　元</td></tr>
<tr><td colspan="10">儿童赴　机、车、船票　张价　元，全陪赴　机、车、船票　张价　元</td></tr>
<tr><td colspan="10">浙中旅代垫机场建设费（税）：旅客 人 ×　元 / 人，全陪 人 ×　元 / 人</td></tr>
</table>

续表

<table>
<tr><td>退房时间</td><td colspan="6">月 日 时 分 间，月 日 时 分 间</td></tr>
<tr><td>游览景点</td><td colspan="6">飞来峰、灵隐寺、植物园、岳坟、曲院风荷、花圃、六和塔（上塔）、虎跑、动物园、花港净慈寺、柳浪闻莺、黄龙洞、三潭印月、阮公墩、中山公园、玉泉、金沙港、灵山、茶叶博物馆、丝绸博物馆、南宋官窑、中药博物馆、太子湾、郭庄、孤山、花圃、胡庆余堂、宋城</td></tr>
<tr><td rowspan="3">附加项</td><td colspan="6">游西湖、瑶琳仙境、观潮、赏月</td></tr>
<tr><td colspan="6">计划内风味餐 次，餐馆 ，用餐标准 元，用餐人数 人</td></tr>
<tr><td>餐早</td><td>中式</td><td>西式</td><td colspan="2">特殊正餐要求</td><td>特殊用车要求</td></tr>
<tr><td>备 注</td><td colspan="6"></td></tr>
<tr><td>合 计</td><td>房费</td><td>餐 (1) 费（2）</td><td>车船费</td><td>文杂费</td><td>陪同费</td><td>宣传费</td></tr>
<tr><td>付</td><td></td><td></td><td></td><td></td><td></td><td></td></tr>
</table>

地陪：胡XX 全陪：梅XX（以上旅游项目本人确认无误） 20×× 年 ×× 月 ×× 日

全陪导游员把经过部门计调人员审核的“全陪记录表”，连同各地发生的有效发票粘贴在费用报销单的背面，把发票内容、发生数、用途、单据张数、费用总额逐一填写在相关栏目内。经财务审核员审核后，请分管的副总经理在审批栏签字后，最后在报销栏内签上自己的姓名，到财务处报销。在财务处报销后，首先要核销的是为该团队借用的备用金，及时核销所借公司款项，真正做到“一团一清”。至此，作为全陪导游员的带团工作才算完成了。表 6–5 是费用报销单。

表 6–5 浙江省 XX 旅行社费用报销单

团体名称：0709—ZAA—0915

科 目	金 额	单 据	备 注
合 计（大写）			¥：

凭证请整齐粘贴于后，请勿超出本表。

审 批 财务核准 报销人 年 月 日

相关单据知识

（一）转账支票

下图为一张空白的转账支票，由右上方可以看到"转账支票"的字样，它只能转账，不能支取现金。转账支票包括正联和存根两部分。

支票是由出纳、会计签发的，出纳除了在银行存款日记账登记外，还可根据管理需要另外设置支票登记簿，由支票申请人填写以便核对。

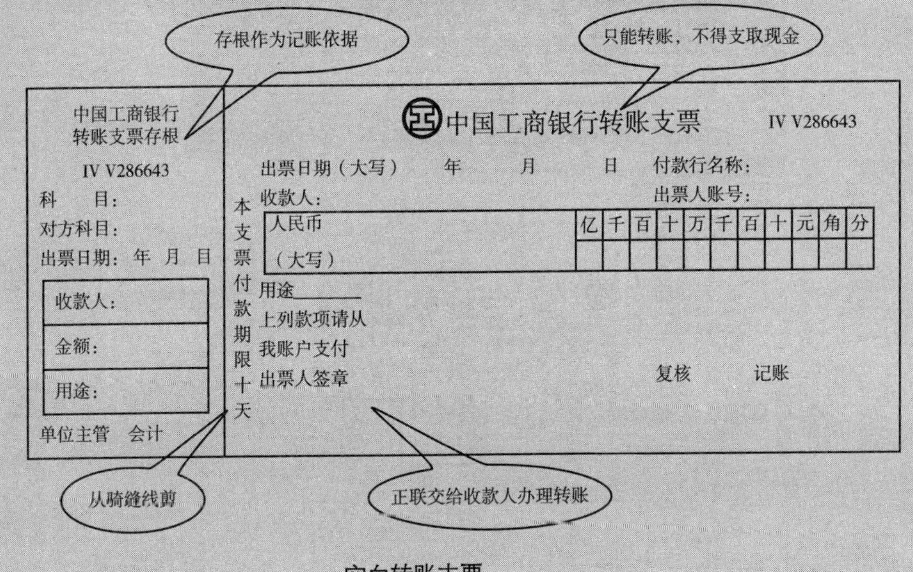

空白转账支票

1. 转账支票的内容

签发转账支票必须记载下列事项：

（1）签发日期应填写实际出票日期，支票正联出票日期必须使用中文大写，支票存根部分出票日期可用阿拉伯数字书写。在支票正联用大写填写出票日期时，为防止变造支票的出票日期，在填写月、日时应注意：月为壹、贰和壹拾的，日为壹至玖和壹拾、贰拾和叁拾的，应在其前加"零"；日为拾壹至拾玖的，应在其前加"壹"。

例如：1月15日，应写成零壹月壹拾伍日；10月20日，应写成零壹拾月零贰拾日。

（2）收款单位名称：应填写收款单位全称并与该单位在预留银行印鉴中单位名称保持一致，不得使用简称或缩写。

（3）确定的金额：大写金额应紧接“人民币”书写，不得留有空白，以防加填；阿拉伯小写金额数字前面，均应填写人民币符号“¥”。阿拉伯小写金额数字要认真填写，不得连写，大小写金额要对应一致，要按规定书写。

（4）用途：用途应如实填写，存根联与支票正联填写的用途应一致。

（5）签章：在签发人签章处按预留银行印鉴、单位法人名章先左后右分别签章，不能缺漏。

下图提供一张浙江省中国旅行社有限公司的转账支票样张，一张使用支付团费的转账支票。

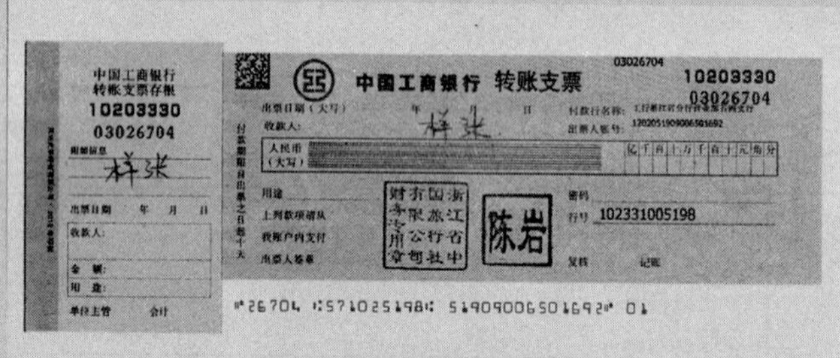

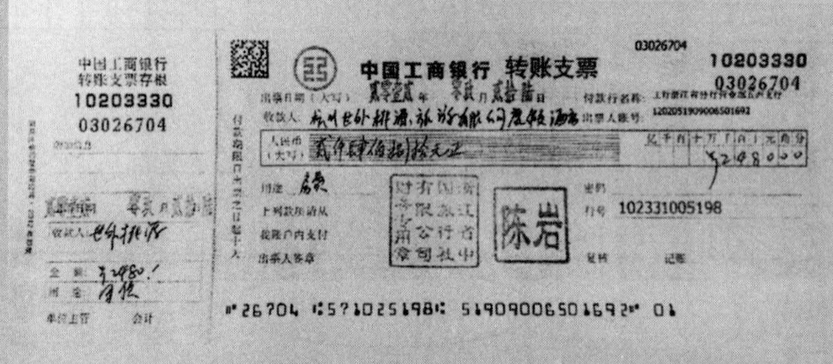

正确填写的转账支票

2. 转账支票的审核

审核转账支票时，要注意下面6项内容。如有其中一项不合格，支票即为无效：

- 收款人的名称与自己的单位是否一致；
- 金额是否正确，大、小写是否相符；
- 付款人名称是否正确；
- 出票日期是否填写、正确与否；
- 出票人签章：是否有财务专用章及单位法人名章，顺序是否正确，有无缺漏；
- 支票票面是否整洁，有无涂改。

（二）现金支票

支票上印有“现金”字样的为现金支票，现金支票只能用于支取现金，不能用于转账，不得背书转让。现金支票也是由出纳签发，并加盖预留银行印鉴和单位法人名章，注明收款人后将支票正联交提款人，提款人持现金支票到付款单位开户银行提取现金，并按银行的要求出具有关证明（目前，持票人提现须出示身份证）。

值得一提的是，目前我们使用的支票密码器是直接输入该支票的号码生成的密码，所以作为财务出纳人员必须妥善保管密码器。

现金支票的填写要求同转账支票，现金支票的审核方法同转账支票。转账支票如下图所示。

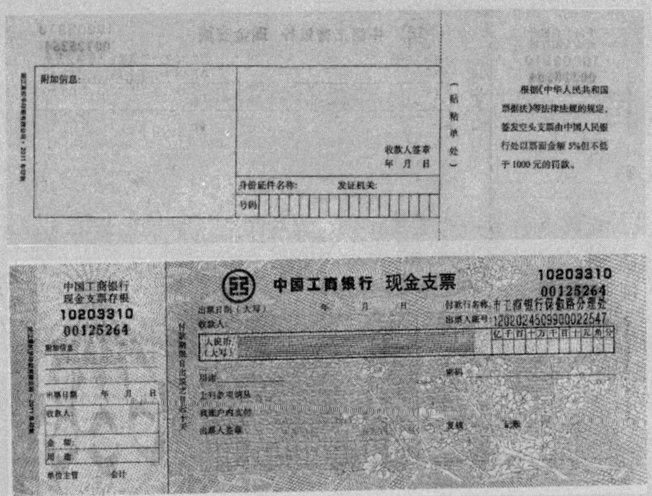

附加信息：
收款人签章
年 月 日
身份证件名称：　发证机关：
号码
（粘贴单处）
根据《中华人民共和国票据法》等法律法规的规定，签发空头支票由中国人民银行处以票面金额5%但不低于1000元的罚款。

中国工商银行
现金支票存根
10203310
00125264
附加信息
出票日期　年　月　日
收款人：
金　额：
用　途：
单位主管　会计

中国工商银行　现金支票
10203310
00125264
出票日期（大写）　年　月　日
付款行名称：
出票人账号：12020245099000022547
收款人：
人民币（大写）
亿 千 百 十 万 千 百 十 元 角 分
用途
密码
上列款项请从
我账户内支付
出票人签章
复核　记账

转账支票的正确填写格式

（三）票据法的有关规定

- 支票上的金额可以由出票人授权补记，未补记前的支票，不得使用；
- 支票上未记载收款人名称的，经出票人授权，可以补记；
- 支票上未记载付款地的，付款人的营业场所为付款地；
- 支票上未记载出票地的，出票人的营业场所、住所或者经常居住地为出票地；
- 出票人可以在支票上记载自己为收款人；
- 支票的出票人所签发的支票金额不得超过其付款时在付款人处实有的存款金额，出票人签发的支票金额超过其付款时在付款人处实有的存款金额的，为空头支票。禁止签发空头支票；
- 支票限于见票即付，不得另行记载付款日期，另行记载付款日期的，该记载无效，支票的持票人应当自出票日起10日内提示付款，异地使用的支票，其提示付款的期限由中国人民银行另行规定；

- 超过提示付款期限的，付款人可以不予付款；付款人不予付款的，出票人仍应当对持票人承担票据责任。

旅行社财务管理是旅行社经营管理的核心工作之一，旅行社经营的目标是生存、发展和获利，财务管理正是为实现这一目标服务的。而旅行社财务管理的基础是建立在旅行社企业内部每一位员工的良好的基础数据的掌握，只有掌握了准确的发生数据，旅行社的经营结果——旅行社的经营利润才是真实的、有效的。

思考与练习

1. 课后安排到旅行社调研地接团队、自联团队的单团核算情况。
2. 发给学生空白一地接待团队的旅行团陪同人员记录表，让学生练习填写。
3. 发给学生空白自联团队的旅行团陪同人员记录表，让学生练习填写。
4. 让学生了解、辨认转账支票与现金支票。

附件 1　杭州 XX 旅行社财务管理制度

随着公司规模的不断扩大，为配合公司业务的发展，加强内部机制管理力度，使企业的经营活动制度化、规范化，按照国家及财务制度有关规定，结合本公司实际情况，特制定本制度。

一、财务部作为公司的职能部门，负责公司财务计划的制订、实施检查日常财务结算和收支管理工作

二、资金管理

1. 公司的对外收支一律通过财务办理。未经总经理授权和财务部委托，任何人不得以公司名义对外收款。严禁坐收坐支。

2. 财务部负责全公司的资金调配，根据业务需要安排资金，办理有关贷款业务。

3. 购置固定资产（是指单位价值 2000 元以上，使用年限一年以上的机器、设备、运输、工具等），须经总经理乃至董事会书面批准。财务部凭批准件办理支付款项手续。

4. 低值易耗品（包括办公用品），原则上由各需用部门提出申请，经办公室平衡后，报总经理审批，财务部凭批准件办理支付手续。

三、合同管理

各部门签订的有关经济业务合同（或协议），需财务部会签，正本一律交财务部归档管理。

四、财务管理

1. 因公需用款无论是以支票、现金、汇票哪种形式，须填写《用款申请单》，经部门经理、财务经理、总经理批准，在规定金额、规定范围内使用。超过原批准范围和金额的经济事项需重新办理审批手续。

2. 一次需用现金 1 万元以上，应提前 1 天通知财务部，以便做好备款工作。

3. 财务人员要按中国人民银行的《现金管理办法》和银行有关结算制度处理经济业务事项。

4. 领用支票者须在《支票领用登记簿》上签收，领出的支票应在一周内使用，使用支票后，应及时将发票（或收据）及有关结算凭证及时向财务部销号，以利财务部及时进行财

务处理，对外结算。

5. 交款需填写书面说明及有关事项。

6. 对于经办人先垫款后报销的款项须填写《费用报告单》，由部门经理，财务经理和总经理审批后报销。

7. 员工出差（含陪同带团）回来后 5 天内应办理报销手续，前款不清，后款不借。

8. 员工医疗费按《医疗规定》执行。医疗费由办公室审批。

五、核算管理

核算实行公司，部门二级核算。财务部按月出会计报表送各有关人员。

六、发票管理

发票、收据由财务部专人购买、保管，按财税部门规定签发、销号。在经济业务发生时，收到汇款支票或现金，财务部应按财税部门的有关规定，开具发票（收据）。因需要先开发票（或收据）时，经手人应在开好的发票存根联上签字，以明确法律责任，等收回款项时再由财务部专人在存根联上销号。

门票结算单由财务部统一保管、发放，导游员在领用、使用结算单时，要根据接待计划的规定范围签发。

门票结算单实行交旧换新，财务部要对结算单进行销号。

七、物品管理

财务部要加强物品的管理和监督，办公室要定期会同财务部对公司的固定资产、低值易耗品进行清查、盘点，及时清查、报损，办理有关手续，进行必要的账务处理。

以上未尽事项按总经理批示办理。

杭州××旅行社

20××年 ××月 ××日

附件 2 杭州 XX 旅行社关于地联、外联团队财务核算及业务操作的规定

本公司各业务部：

为了做好本年度地联、外联团队的财务核算，更准确、有效地反映各业务部门的经营成果，同时有利于各业务部门的规范操作，现对各业务部门的计调员、外联业务员、导游员、领队人员提出财务核算工作及业务操作的规程和要求。

一、地联团队核算的操作规程和要求

1. 地联团队是指地联及外联团在杭一地接待的全部团队（散客），含单订房、票、接送等团队。在团队接待终止后 2 天内（48 小时内），计调员须将团队的原始委托或计划、地陪记录表、团队变更资料，已经书面确认的单团单议价格资料及各种委托资料（包括房、餐、车、船、行李委托、返程机车票），在填妥目录表及输入电脑后一并送交财务部核算员签收。

2. 对地陪记录表填写务必完整、准确、及时。如是外面借用陪同，计调员应及时催收（在 5 个工作日内）。

3. 关于团队预算账单的制度。凡需要制作预算账单的团队（包括一团一清的团队），计调员必须在团队抵杭前 5 天提供团队结算资料及预算账单，经财务部审核盖章后传真给对方确认，杜绝事后再协商价格。

4. 杭州一地团队的有关财务结算争议事项，计调员或业务员务必在团队离杭前与组团社协商完毕，经双方书面确认后按作业程序操作。否则由此造成的损失，均由当事人承担。

5. 团队核算结束后，财务核算员需填报地联团队经营情况表。

二、外联团队的财务核算操作规程和要求

1. 外联团队是指由本公司直接在国内、国外招徕及受委托负责包段旅游业务的全部团队（含散客），包括境内、境外游。在团队旅游业务终止后 3 天内（72 小时内），外联业务员须将计划（包括原始委托计划）、团队结算账单及价格确认、全陪记录表、团队变更资料，一并送交财务核算员签收（外借全陪仅限 5 个工作日）。

2. 对于每一个外联团，无论是一团一清或包段挂账团，均需每团与对方书面确认。特别对有关结算有争议事项，务必在团队出境前或终止旅游业务前与组团社或客户协商完毕，并经双方书面确认方能按作业程序操作。包段团业务在提供原始资料与海外自联团相同的基

础上，双方的确认资料更须完整。

3. 无论是全陪记录表、对外报价单还是财务结算账单，填写均要求：内容完整、准确；文字工整、清楚；数字核实无误；手续完整、齐全。

4. 对外联团采用实际成本核算法，时间上控制在团队出境后的下一个月结算。如团队账单列齐，财务部不受时间制约，应及时核算外联团账单，以便当月进账。为了准确核算，要求各业务员配合财务部催要各地账单（包括旅行社、饭店账单）。建议在做计划时，打印上“请各地速将财务结算账单寄我公司财务部”这一项。

5. 为便于单团核算，每一个外联团，均建立财务档案，并由财务核算员填报单团成本核算明细单。

6. 核算终结后，财务核算员填报外联团经营情况表报总办查阅。

7. 共同做好团队结算原始资料的档案工作，最后由财务把好关。

8. 凡以外汇报价的现收团队，一律以报价外汇上交公司财务部，如有特殊情况，需经分管副总批准，任何部门、个人不得擅自截留或折合其他币种上交。

三、外联团接待计划及业务档案操作规程

1. 凡外联团队正式计划打印需经分管副总签发，在打印前向办公室索取公司统一的团队计划文号及保险号（境内自联包段团无需保险号）。外联团队的人数变更、取消均须送至办公室备案（外联团正式计划需保险的送办公室 3 份，不需保险的送 2 份）。

2. 接待计划应包含下列内容，并注意行文规范，无论团队大小、何种业务，都应发接待计划。

（1）计划号、保险号（包段团无需保险号）。

（2）团号 HCM—（市场代号）—（出境、入境年月日）—（系列团序号）。

市场代号：均以该市场国家或地区的前第一位或加第二位字母组成。（例如：欧亚部美国用 A. 新加坡用 S. 韩国用 SK 等；日本部用“J”；国内部用“N”；海外部用“H”等）。

出入境年月日：用 6 位阿拉伯数字表示（海外部用出境当天的年月日，其他部门用入境当天的年月日）。

序列团序号为阿拉伯数字实数，如有必要强调外方团号，则在计划内用括号另行注明。

3. 团队档案主要分为两种：外销及作业档案、财务外联核算档案。

（1）业务员应建立与外销业务有关的团队档案，包含所有团队成行过程中的一切与外销有关的原始资料、报价单、来往函电、接待计划与国外结算单（开出后同时交财务）。包段团操作方式与海外自联团相同。对现收团队，业务员应在档案中附上公司收到团款的凭据。

（2）团队一成行，接待计划印毕后，作业员所建立的团队书面作业材料应与原外销档案

接轨，含接待计划、变更、名单、各地回执、确认情况等，严禁口头确认。

（3）在团队运行过程中，财务应同时建立该团外联财务档案，含：

- 接待计划；
- 变更；
- 团队全陪记录表（全陪记录表由作业员回收后交财务）；
- 与国外客户结算单（一团一清时应在收款前由业务员开出账单一同上交财务，转账团队在团队运行完毕后三日内交财务，并同时发往国外客户），此单已经部门经理审批，特殊团队需经分管副总审批；
- 团队单团成本核算细目表。

所有两种档案应由两种岗位的操作人员自行保管，放在公用文件架内，以供随时查阅。

四、每月团队、散客业务统计

1.每月 25 日请各业务部按要求格式填写，在当月月底前准时统计完毕交办公室汇总，办公室在次月 3 日前完成业务量统计汇总表。对外业务统计表由办公室一个口子报出。

2.为了使公司的市场决策具有超前性，并使资金周转有序，同时请各业务部每月月底按公司要求填写《团队业务、资金使用预报表》，并上交财务部。

以上各项规定，自发文之日起生效，望各部门自觉遵照执行。

杭州 ×× 旅行社

20×× 年 ×× 月 ×× 日

抄送：本公司财务部、办公室

项目策划：段向民
责任编辑：张芸艳
封面设计：何　杰
责任印制：谢　雨

图书在版编目（CIP）数据

旅行社运营实务：新编 / 詹兆宗主编. -- 2版. -- 北京：中国旅游出版社, 2017.10（2023.6重印）

中国旅游院校五星联盟教材编写出版项目　中国骨干旅游高职院校教材编写出版项目

ISBN 978-7-5032-5920-3

Ⅰ.①旅… Ⅱ.①詹… Ⅲ.①旅行社－经营管理－高等职业教育－教材 Ⅳ.①F590.63

中国版本图书馆CIP数据核字(2017)第256402号

书　　名：旅行社运营实务（新编）（第二版）

作　　者：詹兆宗主编
出版发行：中国旅游出版社
（北京静安东里6号　邮编：100028）
http://www.cttp.net.cn　E-mail:cttp@mct.gov.cn
营销中心电话：010-57377103，010-57377106
读者服务部电话：010-57377107
排　　版：北京旅教文化传播有限公司
经　　销：全国各地新华书店
印　　刷：三河市灵山芝兰印刷有限公司
版　　次：2017年10月第2版　2023年6月第3次印刷
开　　本：720毫米×970毫米　1/16
印　　张：18.25
字　　数：310千
定　　价：36.80元
I S B N　978-7-5032-5920-3